Frank Schwede

Das Geheimnis der schwarzen Dreiecke

Warum die Wahrheit so schwer ist

ALL-STERN
VERLAG

1. Auflage, 13. September 2017

© All-Stern-Verlag

Wolf 8

88430 Rot/Ellwangen

Tel. +49 (0) 7568 29 89 98 2

Fax: +49 (0) 7568 29 89 98 1

http://www.all-stern-verlag.com

info@all-stern-verlag.com

Satz/Umbruch: All-Stern-Verlag

Umschlaggestaltung: Irene Repp

ISBN 978-3-947048-01-4

Ich fürchte mich vor dem Tag, an dem die
Technologie die Menschlichkeit übertrifft.
Auf der Welt wird es nur noch eine Generation
aus Idioten geben.

Albert Einstein

Inhaltsverzeichnis

Vorwort

„Wer nichts weiß und weiß nicht, daß er nichts weiß, ist ein Tor – meide ihn. Wer nichts weiß und weiß, daß er nichts weiß, ist bescheiden – belehre ihn. Wer etwas weiß und weiß nicht, daß er etwas weiß, ist im Schlafe – wecke ihn. Wer etwas weiß und weiß, daß er etwas weiß, ist weise – folge ihm.“

Sokrates

Sehr geehrte Leserinnen und Leser,

es ist ein bedeutsames Phänomen unserer Zeit, dass Sichtungen von unbekannten Flugobjekten das Interesse vieler Menschen wecken und dabei Fragen ohne Antworten hinterlassen. Die Bandbreite der gesichteten Typen ist sehr umfangreich und zum Teil bereits durch die Präastronautik belegt.

Neu hingegen sind Sichtungen modern anmutender Flugobjekte, die als Phänomen der „fliegenden Dreiecke“ erstmals in den Jahren 1989 - 1990 ins öffentliche Bewusstsein gelangten. Jene Sichtungen ereigneten sich in Belgien und gehören zu den größten Sichtungswellen von unbekannten Flugobjekten in Europa. Diese Sichtungen sind durch ca. 2600 Zeugen im zivilen Bereich sowie durch 20 Zeugen innerhalb der Polizei belegt. Hinzu kommen Berichte von Piloten der Luftwaffe, Radaraufnahmen, Fotos und Videoaufnahmen.

Der Autor Frank Schwede nahm sich dieser Problematik an und suchte gegen den Mainstream nach Antworten auf die scheinbar unlösbaren Fragen, da weitere Sichtungen weltweit nach den Sichtungswellen in Belgien folgen sollten. Offensichtlich scheint, dass sich die Schöpfer der beeindruckenden Flugobjekte dem Interesse der Öffentlichkeit gezielt entziehen möchten und allein ihrer ureigenen Agenda folgen. Cui bono? Wem nützt das? - Diese Frage eröffnet sich dem wachen Forschergeist, dem aufmerksamen Beobachter, der nicht schlafend durch die Welt irrt.

Wessen geistiges Erbe steht somit tatsächlich hinter dieser bedeutsamen Entwicklung, die wir über unseren Köpfen wahrnehmen und je nach Persönlichkeit mit gesunder Neugier oder eben auch diffusem Unbehagen beobachten? Wie alt ist dann dieses Erbe? Aus welchem Spektrum der Erdgeschichte stammen jene Geister, die diese technische Entwicklung der Gegenwart befeuern? Und welcher Zwang steht hinter der strikten Geheimhaltung dieser Entwicklung?

Wenn man diese Situation und die greifbaren Fakten mit Abstand betrachtet, wird man den Eindruck nicht los, dass ein weiteres Mal die Entwicklung der Menschheit zwischen die Fronten zu geraten scheint. Sind gar uralte Antagonisten, Symbolgestalten und mythische Figuren, hinter die Kulissen getreten und wirken von dort aus weiter? Muss dann jeder Mensch, der hierzu unbequeme Fragen stellt, wie Sokrates den Schierlingsbecher trinken, weil er Verrat an einem Mysterium begehen könnte?

Der Untertitel des Buches von Frank Schwede lautet: *„Warum die Wahrheit so schwer ist."* Der Untertitel wird verständlich, da der Autor den Bogen zu einem geheimen Weltraumprogramm spannt, von dem die meisten Menschen auf diesem Planeten noch nichts gehört haben dürften. Findige Beobachter der Traumfabrik Hollywood werden festgestellt haben, dass die Fülle von *Science Fiction-Filmen* aus Amerika kein Zufall sein kann. Ob diese Filme als Grundlage eines Bewusstwerdungsprozesses der Menschen bezüglich der aktuellen Thematik betrachtet werden können oder nur ein grobes Ablenkungsmanöver von der wahrhaftigen Entwicklung sind, muss jeder für sich erkennen. Vieles, was uns über die Filme gezeigt wird, manifestiert sich bereits als Realität; wobei auch hier die Wahrheit im Auge des Betrachters zu liegen scheint. In diesem Sinne wünsche ich Ihnen spannende Momente beim Lesen dieses Buches, dem ich viele aufmerksame Leser wünsche. Darüber hinaus noch folgende wahren Worte für Sie auf den Weg:

„Menschen sind Riesen, denen man eingeredet hat, dass sie Zwerge sind.“

Robert Anton Wilson

Reiner Elmar Feistle den 27. Juli 2017

Epilog

Die Gerüchteküche brodelt seit mehr als fünf Jahrzehnten. Woher kommen die zahlreichen, auf dem gesamten Erdball gesichteten unbekannten Flugobjekte? Aus den Weiten des Alls oder am Ende doch von der Erde? Wenn ja, wurden sie in den USA, in Russland oder vielleicht sogar in Deutschland entworfen und gebaut? Es gibt viele Fragen und es gibt viele Theorien und je mehr es werden, umso verwirrender werden die Antworten. Um es gleich vorweg zu nehmen: Eine ernsthafte Diskussion zu diesem interessanten wie auch heiklen Thema ist zur Zeit noch nicht möglich, da es der Mainstream grundlegend ablehnt, zu diesem Thema in einen offenen Diskurs zu treten. Und wer sich doch näher mit dieser Materie beschäftigt, sieht sich plötzlich übelster Diskreditierung ausgesetzt und muss am Ende auch noch um seinen guten Ruf fürchten. Kein Wunder also, dass es bisher kein bekannter und vor allem seriöser Wissenschaftler geschafft hat, näher in dieses Thema einzusteigen. Pseudo- oder Grenzwissenschaftler, wie sie gerne abwertend im Mainstream genannt werden, wagen diesen durchaus mutigen Schritt schon eher.

Aber was sind Pseudo- und Grenzwissenschaftler für eine Spezies? Gibt es die überhaupt oder sind sie bloß eine Erfindung des Mainstreams? Ist der Begriff Grenzwissenschaft vielleicht sogar eine bewusste Provokation? Um es mal klar auf den Punkt zu bringen: Wissenschaft ist Wissenschaft! Es gibt weder eine Pseudo- noch eine Grenzwissenschaft. Wissenschaft bedeutet nichts anderes als forschen, recherchieren und Geheimnissen auf den Grund zu gehen, um seinen eigenen Wissenstand und letzten Endes auch den der Bevölkerung zu erweitern.

Aber was ist so geheimnisvoll an den unbekannte Flugobjekten, was die Welt nicht erfahren soll? Um genau diese Frage geht es in diesem vorliegenden Buch. Machen Sie sich aber schon jetzt auf einige unbequeme

Antworten gefasst und bedenken Sie dabei, dass die Wahrheit oft auch schmerzhaft sein kann. Viele hier aufgeführte Fakten werden Ihr Weltbild vielleicht erheblich ins Wanken bringen – aber schließlich ist die Wahrheit dazu da, dass sie auch ausgesprochen wird.

Begeben Sie sich nun gemeinsam mit mir auf eine spannende Reise zu dem vielleicht letzten großen Geheimnis unseres Universums.

Frank Schwede, im Herbst 2016

Kapitel 1

UFOs – eine Never Ending Story

Unbekannte Flugobjekte, kurz UFO genannt, wie lange geistern die eigentlich schon durch unsere Köpfe? Wann tauchten sie das erste Mal in der Presse auf? Ganz ehrlich? So richtig weiß das niemand mehr. Da muss man schon ganz weit zurückblicken in die Vergangenheit. Doch halt, viele werden jetzt vielleicht sagen, das muss irgendwann so gegen Ende der 1940er Jahre gewesen sein. Irgendwo weit draußen in der Wüste von Nevada ist doch einmal so ein metallenes Objekt abgestürzt. Und im weitest gehenden Sinne kommen wir der Sache jetzt schon ziemlich nahe. Das kleine Städtchen hieß übrigens Roswell. Im Juli 1947 soll hier ein unbekanntes Flugobjekt niedergegangen sein. Zwar folgte auf den offiziellen Bericht der US Air Force ein sofortiges Dementi, aber wie das so ist mit Dementis, irgendetwas bleibt von der ersten offiziellen Meldung immer hängen.

Roswell Daily Record

RAAF Captures Flying Saucer On Ranch in Roswell Region

House Passes Tax Slash by Large Margin

No Details of Flying Disk Are Revealed

The Alexandria Gazette

EYE-WITNESS STORY OF "FLYING SAUCERS" SEEN ALONG ALEXANDRIA-CLARENDON AXIS

Planes To Take Off Over River

Fairfax Men See Objects On Radar On Night Watch

Only Temporary Relief Seen For Area's Blistering Heat

Saucers Seen Again Early This Morning

Abb. 1: Hier sehen wir zwei Berichte aus dem Roswell Daily Report und **Abb. 2:** The Alexandria Gazette die das Ereignis damals veröffentlichten. (http://www.ufoworldreport.com/wp-content/uploads/2015/11/Roswell-287x300.jpg) (http://ufologie.patrickgross.org/pics/wash195201b.jpg)

Dieses „es könnte ja sein, dass da doch etwas dran ist“ wird nie richtig in den Köpfen der Bevölkerung verblassen. Auch nach mehr als 70 Jahren sind die Geister von Roswell scheinbar noch immer aktiv. Und zumindest sieht es gerade jetzt so aus, als will die Wahrheit nun endlich ans Licht. Nicht nur die Wahrheit über Roswell. Nein, auch die Wahrheit über den Ursprung der unbekannten Flugobjekte.

Es ist einfach zu lange geschwiegen worden. Zeugen wurden eingeschüchtert und die Wahrheit wird bis heute unter Verschluss gehalten. Doch was ist die Wahrheit? Gibt es überhaupt eine objektive, allumfassende Wahrheit? Die Antwort lautet: ja! Doch in der Praxis sieht das oft anders aus. Der Mainstream formt sich das, was er für wahr hält, so lange, bis es schließlich in DIN A4-Format passt. Das ist dann die Wahrheit. Allerdings nur eine rein subjektive. Und was, wenn dann plötzlich die tatsächliche, die objektive Wahrheit, oder das, was wir und die Gesellschaft dafür halten, endlich an die Oberfläche gelangt? Wird es dann zu der prophezeiten Massenpanik unter der Bevölkerung kommen, wie in einem von Orson Wells inszenierten Hörspiel aus den 1930er Jahren? Wohl kaum. Denn bevor die Bevölkerung zittert, werden sich die Regierungseliten warm anziehen müssen. Schließlich haben sie die Menschheit mehr als sieben Jahrzehnte lang belogen. Die New York Times schrieb bereits in ihrer Ausgabe vom 7. Februar 1961:

„Wenn die Wahrheit über die fliegenden Scheiben Allgemeingut wird – und sie wird es eines Tages – dann wird die Wirkung auf die, die sie bisher als Unsinn erklärten, wahrhaft schockierend sein. Dieser Schock kann so groß sein, dass er die Regierungen auf unserer Welt stürzt und sie ein Chaos hinterlassen, bis neue Führer gefunden werden, die imstande sind, die Welt mit einer vollkommen neuen Lebensauffassung zu leiten.“

Haben wir mittlerweile diesen Point-of-no-return erreicht? Stehen wir vielleicht gerade jetzt am Scheidepunkt, wo die Wahrheit endlich wie ein junger Keimling aus dem Boden sprießt? Die Wahrheit lässt sich zwar sehr lange unterdrücken, doch nur bis zu einem gewissen Grad. Bleiben wir beim Beispiel Roswell. Sollte dort wirklich ein außerirdisches Raumschiff abgestürzt sein, dann handelt es sich hier in der Tat um ein Musterbeispiel dafür, wie schnell aus der Wahrheit eine Lüge werden kann.

Eine Lüge, der am Ende immer mehr Unwahrheiten angedichtet wurden. Bis sich daraus eine komplette Verschwörungstheorie entwickelt hat. Zahlreiche bekannte internationale Autoren haben sich in den zurückliegenden Jahrzehnten an dem Thema Fliegende Untertassen geradezu abgearbeitet. Allen voran Erich von Däniken, der vielleicht sogar zu Recht einmal den Titel UFO-Papst verliehen bekam. Doch zu einem schlüssigen Ergebnis ist bisher niemand gekommen. Auch nicht Erich von Däniken. Zwar haben sich seine Werke in den zurückliegenden Jahren dutzendfach verkaufen lassen – jedoch blieb es auch hier bei einfachen Theorieansätzen. Schlüssige Beweise blieben am Ende ebenso aus, wie auch bei anderen renommierten Schriftstellern und Autoren. Was aber auch verständlich ist. Etwas ohne Beweise in den Händen zu beweisen, ist unmöglich. Schließlich gilt noch immer die alte Faustregel: Was du nicht hieb und stichfest mit Fakten beweisen kannst, bleibt am Ende reine Spekulation. Oder sollte man in diesem Fall besser sagen Verschwörungstheorie?

Sicherlich wird auch dieses Werk am Ende mehr Fragen als Antworten hinterlassen, aber Fragen sind ja schließlich immer etwas Positives. Solange Menschen Fragen stellen, machen sie sich auch Gedanken. Und wer sich Gedanken macht, bleibt der Wahrheit bekanntlich auf der Spur. Schlimm wird es erst dann, wenn Menschen aufhören sich Fragen zu stellen, aufhören sich Gedanken zu machen und sich von der selbsternannten Elite vor die berühmte vollendete Tatsache stellen lassen. Wenn Menschen stillschweigend vermeintliche Tatsachen hinnehmen, die in Wirklichkeit nichts weiter als ausgemachter Unsinn sind, dann ist das nicht nur töricht, sondern auch noch dumm obendrein.

Für mich ist es gar das Ende der selbstbestimmten Menschheit. Leider hat sich unsere gegenwärtige junge Generation bereits schon in diese Richtung hin entwickelt. Jede Nachricht, ob aus der Zeitung, dem Fernsehen oder

Internet, wird unreflektiert als bare Münze gesehen ohne sie durch logisches Denken auf ihren Wahrheitsgehalt hin zu überprüfen. Dabei wäre es doch manchmal so einfach, nur Eins und Eins zusammenzuzählen. In sehr vielen Fällen käme dann nämlich statt Drei wirklich Zwei heraus.

Gerade das Internet bietet heute viele Möglichkeiten. Alternative Seiten und Blogs sind geradezu eine Fundgrube für unzensiertes Wissen geworden. Obwohl auch hier immer ein gewisses Maß an Skepsis angebracht ist. Doch die Wahrheit ist noch nie zuvor in der Geschichte dem Menschen so nahe gewesen, wie sie es gegenwärtig ist. Nur nach ihr greifen muss man selbst. Wer sie ungeachtet liegen lässt und sich stattdessen für die Lüge entscheidet, den straft am Ende wirklich die Dummheit.

Über eine Tatsache sollten wir uns immer im Klaren sein: Die Wahrheit ist ein Allgemeingut. Der Zugriff darauf sollte so selbstverständlich sein, wie der ungehinderte Zugang zu sauberem Trinkwasser. Niemand kann und darf die Wahrheit verbieten! Nur autoritäre Staaten versuchen sie vor der Bevölkerung unter Verschluss zu halten und das allein aus machtpolitischen Interessen heraus. Doch Menschen aus nichtautoritären Staaten sollten immer ein Recht auf die Wahrheit haben. Denn in diesem Fall gilt der Grundsatz: Ein Verbot der Wahrheit ist auch eine Beschneidung und Zensur der Freiheit. Wobei Wahrheit nicht gleich Wahrheit ist. Oft ist eine Lüge von der Wahrheit nicht auf Anhieb zu unterscheiden.

Vieles, was den Menschen heute als Wahrheit verkauft wird, entpuppt sich am Ende häufig als hässliche Lüge. Maskierte Wahrheiten dienen in den allermeisten Fällen dazu, bestimmte politische Interessen und Agenden innerhalb der Bevölkerung durchzusetzen, weshalb die Eliten in zahlreichen Ländern mehr auf Propaganda als auf die Wahrheit Wert legen. Es gilt also in diesem Fall der Grundsatz: die Wahrheit ist immer von der Propaganda zu unterscheiden, obwohl der Unterschied auf Anhieb nicht sofort erkennbar ist. Journalisten, die ihr Handwerk beherrschen, schaffen es geradezu auf geschickte Weise der Bevölkerung pure Propaganda als reine

Wahrheit zu verkaufen. Sehr deutlich wurde dies beispielsweise im jüngsten Syrienkrieg und im Konflikt in der Ostukraine.

Auch die Wahrheit über den Ursprung der Fliegenden Scheiben gestaltet sich weltweit noch heute als sehr schwierig. Eisernes Schweigen ist in nahezu allen Ländern zu beobachten. Besonders schlimm aber scheint die Lage in den Vereinigten Staaten zu sein, wo ja der Begriff „Fliegende Untertasse“ im Jahre 1947 von dem Geschäftsmann und Hobbypilot Kenneth Arnold nach der Sichtung von neun fremden Flugobjekten, nahe Washington, aus der Taufe gehoben worden ist. Unter Ufologen mag das Jahr 1947 noch heute als ein Art Zeitfenster gelten. Ein Zeitfenster in eine andere Welt. Tatsächlich nahmen nach Ende des Zweiten Weltkriegs die Sichtungen mysteriöser Objekte in den USA deutlich zu, was das amerikanische Verteidigungsministerium in Alarmbereitschaft versetzte und schließlich dazu veranlasste, einen Geheimhaltungsbefehl zu erlassen.

Die erste Anordnung einer Geheimhaltung erfolgte im August 1953, die zunächst aber nur für die US Luftwaffe galt, was vermutlich auf die Tatsache zurückzuführen war, dass Mitglieder der Luftwaffe am häufigsten Sichtungskontakt hatten. Ein deutscher Wissenschaftler, der seit 1945 auf dem V2 Raketenversuchsgelände in Peenemünde tätig war und nach 1952 unter Wernher von Braun bei der Weltraumbehörde NASA beschäftigt war, schrieb unter dem Pseudonym Rho Sigma in seinem 1996 erschienen Buch „Forschung in Fesseln“ auf Seite 197:

„Wenige Monate nachdem die CIA-Empfehlung ... aufgenommen worden war, wurde im August 1953 eine äußerst bedeutungsvolle Dienstvorschrift der US Air Force unter der Nummer AF-200-2 in Kraft gesetzt. Diese Dienstvorschrift besagte wörtlich, dass der Prozentsatz der unidentifizierten Meldungen auf ein Minimum reduziert werden muss.

Sie wurde mit Dienstanweisung JAN AP-14 (Abkürzung für Joint Navy Air Publication /Anm. des Autors) gekoppelt, die verfügt, dass jede Mitteilung oder Verbreitung von Informationen über „Unidentifizierte" von Angehörigen der US Air Force ein schweres Vergehen darstelle, das mit einer Gefängnisstrafe bis zu 10 Jahren und 10.000 Dollar Geldstrafe geahndet wird. Alle anderen amerikanischen Waffengattungen wurden durch zusätzliche Dienstverordnungen in UFO-Angelegenheiten der US Air Force unterstellt ... Alle örtlichen Dienststellen waren lediglich berechtigt, Informationen über UFO-Berichte mit bekannten Erklärungen an die Presse oder andere Interessenten auszugeben; Berichte, die als „unbekannt" klassifiziert waren, durften lediglich an „Blue Book" weitergegeben werden."

Zu den bekannten Erklärungen zählen in den üblichen Presseberichten auch heute noch der Planet Sirius, die Venus oder Wolkenspiegelungen. Auch aufsteigende Ballone oder besonders hochfliegende Flugzeuge dienen noch immer gerne als natürliche Erklärung. Heute, im Zeitalter von Smartphone und Internet, werden zahlreiche Sichtungen von Beobachtern natürlich gleich gefilmt und ins Netz gestellt. Wer sich schon einmal ausgiebig mit diesen Filmen beschäftigt hat, wird sicherlich festgestellt haben, dass viele Kommentatoren behaupten, die Filme seien schlichte Fälschungen. Was in vereinzelten Fällen vielleicht auch stimmen mag, doch im Großen und Ganzen darf man getrost davon ausgehen, dass die Urheber dieser Filme nur das eingestellt haben, was sie auch wirklich gesehen und gefilmt haben, denn man darf bei aller Kritik eine Tatsache nicht vergessen, dass das Fälschen solcher Filme einen hohen technischen Aufwand erfordert und vor allem setzt es auch das nötige Wissen voraus.

Erinnern wir uns noch einmal. Der Begriff „Fliegende Untertassen" wurde im Jahre 1947 geboren. In jenem Jahr, nämlich am 24. Juni, sah der Geschäftsmann Kenneth Arnold über dem Mount Rainier Massiv im Bundestaat Washington neun flache, untertassenähnliche Objekte, die er später in einer eigens einberufenen Pressekonferenz als „Fliegende Untertassen" bezeichnete. Die Journalisten nahmen den Begriff „Fliegende Untertassen" natürlich bereitwillig auf und titelten ihre Blätter am nächsten Tag dementsprechend. Die „Fliegenden Untertassen" gingen somit als Headline um die ganze Welt und manifestierten sich in kürzester Zeit in den Köpfen von Millionen von Menschen, die diesen Begriff auch heute noch gerne benutzen, wenn sie etwas am Himmel sehen, was sie nicht erklären können. Die Frage, die am Ende bleibt, sollte also lauten: In welcher Absicht haben die Medien den Begriff „Fliegende Untertassen“ wirklich als Titelschlagzeile von Arnold übernommen, der den Begriff vielleicht eher als bildhafte Umschreibung geäußert hat, um den anwesenden Journalisten mit einfachen Worten zu erklären, wie er die Objekte gesehen hat? Könnten also nicht die Journalisten den Begriff eher als Verhöhnung und Belustigung verwendet haben? Denn genauso gut hätten sie ihn auch in einem Nebensatz als Umschreibung Arnolds nennen können.

Tatsächlich aber scheint es so zu sein, dass die Medien den Begriff „Fliegende Untertassen“ bewusst als Überschrift gewählt haben, um das Thema am Ende als Scherzartikel zu verkaufen. Hohn und Spott sind noch immer die wirkungsvollste psychologische Waffe. Gerade was das Thema UFOs anbelangt. Ich habe selbst in mehr als 25 Jahren meines Berufslebens als Journalist gearbeitet. Und ich weiß, welchen Einfluss die Medien auf das Bewusstsein der Bevölkerung haben. Sie bestimmen schließlich nicht nur welche Kriege auf der Welt gut oder schlecht sind, welche Politiker Demokraten oder Diktatoren sind, nein – sie bestimmen auch, ob wir Menschen allein im Universum leben oder nicht. Nicht Menschen machen Meinung, sondern Medien, die von der herrschenden Eliteklasse kontrolliert werden.

Sie sehen also, alles, was sie täglich in den Tagezeitungen lesen, im Radio hören und im Fernsehen sehen, ist von der Elite gesteuert. In Bezug auf unser Thema UFOs liefert die nötigen Beweise hierfür der renommierte US-amerikanische Atomphysiker und UFO-Forscher James E. McDonald. McDonald setzte sich bereits in den früheren 1960er Jahren für eine wissenschaftliche Untersuchung des UFO-Phänomens ein, weil das zu jener Zeit einzige Gremium, das sich mit diesem Thema beschäftigte, die Untersuchungskommission der US Air Force im Rahmen ihres „Project Blue Book“ war. McDonald sprach sich darüber für die Hypothese aus, dass es sich bei den gesichteten Objekten durchaus auch um außerirdische Besucher handeln könne. Im Rahmen seiner intensiven Forschungsarbeit befragte der Forscher mehr als 500 Augenzeugen und zog schließlich daraus das Fazit, dass UFOs sehr wohl real seien.

McDonald kritisierte die offiziellen Untersuchungskommissionen und stellte fest, dass, je mehr er sich in die Akten vertiefte, es umso deutlicher wurde, dass der Zweck dieser Untersuchungskommissionen keineswegs darin bestand, diese Phänomene zu untersuchen und zu erklären, sondern vielmehr sei man bestrebt gewesen, Augenzeugen zu beeinflussen und sie zu der Aussage zu überreden, sie seien das Opfer einer Sinnestäuschung gewesen. McDonald stellte bald zu seinem Erstaunen fest, dass man bei der Auswahl der Mittel zur Einschüchterung von Augenzeugen keineswegs zimperlich gewesen sei. Somit gelangte er schließlich zu dem Schluss, dass die meisten in der Kommission tätigen Wissenschaftler größtenteils Strohmänner der CIA gewesen seien, die für viel Geld und einen guten Job alles taten, was man ihnen befahl.

Die Frage, die sich hieraus ergibt, dürfte hinlänglich klar sein: wer steckt wirklich hinter der UFO-Geheimhaltung? Die Pläne zur allgemeinen Verschleierung kommen schließlich nicht aus dem unteren Bereich des Militärs und der Wissenschaft, die die Presse und die Öffentlichkeit über Jahrzehnte bewusst mit falschen Informationen gefüttert haben und dies bis zum heutigen Tag auch weiterhin tun. Rho Sigma schrieb dazu in seinem Buch „Forschung in Fesseln“ auf Seite 188:

„Der über UFO-Angelegenheiten immer ausgezeichnet informierte Radio-Kommentator Frank Edwards hat klipp und klar festgestellt: Die Befehle zur Geheimhaltung in Bezug auf UFOs kommen von der Spitze. Die Air Force ist einfach der Prügelknabe, das ausführende Organ.“

Der kanadische Regierungswissenschaftler und ehemalige Leiter des Projekts „Magnet“, Wilbert B. Smith, äußerte sich auf die Frage, wer seiner

Meinung nach die UFO-Informationen vor der Öffentlichkeit fernhielte, mit den folgenden Worten:

„Eine kleine Gruppe, die sehr hoch oben in der Regierung steht!"

Doch wer ist diese Gruppe? Aus welchen Mitgliedern setzt sie sich zusammen und vor allem, welche Interessen stehen dahinter? Eine Antwort auf diese Frage versuchen die Autoren David Wise und Thomas B. Ross in ihrem Buch „The Invisible Goverment" (Die unsichtbare Regierung) zu geben.

Abb. 3 links: David Wise **Abb. 4 rechts:** Thomas B. Ross

(http://assets3.bigthink.com/system/user_icons/217995/original/image002_0.jpg?1308842587)
(http://spartacus-educational.com/JFKrossT.jpg)

Wise und Ross beschreiben in ihrem Buch sehr deutlich die Macht der CIA, die ihren Worten nach nicht irgendein Geheimdienst sei, sondern dass sich ihrer globalen Macht auch höchste Regierungskreise in den USA nicht entziehen können. Auch sind sich die Autoren einig hinsichtlich der Tatsache, dass die CIA tatsächlich eines der Instrumente des CFR (Council in Foreign), einer unsichtbaren Regierung sei und das nicht einmal der Präsident der Vereinigten Staaten die Macht habe, das UFO-Geheimnis zu lüften.

Wer aber hat dann die Macht, das Geheimnis zu lüften, wenn schon nicht der Präsident der Vereinigten Staaten? Zumindest in den Reihen renommierter Wissenschaftler sollte es doch Vertreter geben, die sich der Verantwortung bewusst sein sollten, dass die Öffentlichkeit ein Recht darauf hat, die ganze, die umfassende Wahrheit über die Herkunft der unbekannten Flugobjekte zu erfahren. Darüber wunderte sich auch der bekannte UFO-Forscher Jaques Vallée, der früher selbst einmal am Pariser Observatorium gearbeitet hat und weiß, dass dort unbekannte fliegende Objekte aufgespürt, fotografiert und auch gefilmt worden sind. Vallée meinte in der Vergangenheit immer wieder, dass gerade renommierte Wissenschaftler die oftmals emotionalen Reaktionen aus der breiten Masse der uninformierten Bevölkerung fürchten.

Für Vallée hatte die Aussage „Sage nichts, was Angst erzeugen könnte!“ keinen rechtfertigenden Hintergrund. Allein schon auf Grund der Tatsache, dass sich die Angst am Ende deutlich schneller unter der Bevölkerung ausbreiten könnte, wenn die Fakten von wissenschaftlicher und auch von staatlicher Seite ignoriert werden. Nach Vallées Meinung könne, wenn die wissenschaftliche Gemeinschaft die Existenz dieses Phänomens verneint, ein tiefer Einschnitt in das Glaubenssystem der Öffentlichkeit entstehen – natürlich mit einem dauerhaften Verlust des Respekts der Wissenschaft und der Politik.

Obwohl in der jüngsten Vergangenheit zahlreiche Politiker und Militärs offen zugegeben haben, dass UFOs und Außerirdische existieren, so scheinen diese Nachrichten noch nicht zu allen Mediendiensten durchgedrungen zu sein, allein der deutsche Mainstream ignoriert diese Aussagen bis heute komplett.

Bereits 2013 bestätigte der ehemalige kanadische Verteidigungsminister Paul Hellyer auf der UFO-Disclosure Konferenz in Washington die Präsenz Außerirdischer auf der Erde. Hellyer gehörte 23 Jahre lang der kanadischen Regierung an und hatte im Laufe seiner Amtszeit häufig mit UFO-Sichtungen zu tun. Nach Worten des ehemaligen Ministers waren es oft unglaubliche Dinge, die er Rahmen seiner Tätigkeit für die Regierung erfuhr. Hellyers Worten zufolge habe die Bevölkerung ein Recht zu erfahren, was da draußen vorgeht. Anlässlich eines Symposiums der Universität von Toronto sagte Hellyer wörtlich:

„UFOs sind so echt wie die Flugzeuge, die über unsere Köpfe fliegen."

Nach Hellyers Informationen sollen seit vielen Jahrzehnten mehr als 20 verschiedene Spezies auf der Erde leben, die von den Planeten Zeta Retikuli, Plejaden, Orion, Andromeda und aus dem Altair-Sternensystem stammen und in enger Zusammenarbeit mit der Regierung der Vereinigten Staaten stehen. Das sich Hellyer diese Information nicht bloß irgendwie aus den Fingern gesogen hat, geht unter anderem auch aus der 2002 erschienenen vierteiligen Buchreihe „Millennial Hospitality" (Tausendjährige Gastfreundschaft) von Charles James Hall, der Mitte der 1960er Jahre eine führende Rolle bei US Air Force inne hatte, hervor. Hall soll, wie er selbst schreibt, lange Zeit mit zwei Großen Weißen zusammengearbeitet haben, die in einer Militärbasis in Indiana Springs inmitten der Wüste Nevadas untergebracht waren. Nach Aussage Halls soll es im Rahmen der Zusammenarbeit auch zu einem Technologieaustausch zwischen der US Air Force und den Außerirdischen gekommen sein.

Für manch einen Leser mag dies alles ausgesprochen abenteuerlich klingen, andere Leser mögen jetzt vielleicht sagen, das ist alles längst bekannt. Warum sollten wir alleine im Universum leben. Über eine Tatsache aber sollten wir uns alle bewusst sein: Die Aufklärungsarbeit von Whistleblowern ist in der Regel immer mit einem Beigeschmack der Verschwörung behaftet. Schließlich ist das von der Elite so beabsichtigt, wie wir in einem späteren Kapitel noch ausführlich erfahren werden.

Hall ist ein Whistleblower. Einer, der lange Zeit den Vereinigten Staaten gedient hat und der nach langer Zeit seinen Eid und das Schweigen gebrochen hat. Natürlich versucht die Regierung diese geheimen Informationen, die nun in vier Bänden nach außen gelangt sind, mit gezielten Angriffen zu entkräften und auf diese Weise in das Reich der Verschwörungstheorie zu befördern. Das ist reine Geheimdienstarbeit und der Arm der Geheimdienste ist lang und niemand vermag auch nur annähernd eine Ahnung davon zu haben, wie oft sich hinter Kommentaren im Internet, oft auch hinter Leserbriefen in einschlägigen Tageszeitungen, Mitarbeiter von Geheimdiensten mit Aliasnahmen verbergen, die gezielt den in ihren Augen begangenen Verrat einstiger Geheimnisträger zu torpedieren versuchen, indem sie den Wahrheitsgehalt von Büchern oder Beiträgen in Fachzeitschriften oder im Internet mit beleidigenden Kommentaren in Frage stellen.

Oftmals gehen Geheimdienste sogar so weit, dass sie nicht nur die Seriosität des Schreibers in Frage stellen, sondern sie versuchen sogar im schlimmsten Fall auch den Autor durch Verleumdung und Rufmordkampagnen mundtot zu machen. So wie im Fall Bob Lazar, der berichtet hatte, dass er im Rahmen seiner Tätigkeit auf der Area 51 an außerirdischen Raumschiffen gearbeitet habe. Als die Geschichte schließlich ihre Runde durch die Medien machte, wurde bald von offizieller Seite behauptet, es habe nie einen Bob Lazar auf der Basis gegeben, es könne sich also in diesem Fall nur um einen Hochstapler handeln, der sich nur wichtigmachen wolle. In Regierungs- und Militärkreisen nennt man Rufmordkampagnen in diesem Fall Schadensbegrenzung.

Allerdings mehren sich in jüngster Zeit die Informationen, dass die Regierungen der westlichen Staaten die Information über die Existenz außerirdischen Lebens vor der Weltöffentlichkeit nicht länger verschweigen können, da in jüngster Zeit immer mehr Infos aus Militär- und Regierungskreisen durch alternative Medien und Nachrichtendienste nach außen dringen, die den Verdacht erhärten, dass die Weltöffentlichkeit durch ihre Regierungsvertreter gehörig an der Nase herumgeführt wird. Die, die glauben, dass die Menschheit nicht alleine im Universum ist, wird durch eine Offenlegung sicherlich nicht weiter beunruhigt oder erstaunt sein. Für die, die bisher dem Mainstream vertraut haben und die Existenz außerirdischen Lebens ebenfalls als Hokuspokus betrachten, wird eine totale Offenlegung ein Schock bedeuten – etwa so, wie wenn man kleinen Kindern eines Tages, wenn sie alt genug sind, erzählt, dass es den Osterhasen und den Weihnachtsmann gar nicht gibt.

An dieser Stelle sollte einmal folgende Frage erlaubt sein: Halten die Politiker aller großen Regierungen die Weltbevölkerung wirklich für kleine, unmündige Kinder, die noch an den Weihnachtsmann glauben und die man deshalb vor der „grausamen" Wahrheit schützen muss, die man unmöglich aus ihrem tausendjährigen Dornröschenschlaf wecken kann, weil sie möglicherweise depressiv werden oder noch schlimmer, durchdrehen könnten? Verantwortungsbewusste Eltern wissen, dass man Kinder ab einem gewissen Alter aufklären muss. Über die Gefahren, die im Alltag lauern, über die Sexualität und natürlich auch über den Tod.

Anhand eines Beispiels möchte ich versuchen, dies zu erklären. Ein sechsjähriges Kind, das sieht, dass sein Großvater schwer krank ist, wird natürlich nicht mit dem Schlimmsten rechnen, da Kinder rein vom Urinstinkt her immer an das Gute im Leben glauben und, wie in diesem Fall, also hoffen, dass Opa wieder gesund wird. Eltern, die es gut mit ihrem Kind meinen, werden aber versuchen, das Kind auch auf das Schlimmste, nämlich den Tod des geliebten Großvaters, sanft vorzubereiten, anstatt zu warten, bis der Großvater tatsächlich stirbt und das Kind am Ende vor der vollendeten Tatsache steht, seinen Opa nie wieder sehen und sprechen zu können. Für das Kind wäre die letzte Option sicherlich ein schwerer Schock, da es nicht mit dem plötzlichen Tod gerechnet hat.

Ein aufgeklärtes Kind würde der Tod des Großvaters sicherlich nicht so hart treffen. Schließlich würde es ja damit rechnen, dass Großvater bald sterben muss. Es wäre also alles nur eine Frage der Zeit. Für ein nicht aufgeklärtes Kind hingegen würde der plötzliche Tod im schlimmsten Fall sogar ein seelisches Trauma auslösen, weil sich das Kind den Tod in seiner Komplexität so noch gar nicht vorstellen kann, erst Recht nicht, wenn er den geliebten Großvater so schnell und über Nacht holt.

Ein anderes Beispiel ist die Sexualität. Kinder kurz vor oder mitten in der Pubertät holen sich heute Infos über Sex und Liebe in der Regel aus dem Internet. Einschlägige Sexseiten, die auch für Kinder schon sehr leicht abrufbar sind, klären unaufgeklärt, schonungslos und offen über alles auf, was Kinder in der Pubertät wissen wollen. Kinder werden mit Begriffen in Berührung gebracht, von denen sie vielleicht nie zuvor in ihrem jungen Leben etwas gehört haben. Sex mit der Holzhammermethode könnte man in diesem Fall auch sagen. Denn auf Grund der enormen Reizüberflutung werden Kinder auf diese Weise geradezu ins kalte Wasser gestoßen. Fast jedes Kind hat heute schon mit spätestens acht Jahren ein Smartphone oder Computer. Viele Kinder füttern sich also hier schon sehr früh mit Informationen, eben auch aus dem Bereich Sexualität. Für viele dieser Kinder wird also die erste Berührung mit dieser äußerst sensiblen Thematik ein Schock werden. Weil sie unvorbereitet, quasi ohne einfühlsame Einarbeitung, Kontakt zu dieser Materie geschlossen haben. Ein Schock deshalb, weil Kinder auf Grund ihrer Entwicklungsstufe gewisse Begriffe und Praktiken noch nicht so umfassend verstehen, wie ein junger Erwachsener mit entsprechender Vorkenntnis.

So oder ähnlich dürfte es auch unaufgeklärten Menschen gehen, die sich vielleicht nie zuvor in ihrem Leben mit dem Thema Außerirdisches Leben befasst haben. Die vielleicht zum ersten Mal erfahren, dass die Erde seit Jahrmillionen von außerirdischer Intelligenz besucht wird. Für diese Menschen wird diese Information sicherlich ein genauso großer Schock sein, wie für ein unvorbereitetes achtjähriges Kind, das zum ersten Mal im Internet Kontakt mit dem Thema Sexualität schließt. In gewisser Weise also befindet sich der Großteil der Bevölkerung hinsichtlich vieler Bereiche des Lebens und des Alltags auf dem Bildungsniveau eines achtjährigen Kindes. Politiker und Wissenschaftler auf der ganzen Welt sind sich dieser Tatsache durchaus bewusst.

Das heißt, die Menschen müssen ganz sanft an das Thema herangeführt werden, wenn es zu keiner Massenpanik unter der Bevölkerung kommen soll, wie führende Politiker oftmals gerne befürchten. Doch trifft es am Ende die Menschen wirklich so unvorbereitet, wenn es eines schönen Tages einmal in der Tagesschau heißen sollte, dass die Erde seit Millionen von Jahren von außerirdischen Zivilisationen besucht wird? Ich persönlich jedenfalls glaube das nicht, schließlich sind wir ja in der Vergangenheit von einer Flutwelle mit Science Fiction-Filmen überspült worden, dass man meinen könnte, die Außerirdischen sind bereits eine ganz alltägliche Spezies auf der Erde. Roland Emmerich & Co haben, denke ich persönlich, in diesem Zusammenhang ganze Arbeit geleistet. Und ich denke auch, dass der wahre Grund dieser Filme eben in eine Art Vorbereitung auf den Erstkontakt liegt, um die Menschen auf den Tag vorzubereiten, an dem die, ich sage jetzt einfach mal Schockinformation kommt, dass der Mensch nicht allein im Universum ist.

Wie ich schon eingangs erwähnt habe, ein Schock wird es nur für den Teil der Bevölkerung sein, der vehement den Gedanken abgelehnt hat, dass es außerirdisches Leben gibt und dass diese Spezies in ihrer Evolution den Menschen auf der Erde vielleicht um Jahrmillionen voraus sind. Schließlich neigt der Mensch ja gerne zur Überheblichkeit und sieht sich persönlich als die Krone der Schöpfung. Und das nicht nur auf der Erde, sondern im gesamten Universum. Und eben diese Überheblichkeit ist am Ende dafür verantwortlich, wenn der Mensch den Gedanken, nicht allein im Universum zu sein, so entschieden ablehnt. Allein schon die Überheblichkeit gegenüber der Tier- und Pflanzenwelt macht deutlich, dass sich der Mensch als die Krönung der Schöpfung betrachtet und dieses im Alltag auch immer wieder zum Ausdruck bringt. Etwa indem er darüber bestimmt, was unwertes Leben auf der Erde ist.

Das Problem unserer Zeit ist, dass viele Menschen mehr und mehr das Denken verlernt haben. Insbesondere bei jungen Menschen, zum Teil auch schon bei Kindern, beobachte ich eine zunehmende Wohlstandsverblödung. Das „Sich-Gedanken-machen“ sollte also wieder mehr in den Mittelpunkt unseres täglichen Lebens gestellt werden. Vielleicht liegt es tatsächlich an der täglichen Reizüberflutung, die der Mensch in unserer hochtechnologisierten Gesellschaft ausgesetzt ist. Doch diese Reizüberflutung lässt sich auch sehr leicht auf ein Minimum reduzieren. Jeder Einzelne von uns muss sich nur mit den Themen und Dingen beschäftigen, die er persönlich für den Augenblick benötigt. Und diese Dinge sollte er dann wirklich mit akribischer Sorgfalt unter die Lupe nehmen.

Vor allem aber sollte jeder Einzelne unter uns die Informationen nicht ungefiltert übernehmen. Sondern mit Hilfe seines logischen Verstandes auf Herz und Nieren hin überprüfen und sich anschließend die Frage stellen: Kann das denn auch wirklich wahr sein, was da in der Zeitung steht oder was die da im Fernsehen oder Radio sagen? Sehr oft wird man dann zu seinem eigenen Erstaunen feststellen müssen, dass in der Tat nicht alles stimmt, was Zeitungen, Fernsehen und Radio so täglich berichten. Vieles entpuppt sich am Ende tatsächlich als pure Propaganda oder es handelt sich um Berichte, die bewusst zu Gunsten bestimmter Eliten aus Politik und Wirtschaft verfasst wurden, um etwa innerhalb der Bevölkerung gesteckte Ziele und Agenden durchzusetzen. Skepsis ist also in allen Bereichen unseres Lebens angebracht.

Viele Leser werden sich jetzt sicherlich zu Recht die Frage stellen, was hat diese Betrachtung noch mit dem Thema „Unbekannte Flugobjekte“ zu tun? Nun, die Antwort auf diese Frage ist recht einfach.

Ich möchte in diesem Buch versuchen, der Wahrheit Schritt für Schritt auf die Spur zu kommen. Das Thema ist komplexer als es nach außen hin den Anschein hat. Gehen wir doch erst einmal der Frage nach, warum haben die Regierungen, allen voran die Vereinigten Staaten, ein Interesse daran, der Weltöffentlichkeit zu verschweigen, dass die Erde in Wahrheit seit Jahrmillionen von außerirdischen Rassen besucht wird? In den von den Regierungen verfassten Erklärungen heißt es immer, man kann es den Menschen nicht sagen, weil die Wahrheit eine Massenpanik auslösen könnte, wie ich ja schon mehrmals erwähnt habe. Doch stimmt das auch wirklich? Eine Massenpanik, auf Grund der Erklärung, dass der Mensch nicht allein ist im Universum? Ich denke, wohl kaum!

Der tatsächliche Grund muss also ein anderer sein. Ein Grund, der viel schwerer wiegt, als das Seelenheil der Weltbevölkerung. Hätten die Politiker wirklich ein Interesse daran, dass es der Weltbevölkerung gut geht, würde es keine Kriege mehr geben, keine Armut und keinen Terror und das Kapital wäre innerhalb der Bevölkerung gerecht verteilt. Der tatsächliche Grund des Schweigens liegt meiner Meinung nach vielmehr innerhalb der wirtschaftlichen Interessen der Länder, insbesondere derer der USA, die noch immer vorgibt, die Weltmacht zu sein.

Wer sich einmal ausführlich mit dem Thema UFOs auseinandergesetzt hat, weiß, dass diese Flugmaschinen nicht mit einem herkömmlichen auf der Erde üblichen Verbrennungsmotor arbeiten. Selbst in den unzähligen Werken zum Teil namhafter Autoren, die vorgeben wissenschaftliche Vorkenntnisse zu besitzen, scheint die Antriebstechnologie dieser Objekte größtenteils noch immer unverstanden. Doch ist das wirklich so, oder wird das nur so behauptet? Ist vielleicht der Großteil der auf dem Markt befindlichen UFO-Literatur am Ende Fake? Werden auch hier bewusst Details verschwiegen, um die Leserschaft an der Nase herumzuführen? Ich glaube ja. Nur wenige Autoren haben den Mut, die Wahrheit zu schreiben. Und die Autoren, die diesen Mut besitzen, müssen nicht selten um ihr Leben und um das Leben ihrer Angehörigen fürchten.

Also liegt der Grund des Verschweigens der Herkunft dieser Maschinen viel weniger im Wohl der Bevölkerung hinsichtlich einer möglichen Massenpanik, als vielmehr hinter der Antriebstechnologie dieser Maschinen, die einen enormen Technologiewandel auslösen würde. Es sind eben diese Fragen, die die Menschheit derzeit noch in Atem halten und es sind vielleicht eben auch jene Fragen, die die Mainstream-Wissenschaft davon abhält, tiefer in die Materie vorzudringen. Weil eben nichts peinlicher ist, als auf Fragen keine Antworten parat zu haben. Antworten haben ja schließlich immer so etwas Wissendes an sich und Wissen ist für Wissenschaftler eben Macht. Und Macht will die Wissenschaft schließlich über die Bevölkerung haben.

Allerdings bleibt am Ende die zu klärende Frage, ob die Wissenschaft auch alle Antworten preisgibt, oder ob viele Fragen nicht bewusst unbeantwortet bleiben sollen, um gewissen Lobbyisten in die Hände zu spielen.

Ich denke, dass hier der Schlüssel zu vielen der unbeantworteten Fragen hinsichtlich dieses Themas liegt. Die Lobbyisten wären in diesem Fall die Energielieferanten. Die Gas-, Elektro- und Erdölindustrie, die natürlich ein Interesse daran haben, dass ihre Geschäfte weiterlaufen, dass Menschen mit Gas, Kohle, Öl oder Strom heizen, dass der Verbrennungsmotor nicht eines schönen Tages aus dem Auto verschwindet. Das nämlich würde wirklich passieren, wenn die freie Energie plötzlich über Nacht Einzug hält. Was wäre wenn kein Mensch mehr Öl oder Gas bräuchte, um seine Wohnung zu heizen, wenn der Tankstop überflüssig wäre und man mit dem Auto unendliche Weiten ohne Benzin, Gas oder Strom zurücklegen könnte? Ja, was wäre dann? Dann hätten wir in der Tat freie Energie. Energie, an der niemand mehr auch nur einen Cent verdienen würde.

Und noch eine Frage: Glaubt auch jemand ernsthaft daran, dass irgendein Politiker auf der Welt ein Interesse daran hat, dass Menschen aus freier Energie einen Nutzen ziehen könnten? Ich denke nein. Die freie Energie ist derzeit noch das am strengsten gehütete Geheimnis überhaupt. Niemand weiß, was so alles möglich ist. Das glauben zumindest viele. Es ist aber nicht so. Freie Energie ist seit mehr als sieben Jahrzehnten möglich, Nikola Tesla hat es damals vorgemacht. Doch woher hatte Tesla die Informationen? Woher wusste er, wie und wo man freie Energie herbekommt und vor allem, wie man sie nutzt? Befinden sich vielleicht schon seit Jahrmillionen außerirdische Intelligenzen auf der Erde und vermitteln Forschern ihre Geheimnisse?

Gehen wir einmal von der Tatsache aus, dass die Geschichte über die Evolution der Menschheit eine völlig andere ist als die, die man hinlänglich aus den Geschichtsbüchern her kennt und wie sie noch heute im Geschichtsunterricht in den Schulen erzählt wird. Dann wäre es doch durchaus möglich, dass es auf der Erde vor Millionen oder gar Milliarden von Jahren einmal eine Hochkultur gab, die vielleicht sogar ihren Ursprung im sagenumwobenen Atlantis hatte. Ist Atlantis also die Wiege der Menschheit und der Ursprung allen Lebens auf der Erde?

Immer wieder haben wir es in der Geschichte mit Überlieferungen zutun, die besagen, dass die Götter der Vorzeit im Besitz von Raumflughäfen waren. Beispielsweise soll der Ararat (2 Berge mit 5.137 Metern und 3.611 Metern), am Persischen Golf gelegen, ein optischer Orientierungspunkt gewesen sein, um in den Weltraum zu fliegen und wieder auf der Erde zu landen.

Und genau hier entwickelte sich vor rund 6.000 Jahren die Hochkultur der Sumerer, auf die Babylon vor knapp 4.000 Jahren folgte. Wichtige Informationen zu der möglichen Hochkultur der Babylonier liefert etwa das Werk Enuma Elisch, das babylonische Schöpfungsepos, dessen Kurzfassung sich auf der ersten Seite der Bibel widerspiegelt. Teile der Texte beinhaltet übrigens das Alte Testament.

Die Übersetzungen der Werke aus der Vorzeit haben aber leider einen Haken. Sie sind unvollständig. Im Laufe der Geschichte wurden sie zwar von zahlreichen Übersetzern mehr und mehr komplettiert, doch befinden sich noch immer viele weiße Stellen in den früheren Übersetzungen, weil man schlicht noch immer nicht weiß, wie man sie übersetzen soll. Bei der Urfassung handelt es sich noch um Keilschrifttafeln, die zum Teil mehr als 500 Zeilen umfassen. Prinzipiell also müssten alle Werke der Vorzeit mehr oder weniger von Grund auf neu überarbeitet werden. Und hier ist die Arbeit von Sprachwissenschaftlern gefragt, die in mühevoller Kleinarbeit Schritt für Schritt die Schriften unserer Vorzeit erschließen müssten. Sollte es aber eines Tages der Fall sein, dass alle diese Schriften und Werke entschlüsselt sind, dürfte sich uns ein völliges neues Bild über den Aufbau der Erde und des Universums erschließen. Unser bisheriges Weltbild wäre quasi über Nacht für obsolet erklärt. Das wäre ähnlich, wie wenn man aus einem Traum erwacht.

Stehen wir vielleicht genau in diesem Moment vor einem Welten- und Bewusstseinswandel, wie ihn die Menschheit bisher noch nicht erlebt hat? In zahlreichen Internetforen wird ja seit langem darüber berichtet, dass die Menschheit im Begriff ist, sich zu Transformieren. Dass sie zu einem höheren Bewusstsein aufsteigt. Doch wie soll das gehen? Das sind die immer gleichlaut klingenden Fragen, die sich Menschen stellen. Besonders die Menschen, die sich vielleicht nie zuvor in ihrem Leben mit diesem Thema auseinandergesetzt haben. Die Antwort auf diese Frage lautet: das Weltraumwetter. Es beeinflusst, wie viele vielleicht wissen, nicht nur unseren Planeten, sondern auch Mensch und Natur. Also auch Tiere und Pflanzen. Statistiken belegen etwa, wie intensiv Sonneneruptionen die Aktienmärkte beeinflussen. Auch Gewaltausbrüche, Krieg und Terror sind in den meisten Fällen auf die intensive Aktivität der Sonne zurückzuführen, da durch die damit verbundenen magnetischen Wellen jeder lebende Organismus auf der Erde beeinflusst wird.

Das große Geheimnis, von dem Viele überhaupt noch nichts wissen, was der Menschheit aber jetzt gerade offenbart wird, ist, dass die Sonne in der Tat gerade unser evolutionäres Erwachen auslöst. Verantwortlich dafür ist eine mächtige Welle an Gamma-Licht, das uns gerade direkt aus dem galaktischen Zentrum erreicht. Bisher hatten wir es nur mit sehr kleinen Wellen zu tun, diese uns jetzt erreichenden Gamma-Wellen aber kommen nur alle 3.600 Jahre vor und werden auch „The Event Horizont" genannt, was übersetzt Ereignishorizont heißt. Diese Wellen nämlich markieren den nächsten Schritt im Evolutionszyklus des Menschen. Das „Time Magazine" berichtete in einer ihrer jüngsten Ausgaben, dass die Wissenschaft sehr wohl Kenntnis darüber hat. Wissenschaftler kennen auch bereits die Auswirkungen auf unsere Evolution, deshalb ist es auch kein Zufall, dass seit Ende 2015 sich die Erdbeben auf der Erde geradezu vervierfacht haben und die Naturkatastrophen in einem anscheinend nie dagewesenen Ausmaß ansteigen.

Aber das Wichtigste hinter all dem ist, dass die Menschen nun beginnen zu begreifen, zu erwachen und mit Erschrecken feststellen müssen, dass ganze Generationen getäuscht worden sind, dass die Geschichte, so wie sie uns erzählt wird, eine völlig andere ist. Bleiben wir bei dem Thema Luft- und Raumfahrt. In den Geschichtsbüchern sind die USA im Rahmen ihres Apollo-Programms die bislang einzigen Menschen, die auf dem Mond gewesen sind, so will man es uns auch heute noch glauben machen. Hochtechnologie also darf es aus politischer wie auch aus religiöser Sicht (noch) nicht geben.

Auch wenn, wie schon oben erwähnt, immer mehr wissenschaftliche Übersetzungen der Schriften aus grauer Vorzeit mittlerweile genau das Gegenteil belegen, die Schulwissenschaft darf diese Erkenntnis nicht öffentlich zugeben. Und was die Mainstreamwissenschaft, oder wie auch immer wir sie hier nennen mögen, nicht im öffentlichen Raum zugibt, wird von der Mehrheit der Bevölkerung strikt abgelehnt. Mehr als 100 Jahre Gehirnwäsche zeigen noch immer ihre Wirkung. Schließlich haben die Eliten der Regierungen die Bevölkerung jahrzehntelang darauf eingeschworen, sich ja nicht mit den Thesen der, ich nennen sie jetzt einmal Schmuddelwissenschaft, einzulassen. Nur das, was offiziell in den Geschichtsbüchern steht, hat also seine Gültigkeit.

Als Fazit, so könnte man jetzt sagen, befindet sich die gesamte Weltbevölkerung im Status der Unmündigkeit. Unmündigkeit deshalb, weil die Eliten der Regierungen es gegenwärtig sogar noch weniger zulassen, als noch vor drei Jahrzehnten, dass sich die Menschen selbständig Gedanken machen und diese Gedanken und Überlegungen der breiten Öffentlichkeit auch kundtun. Denn Volkes Gedanken scheinen der Elite bei der Umsetzung ihrer Agenden zu schaden. Deshalb wird das Internet mehr und mehr überwacht und reguliert, insbesondere die sozialen Netzwerke stehen unter einer permanenten Kontrolle. Jeder, der hier ungeniert sein Wissen und seine persönliche Meinung offenbart, muss mittlerweile mit dem Schlimmsten rechnen.

Was tatsächlich hinter dem Phänomen UFO steckt und welche Interessen die Regierungen vertreten, die wahren Hintergründe zu vertuschen, möchte ich in den kommenden Kapiteln aufzeigen und klären. Gehen Sie gemeinsam mit mir auf eine spannende Spurensuche.

Kapitel 2

Willkommen in Amerikas schwarzer Welt

Wer das Unfassbare begreifen will, sollte sich hierher auf den Weg machen. Auch wenn er es nicht zu Gesicht bekommt, allein schon der Gedanke, dass dieser Ort das Portal in eine andere Welt ist, fasziniert. Auch wenn der erste Eindruck täuscht. Denn die Welt hier ist mit Brettern vernagelt. Weit und breit keine Menschenseele in Sicht. Sand und Steine soweit das Auge reicht. Ich bin irgendwo 130 Kilometer nordwestlich von Las Vegas auf der SR-375 unterwegs und habe absolut keine Ahnung, wohin mich dieser Highway führen soll. Aber ich vertraue auf meine Intuition, dass alles gut geht. Immerhin ist es die einzige Straße, die in die schwarze Welt nach Groom Lake führt. In der Ferne schälen sich die ersten Umrisse von halb verlassenden Dörfern, Häusern und Wohnwagen aus der flirrenden Mittagshitze.

Vergangenheit, Gegenwart und Zukunft scheinen wie Elemente an diesem Ort ineinander zu verschmelzen. Ich bin Einundzwanzig Kilometer von der Grenze zur Area 51 entfernt, die mit dem früheren Atomversuchsgelände Yuka Flats die Größe Bayerns hat. Wie eine biblische Erscheinung taucht jetzt vor meinen Augen die einzige bewohnte Ortschaft am Horizont auf und heißt ausgerechnet Rachel. Zufall oder Absicht? Hundert Einwohner leben in diesem kleinen und verlassenen Wüstennest wie Einsiedler.

Was verbirgt sich tatsächlich hinter den geheimnisvollen Toren der Area 51. Geschützt durch schwere Eisenzäune und Maschendraht. Mehr als ein Dutzend Fernsehberichte und genau so viele Bücher beschreiben auf eindrucksvolle wie spannende Weise die schlummernden Geheimnisse dieses wohl mit Abstand größten Militärtestgeländes der Welt.

Verschwörungstheoretiker auf der ganzen Welt vermuten aber mehr hinter den Toren, als in diesen Berichten und Büchern berichtet und geschrieben wird. Viele vermuten hier sogar außerplanetarisches Leben. Und weit mehr als nur die offiziellen nüchternen Zahlen und Fakten die das Pentagon nennt. Viele vermuten sogar einen direkten Transit zu fremden Galaxien und Planeten.

Sie glauben, dass bereits gegen Ende der 1940er mit dem spektakulären UFO-Crash in Roswell hier der erste Kontakt mit einer anderen Zivilisation stattgefunden haben soll. Hier soll nämlich das geheimnisvolle UFO aus Roswell noch heute lagern.

Den Bewohnern von Rachel ist egal, was hinter den Toren dieser Anlage wirklich geschieht. Für sie ist die Basis schon längst eine Goldgrube. Der Ort sei bereits Ende der 1980er Jahre zum „UFO Capital of the World" geworden, erzählt mir ein junger Mann in einem Drugstore. Tatsächlich ist Rachel zur Pilgerstätte geworden. UFO-Anhänger aus der ganzen Welt treffen sich hier. Deshalb nennen die Menschen hier die Route 375 auch „Alien-Highway". Und die Menschen hier draußen haben viel zu erzählen. Da ist zum Beispiel Dalton, der seit mehr als 30 Jahren in der kleinen Stadt, direkt an der Grenze zum Dreamland wohnt. Er zeigt auf die mächtigen Tikaboo Mountains und meint dabei schmunzelnd:

„Ich habe eine Menge ungewöhnliche Dinge am Himmel gesehen und ich bin mir sicher, die kommen alle von der Basis da drüben."

Wer hier raus kommt muss wissen, dass das „Little A´LeÌnn der letzte Stützpunkt vor der Basis ist. Das „Little A´LeÌnn ist Kneipe, Bar, Motel in einem und bietet neben wenigen Schlafmöglichkeiten auch viel Krimskrams. Mini UFO´s, Alienfiguren und Fotos. Dinge, die UFO-Anhängern das Herz höher schlagen lässt. Wer von hier weiter will zur Basis, muss den Highway spätestens hier verlassen und sich auf die Groom-Lake Road begeben. Sie führt direkt ins „Dreamland".

Abb. 5: Die Area 51

(https://images.gutefrage.net/media/fragen/bilder/was-wisst-ihr-ueber-area-51-und-glaubt-ihr-ob-die-da-wirklich-mit-aliens-experimentieren-/0_big.jpg?v=1307291852000)

Die Area 51 ist Teil der 1,5 Millionen Hektar umfassenden Nellis Air Force Base (NAFB). Die Bezeichnung Area 51 stammt noch von den alten Gebietseinteilungen auf den Karten des Nevada Testgeländes. Das Gelände ist nicht nur Top Secret, nein, es ist Sperrgebiet und das auch in der Luft. Zivilmaschinen ist der Überflug unter Androhung von Abschuss seither verboten. Und auch Piloten der Air Force müssen, sofern sie nicht autorisiert sind, das Gelände in einem großzügigen Bogen umfliegen.

Also, welches Geheimnis schlummert hier, das die Welt nicht erfahren soll? Die Spurensuche beginnt bei den Einheimischen von Rachel. Viele reden, andere schweigen. Die Jugend in Rachel fährt offenbar voll auf das Thema ab. Ein junges Mädchen in auffälligem Hippie-Lok, Stirntuch und langen schwarzen Haaren, die zum Zopf gebunden sind, sagt:

„Das ist echt krass hier draußen. Manchmal in der Nacht, wenn es sternenklar ist, dann sieht man oft viele bunte Lichter am Himmel, dazu eigenartige Geräusche- das ist dann total gruselig. Ich kenne viele von der Basis, die mir erzählt haben, dass die da ausgestopfte Außerirdische haben und echte Untertassen."

Eine hochbetagte alte Dame, die vorgibt, bereits Hundert zu sein, winkt ab, lacht laut und erklärt mir schließlich:

„Hokuspokus ist das hier alles, nichts weiter. Ich bin hier groß geworden, bin noch fort gewesen und habe noch nie in meinem Leben ein UFO gesehen. Aber das macht ja nichts. Hauptsache der Tourismus boomt, und das tut er, seit das Gelände in aller Munde ist und die Menschen aus aller Welt hierher anreisen. Das ist gut so, denn wer würde sich schon sonst in diese verlassene Gegend hier verirren."

Ein Ort, viele Menschen und genauso viele unterschiedliche Geschichten. Jeder sieht die Dinge, wie er sie sehen will. Die Wahrheit scheint hier niemanden zu interessieren. Warum auch! Die Menschen hier haben sich an ihr bescheidenes Leben gewöhnt, die Jugend haut irgendwann ab und liebt offenbar die vielen kuriosen Geschichten, die um diesen Ort, um diese Gegend kursieren.

Und doch leben seit Jahrzehnten ganze Generationen Seite an Seite mit einem Geheimnis. Das 100 Quadratkilometer große Gelände Area 51 liegt nordöstlich des Groom Lake, einem ausgetrockneten Salzsee. Am südwestlichen Ausläufer des Sees entstand nach dem Zweiten Weltkrieg ein Luftwaffenstützpunkt. Umgeben von riesigen Hangars, gewaltigen Versorgungseinrichtungen, Radaranlagen und der längsten Rollbahn der Welt, auf der gleich zwei Space Shuttles hintereinander landen können. 9,6 Kilometer lang ist die Bahn. Sie erstreckt sich von einem Ufer des Sees bis zum anderen. Parallel dazu gibt es noch eine zweite Start- und Landebahn. Man vermutet, dass ein Großteil der Strukturen unterirdisch angelegt ist. Zahlreiche Zeugenaussagen lassen das vermuten, sagt mir der Friseur im Ort. Er beschäftigt sich seit Jahren mit diesem bis heute ungelösten Geheimnis. Er holt einen dicken Ordner aus einem alten klapprigen Schrank und knallt ihn auf den schweren Eichentisch. Er blättert in seinen Aufzeichnungen, zieht vergilbte Zeitungsausschnitte aus Klarsichthüllen und breitet alles sorgfältig nebeneinander aus, sodass irgendwann alles einen Sinn zu ergeben scheint. Aus den Dokumenten geht jedenfalls deutlich hervor, dass die Geologie dieser Region besonders gut geeignet ist für Untergrundanlagen.

Das Gelände wird durch hohe Zäune und Bewegungsmelder geschützt. Wachen patrouillieren mit unauffälligen weißen Jeeps. Wer neugierig ist, kriegt es mit den bulligen Securities zutun. Überall im Wüstengelände sind Bewegungsmelder und Videokameras versteckt. Man sieht sie also nicht auf den ersten Blick: „Challing the Border“ – das Überschreiten der Grenzen kann mit 5000 US-Dollar und einem Jahr Gefängnis bestraft werden, steht in großen roten Buchstaben auf den Schildern.

Das ist Alltag hier, sagt Alan, der Friseur, der sich einen ganzen Nachmittag lang Zeit für mich genommen hat und mit mir an die Anlage gefahren ist. In der Ferne wirbelt eine mächtige Staubwolke auf. Sie gehört zu einem der weißen Jeeps, der genau auf uns zukommt. Der Jeep stoppt mit einer harten Bremsung. Die zwei Securities steigen aus und wollen von uns wissen, was wir hier machen.

Alan erklärt den zwei „Kleiderschränken“, dass ich ein Cousin aus Germany sei und dass er mir das Gelände zeigen wolle. Nach einigen Belehrungen lassen uns die Ordnungshüter weiterfahren. Wahrscheinlich gibt es in den USA keinen zweiten Ort, der so streng bewacht ist, wie dieses kleine und auf den ersten Blick unscheinbare Wüstennest.

Alan erklärt mir, dass man bis April 1995 die Basis noch vom Gipfel des rund 1.800 Meter hohen Berg „White Sands“ und dem benachbarten Bergsattel „Freedom Ridge“ beobachten konnte. Alan weiß auch, dass diese beiden Aussichtspunkte vom Militär in Beschlag genommen und für den Besucherverkehr geschlossen wurden. Aus Gründen der nationalen Sicherheit.

Alan fährt mit mir zum Gipfel des 2.500 Meter hohen „Tikaboo Peak“. Der Berggipfel liegt rund 42 Kilometer von der Basis entfernt. Nur bei wirklich guten und klaren Wetter ist ein Blick auf die Anlage möglich. Heute ist das

Wetter günstig. Was man allerdings braucht, um überhaupt etwas erkennen zu können, ist ein starkes Teleobjektiv mit extrem hoher Brennweite.

Während des Zweiten Weltkriegs war Groom Lake ein Bomben- und Artillerieschießplatz. Dann wurde das Gelände stillgelegt. 1955 entdeckten Vertreter der hochgeheimen „Skunkwoork-Abteilung“ das Gelände als geeigneten Platz für Testflüge ihres Spionageflugzeugs Lockheed U-2. Der See bot schließlich ideale Start- und Landebedingungen, außerdem schützte das Tikaboo-Valley vor neugierigen Blicken der Öffentlichkeit.

Im August 1955 startete die erste U-2 zu ihrem Jungfernflug. Noch vor Abschluss der Entwicklungsarbeiten an der U-2 nahm Lockheed am Groom Lake die Arbeiten an ihrem Nachfolger-Projekt „A-12 Oxcart auf. Ein Aufklärungsflugzeug, das für damalige Verhältnisse bereits sagenhafte 3000 Kilometer in der Stunde erreichte. Nicht nur die Flugeigenschaften, sondern vor allem die enormen Wartungsanforderungen der A12 verlangten einen umfangreichen Ausbau der Testanlage am Groom Lake. Vor allem aber die Startbahn musste um einige Kilometer verlängert werden.

Als die erste Lockheed A-12 1962 zu ihrem Jungfernflug startete, war die Hauptstartbahn auf 2.600 Meter verlängert worden und die Basis unterhielt von nun ein festes Personal von rund 1000 Mann. Zusätzlich wurde auch ein eigenes Treibstofflager sowie ein Tower mit dem Rufzeichen „Dreamland“ errichtet. Später dann sollte er zum Symbol der gesamten Anlage werden. Jetzt war das gesamte Gebiet um die Area 51 eine Hochsicherheitszone. Unbefugte konnten ohne Vorwarnung erschossen werden.

Zahlreiche geheime Prototypen wurden hier auf der Area 51 entwickelt. Dazu zählen auch die Lockheed F-117 Night Hawk und der Tarnkappenbomber Northrop B-2 Spirit. Das aber sind nur die offiziellen Projekte. Nach unbestätigten Informationen ehemaliger Mitarbeiter soll aber hier in den vergangenen fünf Jahrzehnten viel mehr entwickelt und gebaut worden sein. Projekte, von denen die Welt-Öffentlichkeit bis zum heutigen Tag nie etwas erfahren hat. Zeitungsmeldungen lieferten in der Vergangenheit immer wieder in regelmäßigen Abständen Zutaten für die Gerüchteküche um Area 51.

Die New York Times berichtete im Jahre 1988 von einem streng geheimen Tarnkappenflugzeug, das auf Groom Lake entwickelt würde. Handelte es sich dabei nur um das Projekt B-2 - oder steckt vielleicht viel mehr dahinter? Vielleicht ein Fluggerät, dessen Existenz bis heute offiziell nicht bekannt ist? Die militärische Fachzeitschrift „Gung Ho" berichtete vor vielen Jahren in einer ihrer Ausgaben von einer Technologie, die jedes Vorstellungsvermögen sprengen würde. James C. Goudall, Autor des genannten Artikels und Experte auf dem Gebiet Radartechnologie in seinem Beitrag wörtlich:

„Wir haben dort in der Wüste von Nevada Dinge herumfliegen, die George Lukas in Erstaunen versetzen würden. Viele der dort entwickelten Maschinen scheinen offenbar eine Technologie zu besitzen, die die herkömmlicher Flugzeuge weit hinter sich lässt."

Alan lacht und sagt mir, dass die Dinge hier kein Geheimnis seien. Er sagt:

„Ständig werden hier immer wieder Fluggeräte gesichtet, die keinem bisher bekannten Flugzeugtyp zuzuordnen sind. Seltsame Lichter, die sich in aberwitzigen Flugbewegungen ihren Weg durch die sternenklaren kalten Wüstennächte am Himmel bahnen, unheimliche Geräusche, die wie lautes Brüllen oder Donnergrollen klingen, durch die Berge jagen und ihr Echo bis weit in das Landesinnere Nevadas und das angrenzende Kalifornien tragen."

Die Menschen in Rachel haben sich an diese seltsamen Dinge gewöhnt und vor allem, sie glauben an das, was sie hören und sehen. Sie wissen zwar nicht, was sich hinter den Toren der Area abspielt, aber sie wissen, was sie mit ihren eigenen Augen sehen. Und diese Augen lügen nicht. Einen Beweis, dass rund um Groom Lake ungewöhnliche Dinge geschehen, wollte vor einigen Jahren ein Video einer amerikanischen Fernsehanstalt liefern. Auf den Bildern sind zahlreiche Lichter über den Bergen von Groom Lake zu sehen. Lichter, die sich in schlangenförmigen Bahnen durch das Bild bewegten und am Ende in völliger Ruhe verharren. Kein Flugzeug und Hubschrauber mit herkömmlicher Technologie wäre zu solchen Flugmanövern in der Lage. Die Seriosität des Videos wurde bestätigt, aber ein Statement der amerikanischen Regierung oder des Militärs folgte nicht.

Auch die Existenz von Area 51 wird von offizieller Seite nicht bestätigt, sondern nur die der Luftwaffenbasis. Der Flughafen Groom Lake hat inzwischen den ganz offiziellen ICAO-Code KXTA. Wörtlich heißt es in einer schriftlichen Stellungnahme der US Air Force:

„Area 51 ist keine Bezeichnung der Air Force, aber das damit verbundene Gebiet ist Teil des Nellis-AFB.Komplexes. Dieser Komplex wird zur Erprobung von Technologien und Systemen und zum Training für Operationen verwendet, die für die Effizienz der amerikanischen Streitkräfte und für die Sicherheit der USA entscheidend sind. Ein Teil des Komplexes liegt am trockenen Groom Lake. Einige gewisse Aktivitäten und Operationen, die am Nellis Range in Vergangenheit und Gegenwart durchgeführt werden, bleiben unter Verschluss und können nicht öffentlich diskutiert werden."

Welches Geheimnis verbirgt sich wirklich hinter diesen Toren? Erinnern wir uns. Zu Beginn der 1980er Jahre, also zur Zeit der Reagan-Regierung wurde das SDI (Strategic Defence Initiative) Programm, finanziert vom National Reconnaissance Office, der NSA und dem CIA ins Leben gerufen. SDI umfasst ein ganzes Paket umfangreicher Forschungs- und Entwicklungsprojekte. In erster Linie weltraumgestützte Waffensysteme. Die Öffentlichkeit sprach bald nur noch von einem „Star-Wars-Programm". Also bis 1988 investierte die US-Regierung geschätzte 29 Milliarden US-Dollar in SDI. Doch wohin sickerten die Gelder? Welche Projekte wurden damit finanziert? Auf diese Fragen bekam niemand auch nur eine Antwort. Projekt SDI war schließlich eine Top Secret Angelegenheit in der Öffentlichkeit. Selbst hochrangige Kongressmitglieder wähnten sich im Dunkeln.

Eins aber wurde bald bekannt: im Laufe der Zeit kürzte die Regierung die Gelder, als bekannt wurde, dass die Ergebnisse deutlich hinter den hoch gesteckten Zielen blieben. Doch auch über die Ziele wurde nichts der Öffentlichkeit gesagt. Für mich steht fest, dass das Projekt SDI Teil des Geheimen Weltraumprogramms war und dies vielleicht auch noch ist. Doch dazu später mehr.

Abb. 6: SDI (Strategic Defence Initiative) Programm

(https://i.ytimg.com/vi/6Sl-FyhmDcY/hqdefault.jpg)

Kapitel 3

Aufbruch in ein neues Zeitalter

Schon seit den frühen Morgenstunden des 24. Juni 1947 brannte die heiße Juni-Sonne von einem azurblauen Himmel. Der zweiunddreißigjährige Geschäftsmann Kenneth Arnold blickte zufrieden in den Himmel. Arnold hatte es als Vertreter für Feuerlöschanlagen bei der Great Western Fire Control Supply weit gebracht. Die Kunden, zu denen auch zahlreiche Charterfluguntemehmen gehörten, schätzten seine freundliche und zuvorkommende Art. Arnold nutzte für seine Kundenbesuche fast immer sein eigenes Sportflugzeug. Schließlich war die Fliegerei seit frühester Jugend seine große Leidenschaft.

Auf Arnolds Kundenliste stand an jenem besagten Dienstag auch eine Fluggesellschaft in der Nähe von Chehalis im Bundestaat Washington. Früher als geplant waren die Einbauarbeiten der neuen Feuerlöscher in den Maschinen bereits schon am Mittag abgeschlossen. Deshalb beschloss Arnold, sich auf seinem Rückflug nach Yakima an der Suche nach einem kürzlich vermissten C-46 Transportflugzeug der US Air Force zu beteiligen, auf deren Auffinden eine Belohnung von 5000 US-Dollar ausgesetzt war. Kenneth Arnold war Mitglied der „Idaho Such- und Rettungsflieger".

Bodenrettungstrupps vermuteten die Absturzstelle der Transportmaschine in einem schwer zugänglichen Teil des Mount Rainier-Massivs. Arnold plante eine Stunde für die Suche nach dem Flugzeug ein. Er startete um 14.00 Uhr in Chehalis und erreichte etwa eine Stunde später das Suchgebiet am Mount Rainier. Als Arnold sich in der Nähe es Hochplateau befand, wurde er plötzlich von einem seitlich einfallenden Lichtstrahl geblendet und erschrak, da er vermutete, sich auf Kollisionskurs mit einer anderen Maschine zu befinden.

Arnold schaute in alle Richtungen – doch er konnte kein anderes Flugzeug in seiner Nähe sehen. Doch dann erblickte er aus Richtung des Mount Baker kommend eine Formation heller Objekte mit einer schier unglaublichen Geschwindigkeit. Arnold war nach eigenen Berechnungen rund 200 Kilometer von den unbekannten Objekten entfernt. Arnold sah, wie die seltsamen Objekte in Keillinie auf den Mount Rainier zuflogen.

Arnold dachte zunächst an Jagdbomber, die sich auf einem Trainingsflug befanden. Doch beim näheren Betrachten fiel ihm auf, dass diese Fluggeräte weder über Flügel, Leitwerk noch über Positionslichter verfügten. Stattdessen waren sie flach, nicht ganz rund und strahlten an ihrer Oberseite ein helles blauweißes Licht aus. Also begann Arnold an seiner Theorie zu zweifeln. Er überlegte und kam schließlich zu dem Schluss, dass es sich auf keinen Fall um Düsenflugzeuge der US Army handeln konnte.

Der erfahrene Pilot hatte schon so allerlei am Himmel fliegen sehen – doch das, was da vor seinen Augen flog, sprengte für einen Moment seine Vorstellungskraft. Arnold sah, wie die Dinger leicht wie Blätter vom Wind getrieben und mit wahnsinniger Geschwindigkeit dahinglitten. Er schätzte die Geschwindigkeit auf etwa 3300 Kilometer in der Stunde. Arnold meldete den Vorfall den Behörden und bald schon bekam auch die Presse von der Sache Wind. Auf einer Pressekonferenz schilderte der Geschäftsmann den Vorfall mit den folgenden Sätzen:

„Sie waren flach wie eine Pfanne und so glatt, dass sie die Sonne wie ein Spiegel reflektierten. Sie können mich einen Einstein, einen Flash Gordon oder einfach einen Spinner nennen. Aber ich weiß, was ich gesehen habe. Die Dinger flogen wie Untertassen, wenn man sie übers Wasser springen lässt."

Am nächsten Tag titelten Tageszeitungen im ganzen Land mit der Schlagzeile: „Fliegende Untertassen über dem Mount Rainier." Und bald darauf ging die Meldung um die ganze Welt. Es war die Geburtsstunde eines neuen, eines modernen Mythos. Das Rätsel der Objekte über dem Mount Rainier konnte bis heute nicht befriedigend gelöst werden. Weder die örtlichen Behörden, noch das FBI und die Geheimdienste sind nach eigenen Angaben zu keinem abschließenden Ergebnis gelangt. Die Objekte über dem Mount Rainier sind bis heute ein Geheimnis geblieben.

Kenneth Arnold beschrieb die Objekte als flach, halbmondförmig und aus nur einem Flügel bestehend. Aufgrund dieser Angaben wurde bald schon spekuliert, dass es sich bei den gesichteten Objekten um den Horten Nürflügler H IX der Hortenbrüder handeln könnte. Die gegen Ende des Zweiten Weltkriegs entwickelten Horten H IX war eine Nurflügelkonstruktion der Gebrüder Horten mit einem Junkers Jumo-004 Strahltriebwerk, dass eine Spitzengeschwindigkeit von rund 1000 km/h erreichen konnte.

Abb. 7: Horten Nürflügler H IX mit einem Junkers Jumo-004 Strahltriebwerk

(http://www2s.biglobe.ne.jp/~FlyWing/image/H_Vc_1.jpg)

Ob es auf deutschem Boden zu Testflügen mit der H IX gekommen ist, wird bezweifelt. Die nötigen Unterlagen, die Auskunft darüber geben könnten, fehlen. Allerdings liegen gesicherte Erkenntnisse vor, dass kurz nach Ende des Zweiten Weltkriegs Teile der H IX in die Vereinigten Staaten geschafft wurden, wo sie vermutlich weiter entwickelt und fertiggestellt wurden.

Es wird vermutet, dass der Flugzeughersteller Northrop die H IX in seinen Besitz gebracht hat, da Jack Northrop mit seinen Nurflüglern YB-35 und YB-49 bereits kurz nach Ende des Zweiten Weltkriegs Erfahrungen gesammelt hatte, nur schien seine Technik nicht so ausgereift gewesen zu sein, wie die von Horton.

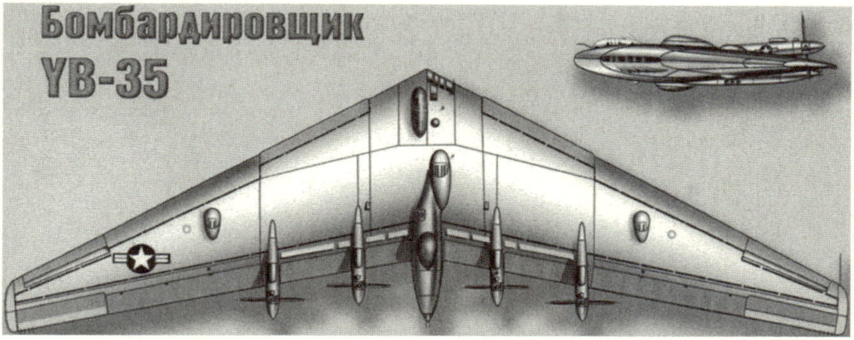

Abb. 8: Nurflüglern YB-35 (http://img.wp.scn.ru/camms/ar/1228/pics/3_1.jpg)

Könnte es also nicht sein, dass die H IX weiterentwickelt wurde, und dass es an jenem Tag zu geheimen Testflügen über dem dünnbesiedelten Mount Rainier-Gebiet gekommen ist? Schließlich konnte niemand damit rechnen, dass ausgerechnet zu dieser Zeit Kenneth Arnold dort unterwegs war und etwas gesehen hat, was er nicht hätte sehen dürfen. Auch den Geheimdiensten dürfte schon bald klar geworden sein, dass die Bombe geplatzt ist, wenn jetzt nicht alle dicht halten würden. Doch was sollte man der hungrigen Meute von der Presse erzählen? Sensationsgierig, wie die nun mal sind, warteten sie wie ein Rudel hungriger Wölfe auf eine sensationshaschende Story. Also musste eine Geschichte her, die es in sich hatte, eine Geschichte, die in der Welt bald schon für Schnappatmung sorgte. Die Geschichte von fliegenden Untertassen, die wie Porzellanteller über die Wasseroberfläche hüpften, so jedenfalls beschrieb Arnold vor versammelter Pressemannschaft sein Erlebnis.

Fällt ihnen auch etwas auf? Die Geschichten gesichteter Geheimprojekte gleichen wie ein Ei dem anderen. Ob am Mount Rainier, in Roswell, in

Belgien oder im Rendlesham Forst in Woodbridge. Eine oder gleich mehrere Personen haben etwas gesehen, was nicht in ihr Weltbild passt: Nämlich Fluggeräte, die mit atemberaubender Geschwindigkeit am Himmel umherschwirren, wie Motten um das Licht, waghalsige Flugmanöver vollziehen, auftauchen, wieder verschwinden und so ganz nebenbei für ihre Zeit ausgesprochen exotisch aussehen. Was kann das also sein? Anfragen bei zuständigen Stellen, wie der Air Force oder dem Verteidigungsministerium, verlaufen natürlich üblicherweise im Sande. Hier weiß man in der Regel von nichts, will nichts wissen oder darf nichts wissen.

Aber irgendwann reicht´s, die neugierige und sensationshungrige Masse braucht Futter, doch wie soll das Futter aussehen, das man der Masse als Fraß vorwirft? Mendacium or Veritas. Lüge oder Wahrheit? Schließlich hat ja die Öffentlichkeit ein Recht auf Information und vor allem auf die Wahrheit. In diesem Fall liegt die Betonung auf Wahrheit. Doch die darf man der Öffentlichkeit natürlich nicht so einfach sagen. Schweigen heißt in jedem Fall die eiserne Disziplin und eine, die bis heute perfekt funktioniert.

Die Arnold-Sichtung und der Fall Roswell liegen dicht beieinander, wie wir in den folgenden Kapiteln noch ausführlich erfahren werden. Denn beide Vorfälle ereigneten sich im Jahr 1947 und in beiden Fällen sind Pannen passiert, für die man eiligst eine Erklärung finden musste. Oder waren das am Ende vielleicht gar keine Pannen, zumindest in der Causa Kenneth Arnold. Wurde hier vielleicht bewusst eine falsche Fährte gelegt, um das Interesse der Öffentlichkeit zu wecken. Um zu provozieren? Fest steht: das Jahr 1947 gehört zweifellos den Außerirdischen. Es ist noch heute das Jahr, in dem alles seinen Anfang nahm: ein mehr als siebzig Jahre währender Mythos hatte in jenem Jahr das Licht der Welt erblickt. Und bis zum jüngsten Tag mussten für so gut wie alle geheimen Projekte die Außerirdischen herhalten. Das heißt: etwas, das es nicht gab oder gibt und das nicht sein darf, kommt eben von einem anderen Stern, ist außerirdisch, weil es das ja auf der Erde nicht geben darf. Weil die Technik nicht bekannt ist, weil die Menschen noch nicht so weit sind, diese Technik zu entwickeln und zu bauen. Das Fazit könnte also lauten: die breite Masse wird von der Schulwissenschaft vorsätzlich für dumm verkauft und am Nasenring geführt.

Und Wissenschaftler, die diesen Kodex brechen und über den tatsächlichen Stand der Wissenschaft berichten, den Stand der sogenannten Box-Wissenschaft also, so nennt man die geheime Wissenschaft im Fachjargon, müssen mit den schlimmsten Repressalien rechnen. Und die reichen bekanntlich von Rufmord bis hin zum tatsächlichen Mord. Zahlreiche Wissenschaftler sind in der Vergangenheit auf mysteriöse Weise verschwunden, starben an einer unheimlichen und plötzlich aufgetretenen Krankheit oder kamen bei einem Autounfall ums Leben, weil sie den Ehrenkodex brachen. Das soll heißen: ein munter drauflos plaudernder Wissenschaftler verschwindet plötzlich und unerwartet und wird Tage später selbstgemordet gefunden oder, noch eleganter, er erleidet einen tragischen Unfall, der nie aufgeklärt werden konnte, weil vielleicht die Polizei zu schlampige Arbeit geleistet hat, Autopsieproben aus der Pathologie auf mysteriöse Weise verschwanden oder Spuren am Tatort absichtlich kontaminiert und somit unbrauchbar gemacht worden sind, wie im Fall Lady Di.

Die Rede ist hier von Wissenschaftlern, die in der sogenannten Box arbeiten, eine Wissenschaft, die sich von der Schulwissenschaft deutlich abzeichnet. Wissenschaftler in der Box arbeiten in der Regel für geheime Auftraggeber, für Regierungen oder Geheimdienste. Sie entwickeln Rüstungs- und Weltraumtechnologie, die das Vorstellungsvermögen Außenstehender sprengt.

Diesen Status hatte übrigens auch das SDI-Programm der USA. Kein Wunder also, dass Außenstehende hier gerne von Alien-Technologie sprechen. Nur dass diese Technologie nicht irgendwo in den Weiten des Universums entstanden ist, sondern auf Mutter Erde, nur eben hinter dicken Panzertüren, um sie vor der Weltöffentlichkeit zu verbergen. Doch undichte Stellen gibt es ja bekanntlich überall. Da, wo Menschen an einem Projekt arbeiten, an einem Strang ziehen, ist es schließlich nicht verwunderlich, wenn´s mal an einer Stelle leckt, Informationen auf wundersame Weise nach außen dringen, obwohl dies hätte niemals der Fall sein dürfen. Aber wo Menschen arbeiten, werden schließlich Fehler gemacht. Etwa wenn Mitarbeiter vom Größenwahn gepackt werden und mit ihrer ach so geheimen Arbeit vor Freunden und Bekannten sich im Lichte der Exklusivität ihrer Person sonnen wollen. Spätestens dann ist es aus mit dem Aktenvermerk: Streng geheim.

Whistleblower gibt es in allen Reihen. Edward Snowden dürfte da wohl das prominenteste Beispiel in der jüngsten Geschichte sein. Seine Informationen über die üblen Machenschaften der NSA haben die gesamte Welt erschüttert und uns das Blut in den Adern zum Gefrieren gebracht. Wen wundert´s also, dass selbst eine Schadensbegrenzung mithilfe künstlich aufgebauter althergebrachter Verschwörungstheorien nur wenig Abhilfe geschafft hat. Heute, im Computerzeitalter, lässt sich nichts mehr so leicht stoppen, was da an Fahrt aufgenommen hat. Informationen werden rasch zu Selbstläufern, verbreiten sich rund um den gesamten Erdball - geradezu in Echtzeit wie ein Lauffeuer. Auch eilig gestrickte Verschwörungstheorien fahren den wahren Informationsgehalt nicht mehr so leicht herunter. Im Gegenteil: sie unterstreicht geradezu den Wahrheitsgehalt der Information.

Was wissen wir beispielsweise heute über den Stand der Antigravitationstechnologie? Wir wissen mittlerweile, dass Antigravitationstechnik bereits längst im Einsatz ist. Ein Fluggerät im Antigravitationsmodus kann im Zusammenspiel mit moderner Technik sichtbar oder unsichtbar gemacht oder in seiner Form verzerrt werden. Ein Prozess, der steuerbar ist, wenn man über das nötige Know how verfügt. Hierzu gehören selbstverständlich wissenschaftliche Theorien und Denkmodelle, wie etwa der Casimir-Effekt, die Leptonen-Hypothese oder die Quantenvakuumfluktuation. Eine Technologie, die aber der Öffentlichkeit bis zum heutigen Tag vorenthalten wird, oder von der behauptet wird, dass sie nicht funktioniert. Ein Wissen also, das außerhalb des Zirkels vorerst noch geheim bleiben wird aber bereits schon seit fast hundert Jahren der Wissenschaft bekannt ist, wie wir noch erfahren werden.

Kapitel 4

George Adamski und der Mann von der Venus

Es war der 20. November 1952 als George Adamski in der kalifornischen Mojave-Wüste bei Palomar Gardens zum ersten Mal in Gegenwart von sechs Augenzeugen Kontakt mit Bewohnern des Planeten Venus hatte. Die Geschichte ging später um die ganze Welt. Schließlich war er ja der erste Mensch, der behauptetet hat, mit einer außerirdischen Zivilisation im Kontakt getreten zu sein. Doch es war, wie in seinen Büchern zu lesen steht, nicht bloß irgendein Kontakt, nein, der Kontakt war ein intensiver, einer, der später sogar dazu führte, dass die Venusianer Adamski mit an Bord ihres Schiffes nahmen und ihn zu einem Rundflug durch den Weltraum einluden. Seine Bücher, in denen er all diese Erlebnisse erzählte, wurden im Laufe der Jahre zu Bestsellern. Sein wohl populärstes Buch „Fliegende Untertassen landen" schrieb er 1953 gemeinsam mit Desmond Leslie. „Im Innern der Raumschiffe", das in deutscher Übersetzung im Ventla Verlag erschien, verkaufte sich, bereits am ersten Tag nach Erscheinen, allein in New York 14.000 mal.

Die Frage, die sich viele junge Leser heute stellen mögen, lautet: Wer war eigentlich dieser George Adamski, der fünf Jahre, nachdem Kenneth Arnold und Roswell das Thema UFOs in alle Munde brachten, ungeniert die Behauptung aufstellte, an Bord eines Raumschiffes durchs All gereist zu sein? Adamski wurde in Polen geboren und emigrierte 1892 im Alter von zwei Jahren mit seinen Eltern in die Vereinigten Staaten. Schon sehr früh befasste er sich mit der Metaphysik. Nach dem Ersten Weltkrieg zog es Adamski nach Kalifornien, wo er schließlich den „Royal Order of Tibet" gründete. Eine mystische Schule, in der er sich ausschließlich mit dem Leben im Einklang mit den Naturgesetzen befasste, später lehrte er diese dann auch. Schon sehr früh war Adamski davon überzeugt, dass die Menschen nicht allein im Universum leben. In den alten Sanskrittexten, die Adamski bei seinen zahlreichen Besuchen in Tibet ausgiebig studierte hatte, hieß es, dass alle Planeten im Universum Leben tragen und dass die Bewohner dieser Planeten schon seit der Urzeit die Erde besuchen würden, um der Menschheit hilfreich zur Seite zu stehen. Von diesem Moment an war George Adamski fasziniert von der Vorstellung, dass auf allen Planeten im Universum Leben existiert. Leben, das vielleicht um Jahrmillionen fortschrittlicher ist, als das Leben auf der Erde und dass die Menschheit dieses Wissen in vielleicht nicht allzu ferner Zukunft einmal vermittelt bekommen würde.

Als schließlich die ersten Berichte über Fliegende Untertassen durch die Presse des Landes gingen, sah sich Adamski in seiner Vermutung bestätigt und erinnerte sich wieder an die Sanskrittexte aus Tibet. Der Philosoph wollte es nun genau wissen und lenkte von nun sein Hauptaugenmerk auf die vermeintlich fremden Besucher ferner Planeten und besorgte sich dafür ein 15-Zoll-Teleskop, um die fernen Himmelskörper von nun an besser erforschen zu können.

Auf diese Weise entstanden im Laufe der Zeit mehr als ein Dutzend erstklassige Fotografien unbekannter Objekte, die er auch an die US Air Force verschickte. Selbst der Leiter des „Projekt Blue Book", Edward J. Ruppelt, zeigte sich von diesen Aufnahmen beeindruckt und meinte dazu:

„...unsere Experten untersuchten sie und fanden keinen Hinweis auf einen Schwindel".

George Adamski äußerste sich über seine Arbeit einmal mit folgendem Satz:

„Ob Winter oder Sommer, bei Tag und bei Nacht, bei Kälte und Hitze, bei Wind und Wetter jeder Art, habe ich jede freie Minute damit verbracht, das Firmament nach Raumfahrzeugen abzusuchen und gab die Hoffnung nicht auf, dass aus irgendwelchen Gründen ein solches Fahrzeug sich nähert."

Wer aber damals dachte, dass Adamski den berühmt berüchtigten kleinen grünen Männchen begegnet sei, wurde eines Besseren belehrt. Adamski räumte schon bald mit dem Vorurteil auf, dass auf fernen Planeten nur seltsame Zombiewesen hausen würden, so wie in Orson Wells Hörspielinszenierung „Der Krieg der Welten“ aus dem Jahre 1938. Nein, Adamskis Besucher waren höfliche, gutaussehende und vor allem wohlwollende Menschen. Einer von ihnen stellte sich ihm später als Orthon vor, laut Aussage Adamskis war er der Kommandant des Raumschiffs.

Ja, sie waren Menschen, solche, die man vielleicht heute als Businessreisende bezeichnen könnte. Schließlich behaupteten sie, dass sie mit dem Auftrag zur Erde gereist kämen, der Weltgemeinschaft zu helfen, endlich Schluss zu machen mit dem atomaren Wettrüsten und endlich ein Zeitalter des Friedens, der Freiheit und des Fortschritts einzuläuten.

Doch konnte George Adamski all diese Behauptungen auch beweisen? Zumindest versuchte er das, indem er immer wieder Fotos von Flugobjekten vorlegte, die er angeblich über dem Himmel von Kalifornien schoss. Skeptiker aber sahen darin bald einen ausgemachten Schwindel, sowohl hinter den Aussagen, als auch hinter den Fotos. Zugegeben, heute, mehr als 60 Jahre später, klingen diese Geschichten sehr abenteuerlich und selbst ein Großteil der Aufnahmen, die Adamski angeblich selbst gemacht hat, können niemanden mehr so richtig davon überzeugen, dass hier wirklich ein Kontakt stattgefunden hat.

Doch der Reihe nach. Dass am Tag nach dem Erstkontakt in den Tageszeitungen des Landes veröffentlichte Foto, zeigt tatsächlich ein glockenförmiges Flugobjekt im Landeanflug. Adamski hat laut eigener Aussage zwei belichtete Filmrollen der Tageszeitung überlassen, die diese selbst entwickelten.

Abb. 9: George Adamski mit einem Teleskope auf der Suche nach den Venusianern (https://hobbylink.tv/wp-content/uploads/2017/02/9007aa7a6885b8985b215814c81731d8-800x350.jpg?x53881)

Das heißt, Adamski hatte während des Entwicklungsvorgangs keinerlei Möglichkeiten, manipulativ einzugreifen. Blieben am Ende nur die Zeitungsredakteure und das Labor übrig. Doch die Frage, die sich in diesem Zusammenhang stellt, ob es sich tatsächlich um eine Fälschung handelt oder nicht, sollte doch wohl wie folgt lauten: Wie sollte ein Fälscher zur damaligen Zeit in der Lage gewesen, so eine Aufnahme zu produzieren? Mit moderner Computertechnologie ist dies gegenwärtig zweifellos in weniger als 10 Minuten möglich. Ein Großteil der heute im Umlauf befindlichen UFO-Aufnahmen ist sicher am Computer mit einem Photoshop-Programm entstanden. Aber 1952? Adamski schoss die Aufnahme im Freien und das vor gleich sechs Augenzeugen. Und er sah während des Fotografierens nicht, was er vor der Linse hatte. Erst am nächsten Tag bekam er das Ergebnis in der Tageszeitung zu Gesicht. Und die sechs Zeugen? Logen auch sie, waren sie vielleicht Teil einer Verschwörung?

Mag sein, dass George Adamski eine Möglichkeit fand, die Aufnahmen im Vorfeld entstehen zu lassen, etwa mit einem aufgehängten Modell oder wie auch immer. Allerdings steht zweifellos fest, dass das Fälschen von Fotografien im Jahre 1952 nicht so einfach gewesen ist. Mag auch sein, dass Adamski ein windiger und zugleich cleverer Geschäftsmann gewesen ist, der genau zur richtigen Zeit ein erfolgreiches Geschäftsmodell entwickelt hat, das ihm am Ende ein Vermögen einbrachte. Und es mag auch sein, dass Adamski schließlich dazu genötigt worden ist, eine schriftliche Erklärung abzuliefern, aus der hervorgeht, dass seine Kontakte nichts weiter als bloßer Schwindel gewesen sind. Diese Erklärung existiert angeblich wirklich. Jedoch halte ich persönlich von solchen Erklärungen sehr wenig. Zahlreiche eidesstattliche Erklärungen wurden in der Vergangenheit oft auf massiven Druck unterschrieben. George Adamski erwähnte später immer wieder, dass er von unbekannten Personen verfolgt und beobachtet wurde. Daher wäre es durchaus denkbar, dass diese unbekannten Personen ein Interesse daran gehabt haben, Adamskis Arbeit zu diskreditieren.

Interessant sind in diesem Zusammenhang die immer wieder von UFO-Zeugen beschriebenen MIBs (Men in Black). Diese, ganz in schwarz gekleideten MIBs, wurden in der Vergangenheit von zahlreichen Augenzeugen beschrieben, die Sichtungskontakt zu UFOs hatten. Die Zeugen beschrieben sie als angsteinflößend und sagten aus, dass sie von ihnen genötigt wurden, mit niemandem über ihre Sichtung zu reden, da sonst ihnen oder ihren Angehörigen etwas zustoßen könne. Oft wurden Zeugen auch unter Androhung von Gewalt gezwungen, ihre, in der Öffentlichkeit gemachten Aussagen, zu widerrufen. Zahlreiche Personen, die dies nicht taten, verschwanden in psychiatrischen Anstalten oder verloren ihre Reputation samt Arbeitsplatz. Bekam vielleicht auch George Adamski von diesen finsteren Gestalten ungebetenen Besuch?

Es ist also durchaus denkbar, dass auch George Adamski, von welcher Seite auch immer, ob Geheimdienst, Militär oder Regierung, dazu genötigt worden war, seine Erlebnisse am Ende als reinen Schwindel darzustellen. Aber gehen wir einmal davon aus, dass Adamski kein Schwindler und Betrüger war und dass das, was er sah und erlebte, der Wahrheit entspricht.

Was fand am 20 November 1952 in der Mojave Wüste wirklich statt? Was sahen Adamski und die sechs Augenzeugen?

Sahen sie tatsächlich ein Schiff der Venusianer oder handelte es sich vielmehr um ein bis heute geheimes Forschungsschiff? Sollte Letzteres der Fall sein, stimmt tatsächlich etwas mit der Geschichte nicht. Warum sollten Piloten in geheimer Mission ausgerechnet vor Augenzeugen in einer Wüste landen und eine derartig abstruse Geschichte erzählen? Auf dem ersten Blick macht diese Geschichte wirklich keinen Sinn. Geht man aber gedanklich in die Tiefe, bekommt die Sache mit jeder neuen Überlegung einen ganz anderen Sinn.

Gehen wir an dieser Stelle noch einmal fünf Jahre zurück und erinnern uns: Am 24. Juni 1947 sichtete der Geschäftsmann und Hobbypilot Kenneth Arnold über dem Mount Rainier Massiv im US Bundesstaat Washington eine Flotte seltsamer silberner Flugobjekte. Am 14. Juni, also einen Monat später, fand der Farmer William Brazel auf der Forster Ranch, 105 Kilometer nordwestlich von Roswell, seltsame Metallteile, die angeblich von einem Raumschiff außerirdischer Herkunft stammten. Dies würde zunächst auch offiziell von der US Air Force so bestätigt und als eilige Pressemeldung herausgegeben. Später aber dementiert die Air Force die Meldung mit der Begründung, dass es sich lediglich um einen Wetterballon gehandelt habe – jedoch mit geringem Erfolg.

Spätestens seit dem 8. Juli 1947 war die Weltöffentlichkeit mit einer Information gefüttert, die von nun an nicht mehr aus den Köpfen der Menschen zu bekommen war. Die Information lautete: Wir sind nicht allein im Universum. Mag die US Regierung und die CIA auch noch so viel unternommen haben, diese eilig an die Medien herausgegebene Information zu dementieren, es gelang ihnen nicht mehr, diese eine wichtige Schlagzeile, die das Weltbild verändern sollte, ungeschehen zu machen. Roswell und die Außerirdischen wurden über Nacht zu einem Symbol, zu einer neuen Weltanschauung und Roswell zur Kultstätte. Und die Regierungsvertreter und Geheimdienste? Die hatten von nun an ein Problem, das sie unbedingt so geräuschlos wie möglich loswerden wollten.

Doch wie schafft man eine Information aus der Welt, die von so gigantischer Größe ist? Es handelte sich schließlich nicht bloß um eine belanglose Klatschmeldung auf der zweiten oder dritten Seite, die man am nächsten Tag wieder vergessen hat. Hier hatte nicht etwa der Präsident der Vereinigten Staaten Zahnweh, hier ging es um etwas ganz anderes, nämlich um die Tatsache, dass die Menschheit nicht die Krönung der Schöpfung ist, sondern dass auch auf anderen Planeten und damit im gesamten Universum Leben existiert, Leben, das uns vielleicht um Millionen von Jahren voraus ist und das sich damit George Orwells schlimmste Befürchtungen aus seinem 1939 produzierten fiktiven Hörspiel „Der Krieg der Welten“ erfüllt haben. Wie also sollte man diese Information ungeschehen machen? Eine Nachricht mit gigantischer Sprengkraft!

Sicher ist: Spätestens von diesem Datum an entwickelte die CIA die Taktik der Verschwörungstheorie. Denn die CIA war sich durchaus bewusst über die Tatsache, dass auch an einer dementierten Pressemeldung und an den weiteren absichtlich falsch in Umlauf gebrachten Informationen etwas in den Köpfen der Menschen hängen bleibt. Die CIA wollte also unbedingt erreichen, dass das Thema UFO weiter ein Gesprächsthema in der Bevölkerung bleibt, nur sollte es unbedingt in eine andere Richtung gelenkt werden: nämlich in die Spaßecke.

Im Laufe der Jahre entstanden unzählige Comics mit kleinen grünen Männchen. Augenzeugen, die etwa unbekanntes in der Luft fliegen sahen, wurden als Spinner oder geltungssüchtige Psychopathen bezeichnet. Doch das reichte am Ende noch immer nicht. Es musste ein erster Kontakt geschaffen werden, es musste jemand her, der Kontakt zu den Bewohnern eines fremden Planeten aufgenommen hatte, jemand der glaubwürdig ist, jemand der Charisma hat, einfach jemand, dem man so eine Geschichte glaubt; nett, sympathisch und gebildet.

Gut möglich, dass George Adamski dieser „Jemand" war. Vielleicht hat er wirklich all diese Geschichten bloß erfunden, um die Menschen zu narren, um Kapital daraus zu schlagen. Doch eine Frage bleibt am Ende: wie soll jemand auf diese Idee kommen, der von Berufs wegen kein Geschichtenerzähler ist? Gut, Adamski hat sich schon sehr früh mit dem Universum beschäftigt, er war davon überzeugt, dass irgendwo da draußen Leben existieren könnte, doch deswegen fällt einem ja nicht gleich so eine Science-Fiction-Story ein. Niemand käme auf die Idee zu erzählen, dass er mit Bewohnern des Planeten Venus durchs All gereist ist. Dazu gehört schließlich mehr, als nur eine blühende Phantasie. Vielleicht sollte man an dieser Stelle ganz einfach mal das berühmte Pferd von hinten aufzäumen und sich die Frage stellen, was war zuerst? Henne oder Ei? Oder in diesem Fall: Der Venusianer oder die Story?

Gehen wir einmal von der Überlegung aus, dass tatsächlich der Venusianer vor der Story existierte, dann bleibt noch immer die Frage woher er kam. Kam er tatsächlich von der Venus oder vielleicht nur von der Erde? Wenn er nun tatsächlich von der Erde kam, bleibt die Frage, mit welchem Gefährt er da unterwegs war. Sicherlich war es kein herkömmliches Flugzeug und auch kein Hubschrauber. Gehen wir weiter von der bereits oben erwähnten Tatsache aus, dass in Roswell kein außerirdisches Fluggerät abgestürzt ist, sondern revolutionäre Technik von der Erde, dann braucht man auch diesem Fall wieder nur Eins und Eins zusammenzählen.

Es könnte also tatsächlich so sein, dass George Adamski bewusst als sogenannter „Erstkontaktler" ausgesucht wurde, allein auf Grund seiner Tätigkeit an der Universität. Immerhin hatte er mit Menschen über seine Arbeit und über sein Wissen gesprochen. Wurde also Adamski vom Geheimdienst dafür ausgewählt, liegt die Tatsache auf der Hand, dass es sich in diesem Fall nicht wirklich um einen Besuch von der Venus gehandelt hatte, sondern dass dies ein inszeniertes Schauspiel war, eins, das unter der Regie der CIA stand, besetzt mit Schauspielern, die ihre Rolle so glaubwürdig spielten, dass am Ende die ganze Welt glauben sollte, dass 1952 in der Mojave

Wüste der Erstkontakt mit einer außerirdischen Intelligenz stattfand. Die Geheimdienste, allen voran die CIA, waren schon immer hervorragende Choreographen, wenn es um Vertuschungen geht, von denen die Öffentlichkeit nichts erfahren darf. Doch was sollte in diesem Fall vertuscht werden?

Abb. 10: Links George Adamski mit einem Freund in der Mojave Wüste (http://lancemoody.typepad.com/.a/6a00d8345bf9be69e201538fe4df43970b-pi)

Ganz bestimmt ging es in diesem Schauspiel nicht um die Frage, ob es irgendwo im Universum fremde Zivilisationen gibt. Nein, in diesem Fall ging es vielmehr um die Existenz revolutionärer Technik, nämlich um die sogenannte Antigravitationstechnologie. Schon lange schwelt der Verdacht, dass die Technik der Antigravitation noch vor oder während des Zweiten Weltkrieges entwickelt wurde. Könnte es also vielleicht sein, dass das US Militär, etwa im Rahmen eines geheimen Weltraum-Programms (SSP), die Antigravitationstechnik bereits schon seit mehr als sieben Jahrzehnten nutzt?

Das George Adamski sich am Ende selbst als Schwindler geoutet hat, könnte also tatsächlich im Zusammenhang mit der Tatsache stehen, dass er zu viel wusste und endlich reden, reinen Tisch machen wollte. Das wäre auch eine Erklärung dafür, warum er sich am Ende verfolgt und bedroht fühlte. Es könnte also wirklich sein, dass Adamski zum Akteur einer ausgeklüngelten CIA-Inszenierung wurde, dessen Ende er nicht mehr selbst bestimmen konnte.

Vieles nämlich spricht heute dafür, dass der UFO-Mythos eine ausgeklüngelte Story aus der Feder der CIA ist. Eine Story, die ihre Geburtsstunde gegen Ende der 1940er Jahre irgendwo zwischen Washington und Roswell hatte und die bis zum heutigen Tag die gesamte Welt narrt. Mit dem Ziel, eine Technologie unter Verschluss zu halten, die vielleicht unser aller Leben in jeder Weise ändern würde. Eine Technik, über die kein Wissenschaftler offen spricht. Eine Technik, die in der Schul- und Mainstream-Wissenschaft keine Erwähnung findet und somit nicht existent ist. Um welche Technik es sich hier genau handelt, wann sie entdeckt und entwickelt wurde, erfahren sie im folgenden Kapitel.

Kapitel 5

Die Air Force, eine abgestürzte Glocke und viele offene Fragen

Der UFO-Legende zufolge stürzte am 9. Dezember 1965 in den Vereinigten Staaten zum zweiten Mal ein außerirdisches Raumschiff ab. Nein, nicht schon wieder in Roswell. Diesmal in Kecksburg, im US Bundesstaat Pennsylvania. Viele der Dorfbewohner dort können sich noch heute gut daran erinnern. Das hörte sich dann in etwa so an:

„Zuerst gab es eine glühende Erscheinung am Himmel. Dann ist das Ding im Wald runter. In weniger als einer Stunde war das gesamte Gebiet von bewaffneten Einsatzkräften abgeriegelt. Eine Hochsicherheitszone war das.“

Und tatsächlich hieß es Tags darauf in einer gut vorbereiteten Pressemeldung, dutzende Einsatzkräfte seien gekommen, sie hätten neugierige Bürger mit Waffen bedroht und das gesamte Areal abgesperrt. Weiter hieß es, man habe laut den offiziellen Informationen aus Militärkreisen nichts finden können. So steht es später auch im „Blue Book“ der US Air Force zu lesen. Doch die Menschen aus Kecksburg wissen mehr und sie erzählen von dem, was sie erlebten. Die älteren Einwohner können sich noch heute gut an jenen Abend des 9. Dezember erinnern. Eine hochbetagte Dame sagt aus:

„Ich war auf dem Heimweg von der Arbeit als es plötzlich taghell wurde. Ein glühend rotes Etwas zischte über meinen Kopf hinweg. Ich dachte, Himmel, was ist das denn. Dann ist es in den Wald runter. Ein halbes Dutzend Menschen waren auf der Straße. Sie alle waren erschrocken, zogen die Köpfe ein. Aber wenn sie mich fragen, was das war, kann ich nur sagen, ich weiß es nicht.“

Schon Tage später sickern erste nähere Informationen trotz Nachrichtensperre über den Flurfunk der US Army: Es soll sich bei dem abgestürzten Objekt um einen eichelförmigen Flugkörper, ähnlich einer Glocke, mit hieroglyphenartiger Aufschrift, gehandelt haben.

Abb. 11: Absturz einer Glocke am 9. Dezember 1965 in Kecksburg im US Bundesstaat Pennsylvania (https://lh3.googleusercontent.com/w3hSwAVUjr8/WO6PnpA1kRI/AAAAAAAACq0/ZNXAAazNup4xVzd2YOeWCEet4OK5r8IDACJoC/w1024-h460/5-ufo-incidents-1fxv.jpg)

Wohin der Flugkörper transportiert wurde, blieb zunächst unklar. Später aber wurde bekannt, dass das mysteriöse Objekt zur legendären Luftwaffenbasis Wright Patterson Air Base transportiert wurde, um es dort, in einem eigens dafür errichteten, strahlensicheren Hangar zu lagern. Das legt die Vermutung nahe, dass einige Sicherheitsoffiziere offenbar sehr wohl wussten, dass von diesem Objekt offensichtlich eine Gefahr ausging. Warum sonst hätte man eigens dafür einen strahlensicheren Hangar gebaut? Bei einem herkömmlichen Meteoriten hätte bestimmt niemand vor Ort ein derartiges Brimborium veranstaltet, außer das Sicherheitspersonal wusste, was da auf sie zukommt. Das aber würde bedeuten, dass das abgestürzte Objekt in Militärkreisen bekannt gewesen ein musste. Doch dazu später mehr.

Keckbsurg bietet meiner Einschätzung nach mindestens so viel Sprengkraft wie Roswell. Doch das überraschende wie nüchterne Fazit lautet: Kecksburg war für die Medien sehr schnell keinen Pfifferling mehr wert. Kein Blatt im ganzen Land widmete den Vorkommnissen dort bald auch nur eine Schlagzeile. Roswell hingegen ist bis zum heutigen Tag der wohl mit Abstand berühmteste UFO-Hotspot geblieben. Warum verschwand Keckbsurg so schnell aus dem Nachrichtenticker? Diese Frage beschäftigt mich bis heute. Lag es vielleicht an der fehlenden, typischen Schlagzeile? Die in etwa so hätte lauten können:

„Außerirdische landeten nach 20 Jahren erneut in den Vereinigten Staaten. Diesmal ohne Tote und Verletzte."

Oder gab es am Ende doch wieder tote Aliens und man hat sie diesmal der Öffentlichkeit einfach nur verschwiegen? Und ging der Pressestab der US Army damals in Roswell vielleicht einen Schritt zu weit mit der voreilig herausgegeben Headline? Vielleicht. Und vielleicht wollte die Militärführung diesen alten Patzer (ob absichtlich oder unabsichtlich, wer weiß) von Roswell kein zweites Mal wiederholen. Nur so viel steht fest: Zumindest Kecksburg war nach meiner Einschätzung kein echter UFO-Hotspot. Zahlreiche Tatsachen, die in einigen jüngeren Berichten über den Kecksburg-Zwischenfall auch schon einmal erwähnt wurden, sprechen hier eine eindeutige Sprache. Um diese aber zu verstehen, müssen wir das Rad der Zeit 20 Jahre zurückdrehen.

Wir schreiben das Jahr 1945. Nazideutschland stand kurz vor der Kapitulation, doch an ein völliges Aufgeben wollte hier niemand denken. Adolf Hitler und seine Gefolgsleute schienen noch einen allerletzten Trumpf im Ärmel zu haben: die Vergeltungs-Waffe. Hunderte deutsche Wissenschaftler arbeiteten zu jener Zeit an der V-Waffe, die sich jenseits der bekannten Grenzen der Physik bewegte. Dazu zählten Flugscheiben, unbemannte Feuerbälle (Foo Fighter), Strahlenwaffen, Zündunterbrechung, sowie elektrische und elektronische Störverfahren. Die Entwicklung dieser exotischen

Waffen unterstand nicht der allgemeinen Wehrmacht oder den Wehrmachtsteilen wie Marine und Luftwaffe. Es waren geheime Sonderbereiche, die der SS unterstellt waren – nicht der an der Front eingesetzten Waffen-SS, sondern vielmehr übergeordnete SS-Gruppierungen. Geleitet wurden diese vom SS-Orden sowie vom technischen Generalstab der SS.

Reichsführer Heinrich Himmler übertrug die Führung dieser Projekte, sowie die dezentralisierten Werksanlagen, am 8. August 1944 dem SS-Obergruppenführer Dr. Ing. Hans Kammler. An jenem 8. August wurde Kammler von Himmler zum Generalbevollmächtigten der V-Waffenproduktion ernannt. Zu den V-Waffen zählten nicht nur die in Peenemünde und später Nordhausen (Harz) gebauten Raketen V-1 und V-2, sondern noch weitere 10 Entwicklungsreihen. V-7 war ja bekanntlich die Bezeichnung für eine der Flugscheibentypen. Hitler hoffte auf diese Weise, das bereits wankende Regime noch retten zu können. Eines dieser experimentellen Konstruktionen soll, Überlieferungen zufolge, die sogenannte „Glocke" gewesen sein. Ein kupferfarbenes Fluggerät von rund drei Metern Durchmesser, zu dessen Kern ein futuristischer Antrieb mit einem elektrisch aufgeladenen Wirbel gehörte. Der Hauptteil der Glocke soll aus einer riesigen zylindrischen Trommel von rund einem Meter Durchmesser bestanden haben, die sich mit unglaublicher Geschwindigkeit in unterschiedliche Richtung drehte.

Abb. 12: Das Geheimprojekt Glocke unter der Führung des Obergruppenführer Dr. Ing. Hans Kammler (https://nebadonien.files.wordpress.com/2012/07/geheimprojekt-die-glocke.jpg?w=300&h=116)

Abb. 13: Die Glocke (http://www.fotos-hochladen.net/uploads/thedieglocke3urlcsd95m.jpg)

Die silberfarbene Trommel rotierte auf einer gemeinsamen Achse, die aus einem ungewöhnlichen Kern von 12 bis 20 Metern Durchmesser bestand. Die Trommel soll tief unter der Erde in dem massiven Sockel der Glocke befestigt gewesen sein. Vor jedem neuen Testlauf soll ein keramikartiger, länglicher Behälter mit einer metallischen, violett-golden schimmernden, gallertartigen Substanz in den Kern eingelassen worden sein. Dieser war wiederum von einer drei Zentimeter dicken Bleischicht umschlossen.

Wie weiter aus den geheimen Unterlagen hervorgeht, soll es sich um eine Substanz mit dem Codenamen „IRR Xerum-525 oder „IRR Serum-525 gehandelt haben, die unter anderem die Bestandteile Thoriumoxid und Berylliumoxid sowie Xeron, eine Art Quecksilberverbindung, enthielt. Außerdem soll sich auch reines Quecksilber in dem drehenden Zylinder befunden haben. Vor und während des Experiments wurde das Quecksilber intensiv gekühlt, was mit großer Wahrscheinlichkeit mit großen Mengen an Flüssiggas, Stickstoff und Sauerstoff geschah. Der gesamte Zylinder und Kern wurde schließlich von einem Keramikgehäuse in Form jener Glocke umschlossen. Das Gerät soll einen Durchmesser von etwa 1,5 Meter und eine Höhe von ungefähr 2,5 Meter gehabt haben. Auf die Haube führte ein dickes Stromkabel.

Jedes Experiment soll in einer eigens dafür vorbereiteten Kammer durchgeführt worden sein, die sich in einer stillgelegten Mine unterhalb der Erde befunden haben soll. Die Wände waren mit Keramikkacheln verkleidet, auf dem Boden lagen schwere Gummimatten, die nach jedem Versuch zerstört wurden. Auch die Versuchskammern wurden nach zwei bis drei Testläufen gesprengt. Diese Tests, unter dem Codenamen RWS-1, fanden zum Ende hin auch unter Beteiligung von Tieren (Echsen, Frösche und Insekten), Pflanzen, Substanzen organischen Ursprungs (Blut, Fleisch, flüssige Fette) und später auch Menschen (wahrscheinlich Insassen des KZ Groß-Rosen) statt, um die Wirkung der ausgestrahlten Energie an lebenden Organismen zu testen.

Das an dem Experiment beteiligte Personal hielt sich, in spezieller Schutzkleidung, in einer Entfernung von rund 200 Metern auf. Der Betrieb der Glocke zeigte kurzfristige sowie langfristige Effekte, zu denen auch das charakteristische Geräusch, ähnlich dem Summen von Bienen, sowie eine bläuliche Phosphoreszenz (blaues Leuchten) um die Glocke herum gehörte.

Es war ein sehr starkes elektromagnetisches Feld zu spüren, das sich bei den Versuchsteilnehmern in Form von Störungen des zentralen Nervensystems äußerte. Zu den Symptomen zählten Kribbeln und Stechen sowie Kopfschmerzen und ein metallischer Geschmack im Mund. Später konnten auch Langzeiteffekte beobachtet werden, wie Schlafstörungen, Schwindelgefühle, Gedächtnisverlust, Muskelkrämpfe und Geschwüre am gesamten

Körper. Während der ersten Testphase soll es sogar zum Tod von fünf der insgesamt sieben Wissenschaftler gekommen sein.

Bis heute wird über diese Tests eisern geschwiegen. Weder Wissenschaftler noch UFO-Forscher trauen sich, auch nur ein offenes Wort über dieses Thema zu sprechen. Ich spreche in diesem Fall von bewusster Manipulation, denn um was es bei diesen Tests wirklich ging, dürfte jedem Interessierten klar sein: Es ging um Gravitationsforschung, genauer gesagt, um die Erforschung eines Elektrogravitationsantriebs. Tatsächlich lagen schon gegen Ende des 19. Jahrhunderts wissenschaftliche Erkenntnisse hierzu vor und eine mögliche Spur führt in diesem Fall ebenfalls nach Deutschland, und zwar zu den namhaften Physikern Heinrich Hertz und James Clerk Maxwell.

Heinrich Hertz beschäftigte sich bereits sehr früh, es war so um das Jahr 1880, mit der Gravitation. Nach unbestätigten Informationen bekam er mehrere Gleichungen offenbar von dem Physiologen und Physiker Hermann von Helmholtz, der sie von dem britischen Physiker und Nobelpreisträger John William Strutt, 3. Baron Rayleigh erhielt und dieser wiederum aus den Forschungen Maxwells zu Licht und Gravitation. Es nährt sich nun die Vermutung, dass die ersten zwei Gleichungen des schottischen Physikers James Clerk Maxwell deutlich zeigten, was Schwerkraft überhaupt ist, und dass die verbundenen Formeln sowohl Licht als auch transversale Radiowellen beschreiben. Das geht zumindest aus den Aufzeichnungen von Hertz hervor. Die Theorien über magnetische und elektrostatische Felder waren zu Zeiten Maxwells bereits entwickelt.

Sie wurden vor allem eins, nämlich gut verstanden, und das noch lange vor der Stromkreistheorie und der Entdeckung des Elektrons. Der Teil der Gleichung über die Schwerkraft wurde von Rayleigh, der 1885 den Lehrstuhl von Maxwell in Cambridge übernahm, fallen gelassen. Maxwells Aufzeichnungen gelangten schließlich in die Hände von Helmholtz, der sie an Hertz weiterreichte. Doch schien am Schwerkraftteil der Gleichung keiner der Beteiligten sonderlich interessiert gewesen zu sein, sodass er lange Zeit nicht beachtet wurde. Zwar arbeitete Hertz lange Zeit daran, konzentrierte seine Arbeit später aber mehr auf die Theorie der Transversalwellen, nachdem er von Helmholtz und Michael Faraday darin bestätigt wurde.

Die Schwerkraft-Theorie von Maxwell verschwand schließlich bis zum Zweiten Weltkrieg in den Bücherregalen des Kaiser-Wilhelm-Instituts unentdeckt. Erst Wernher von Braun führte sie wieder zu Tage. Nach Ende des Zweiten Weltkriegs gelangten die Unterlagen, im Rahmen der oben erwähnten „Operation Paperclip", offensichtlich in die Vereinigten Staaten und wurden auch in Teilen beim NASA-Programm zur Gewichtsverminderung der Apollorakete verwendet.

Beim näheren Studieren der Arbeiten wird nämlich deutlich, dass Gravitation nicht rotiert. Sie hat keinen Eigendrehimpuls und keine Rotation. Deshalb handelt es sich im wissenschaftlichen Sinn auch nicht um Wellen. Nur Transversalwellen rotieren und vollziehen Spiralbewegungen. Licht hat einen Eigendrehimpuls. Hingegen ist Gravitation statisch und besitzt keinen Eigendrehimpuls, weil sie nur ein Vektorfeld darstellt. Vektorfelder haben weder einen Drehimpuls noch eine Rotation und bilden somit auch keine Wirbel.

Gravitation bildet also ein statisches Vektorfeld. Nehmen wir nun einen Stromfluss vom Himmel zum Erdzentrum an. Hierbei handelt es sich um eine Potentialdifferenz oder einfacher ausgedrückt, um einen Spannungsabfall. Deshalb ist sie auch statisch und fließt somit nur in eine Richtung. Sie ist nicht richtungsunabhängig (nicht-skalar) und sie hat keinen Drehimpuls oder eine Rotation. Sie bildet auch keine Wirbel. Das ist schließlich auch der Grund dafür, weshalb die Gravitation erdanziehend wirkt und niemals erdabstoßend.

Allerdings bildet die Gravitation einen Typus eines Skalar-Feldes, welches variiert. Von 0 im Weltraum bis hin zu 100 Prozent in Meereshöhe. Auch verfügt das Feld über eine konstante Vektoramplitude und eine Richtung. Ihre Feldintensität zeigt immer und an jedem Ort der Welt in dieselbe Richtung und Ebene im geschlossenen Raum – so wie Einsteins Elevator. Sein Gradient ist negativ. Antigravitation hingegen hat einen positiven Gradienten oder besser gesagt, Übergradienten.

Elektrostatische Levitation ist eine bestimmte Form von Antigravitation, weil sie einen elektrischen Übergradienten benutzt, um die Gravitations-Effekte auszuschalten, indem sie die magnetischen Kraftlinien verdrängt und somit eine Form von magnetischem Auftrieb erzeugt.

Die Anwesenheit von Luft um ein Masseobjekt behindert die Fähigkeit einer elektrostatischen Ladung, das Masseobjekt abzulenken. Entsprechende Untersuchungen wurden auch in den 1890er Jahren an Vakuumröhren und Röntgenstrahlen vorgenommen. Allerdings wurde dabei offensichtlich die Gravitation vernachlässigt, bis deutsche Wissenschaftler diese schließlich während des Zweiten Weltkriegs entdeckten.

Vereinfacht ausgedrückt, ist die Gravitation also nichts anderes, als eine einfache Spannungsdifferenz zwischen zwei Masseobjekten, die immer anziehend wirkt. Durch die simple Verdrängung der magnetischen Kraftlinien zwischen den zwei Objekten, ergibt sich eine positive Form von Auftrieb, was schließlich Übergradienten genannt wird. Der Grundstein, dieser in der Tat revolutionären Antriebstechnologie, könnte also durchaus in das Jahr 1944 zurückreichen.

Sollte also tatsächlich jemals eine „Glocke“ kurz vor Ende des Zweiten Weltkriegs gebaut worden sein, so wurde sie mit nahezu hundertprozentiger Sicherheit nach Ende des Zweiten Weltkriegs in die Vereinigten Staaten überführt – mitsamt dem Wissenschaftsstab. Für die alliierten Streitkräfte, insbesondere aber den USA, waren die erbeuteten Materialien zweifellos kostbare Schätze, Schätze von unsagbarem Wert. Und eine Tatsache dürfte wohl zweifellos feststehen: Die Tests wurden in den Vereinigten Staaten unverzüglich wieder aufgenommen.

Glaubt man nämlich den Aussagen eines gewissen William Tompkins, der während des Zweiten Weltkriegs für den US Navy-Geheimdienst tätig war, gelangten bereits kurz nach Ende des Krieges zahlreiche Dokumente aus Deutschland in die Hände des Pentagon.

Die Aussagen dieses Mannes klingen sicherlich auf Anhieb verwunderlich und abenteuerlich. Aber genau das macht die Sache am Ende so spannend und interessant. Tatsache ist, dass William Tompkins an zahlreichen, streng geheimen Einsatzbesprechungen mit Spionen der US Marine teilnahm, die in den fortschrittlichen Luftfahrtprogrammen der Nazis platziert worden waren. Dazu muss man auch wissen, dass das geheime Luftfahrtprogramm im Dritten Reich noch immer Gegenstand zahlreicher kontroverser Diskussionen ist und dass noch immer nicht zu 100 Prozent geklärt ist, ob es ein derartiges Programm überhaupt in der beschrieben Form gegeben hat. Bleiben wir aber an dieser Stelle einmal dabei, dass es ein Programm dieser Art tatsächlich im Nazi-Deutschland gegeben hat und dass die Angaben, die Tompkins in diesem Zusammenhang gemacht hat, auch stimmen.

Man muss wissen, dass es nach Ende des Zweiten Weltkrieges Tompkins Aufgabe war, Zusammenfassungen der Einsatzbesprechungen an verschiedene große US Luftfahrtunternehmen der Vereinigten Staaten zu verteilen, damit dort die erbeutete Technologie gebaut werden konnte. Das steht zumindest so in seiner Autobiographie „Selected by Extraterrestrials". Hier geht Tompkins auch detailliert darauf ein und zeigt außerdem Dokumente, die diese Angaben bestätigen.

Erstaunlich sind auch die Passagen, in denen Tompkins beschreibt, dass extraterrestrische Spezies, unter dem Namen Reptilians, als Berater in zahlreichen deutschen Luft- und Raumfahrtprogrammen intensiv tätig waren. Auf den ersten Blick mag diese Aussage sicherlich recht abenteuerlich und nur schwer nachvollziehbar klingen, aber auch an dieser Stelle ist es meiner Meinung nach wichtig, dass man die Frage in den Raum stellt, ob auch diese Option durchaus möglich sein könnte. Diese Information geht sogar, nach Worten Tompkins, aus den geheimen Unterlagen der SS hervor. Denn alles wurde in Nazi-Deutschland gut dokumentiert und zusammengeführt, so der Autor in seinem Buch.

Wie Tompkins weiter in seinem Buch berichtet, hatten die Nazis außerirdische Berater, die dabei halfen, Raumschiffe und Antriebssysteme zu bauen. Das Programm soll, so Tompkins, aber nur der oberen SS-Führungsetage offen gestanden haben. Das heißt, in den unteren Führungsschichten wusste niemand, um welche Art von Projekten es sich da tatsächlich gehandelt hat. Und ganz offensichtlich hat es auch in den Fertigungshalle unter den Arbeitern keine Probleme bezüglich der Geheimhaltung gegeben. Die Arbeitskräfte hatten, nach Worten Tompkins, keine Ahnung, was sie da genau herstellten, geschweige, wozu es am Ende verwendet wurde.

Die Fertigung der Raumschiffe fand nämlich auf verschiedenen Ebenen statt. Nur ganz oben an der Spitze war man gut informiert darüber, für welchen Zweck die Dinger überhaupt eingesetzt werden sollten. Auf dieser Grundlage werden auch heute noch Geheimprojekte in den USA umgesetzt. Die einzelnen Bauteile werden auf dem Prinzip der Zulieferung von verschiedenen Herstellern gefertigt, die natürlich nicht darüber in Kenntnis gesetzt werden, was sie da eigentlich für welches Projekt gerade herstellen. Erst in der Halle der Endmontage wird die Gesamtdimension des Projekts bekannt. Hier stehen dann natürlich auch die Arbeiter unter einem Schweigegelübde.

Bei den ersten Antischwerkraft-Raumfahrzeugen hat es sich tatsächlich noch um eine Art Untertassenform gehandelt, die größtenteils, wie aus den Unterlagen von William Tompkins hervorgeht, in Deutschland entwickelt und gebaut worden sind. Später soll dann der Bau dieser Weltraumkreuzer in unterirdische Anlagen in die Antarktis verlegt worden sein.

Die ersten dreieckigen Antischwerkraft-Schiffe wurden übrigens bereits in den frühen 1970er Jahren entwickelt und getestet. Da es aber offensichtlich mit dem Quecksilber Probleme gab, wurde daraufhin eine sogenannte Gallium-Legierung entwickelt, die als Ersatz für das Quecksilber dienten und das Gold-aus-Quecksilber-Transmutationsproblem löste. Auch heute funktioniert der Elektrogravitationsantrieb noch so ähnlich und wird auch bei den eingesetzten Dreiecken verwendet. In einem Video ist zu sehen, wie eine Korona-Ball-Entladung im Zentrum des Schiffes entsteht, bevor es verschwindet.

Tompkins berichtet weiter in seinem Buch, dass die Nazis mit einem „Andromeda Device", hierbei soll es sich um ein zigarrenförmiges Trägerschiff gehandelt haben, in der Lage gewesen sein sollen, mit Hilfe von Teleportation zu anderen Sternensystemen zu gelangen und wieder zurück. Auch das klingt natürlich sehr abenteuerlich und ist verständlicher Weise mit normalem Wissen nur sehr schwer zu begreifen. Tompkins ist natürlich nicht der einzige Autor, der diese Informationen publiziert hat. Auch auf dem deutschsprachigen Buchmarkt gibt es das eine und andere Buch, das sich mit diesem Thema ausführlich beschäftigt. Gerne werden diese Bücher auch als rechtsextremistisch eingestuft.

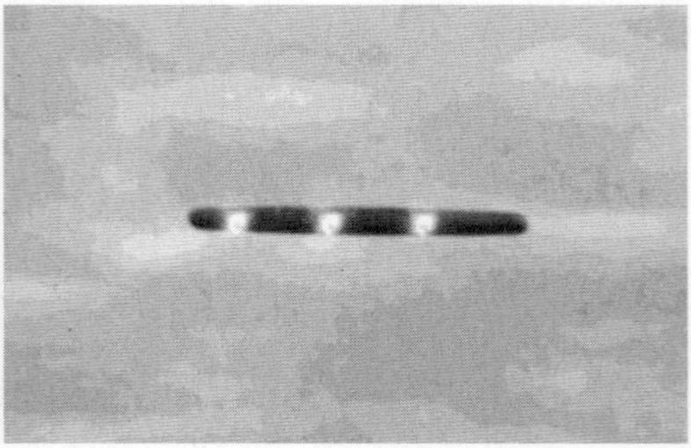

Abb. 14/15: Das zigarrenförmige Trägerschiff Andromeda (http://discaircraft.greyfalcon.us/picturesb/a121.jpg) (https://iufosightings.com/wp-content/uploads/2016/04/UFO-Sighting-Cigar-Shaped-Object.jpg)

Nur sollte man in diesem Fall den politischen Aspekt einmal außen vorlassen. Hier geht es nämlich in erster Linie darum, zu klären, was tatsächlich im Dritten Reich auf technischem Gebiet geleistet werden konnte und auch geleistet worden ist. Es geht schließlich nicht darum, eine politische Ideologie zu verherrlichen, sondern ausschließlich darum, zu untersuchen, was für ein Potential an Wissen hier bereits vorhanden war und tatsächlich umgesetzt worden ist.

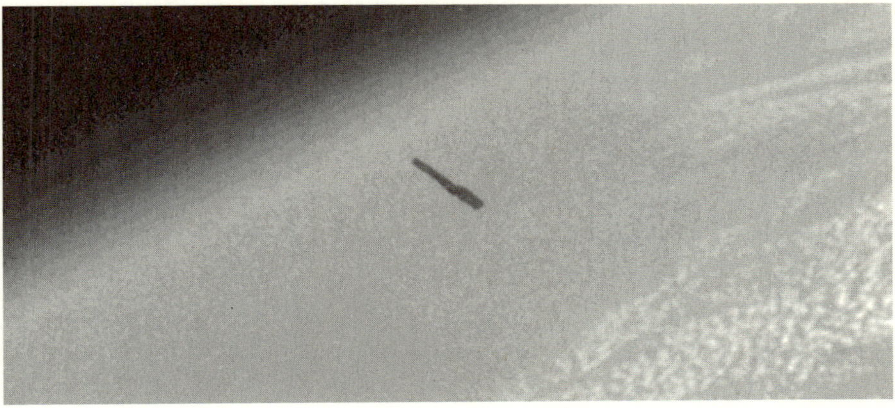

Abb. 16: Ein Andromeda-Trägerschiff im Orbit

(http://www.mens-den.com/wp-content/uploads/2015/07/cigar-shaped-ufo.png)

Kapitel 6

Wenn Augenzeugen mit ihrem Leben bezahlen

Betty Cash, Vicki Landrum und ihr siebenjähriger Enkel Colby konnten die schrecklichen Erinnerungen vom Abend des 29. Dezember 1980 nicht mehr vergessen. Wie einen Film in einer Endlosschleife sahen sie die beängstigenden Bilder jener Nacht immer wieder vor ihrem geistigen Auge. Folgendes geschah: Gegen 21:00 Uhr befand sich das Trio in einem Oldsmobile Cutlass auf dem Heimweg von Houston nach Dayton im US-Bundestaat Texas auf dem Highway FM 1485, einem Schleichweg, der nur von Ortskundigen genutzt wird und auf dem zur fraglichen Zeit weit und breit kein Fahrzeug unterwegs war. Die drei waren guter Dinge, bis Betty Cash plötzlich in Höhe der Ortschaft Huffman auf einen ungewöhnlich hellen Stern aufmerksam wurde, der sich zu bewegen schien. Da sich in nur 35 Kilometern Entfernung der Houston Intercontinental Airport befand, dachte sie, dass es ein Flugzeug im Landeanflug sei. Bald schon verlor sie das seltsame Licht aus den Augen.

Doch schon wenige Minuten später war es wieder da, heller als jemals zuvor, in Form eines grell leuchtenden Diamanten. Nun sah auch Vicki Landrum das riesige Ungetüm am sternenklaren Nachthimmel. Doch Vicki Landrums Reaktion war bei weitem nicht so panisch. Da sie tief religiös war, dachte sie, dass sich nun die biblische Prophezeiung erfüllen würde und beruhigte auch den verängstigten Colby auf der Rückbank mit den Worten:

„Das ist Jesus, hab keine Angst. Er kommt vom Himmel und führt uns Menschen an einen besseren Ort.“

Doch der siebenjährige Colby verkroch sich ängstlich immer weiter unter die vordere Sitzbank, dabei hielt er schützend beide Hände vors Gesicht.

Bald schon wurde auch Vicki Landrum von Panik erfasst. Das Trio spürte, dass es beobachtet wurde. Doch waren sie die einzigen, die in jener Nacht auf dem verlassenen Highway unterwegs waren. Das unheimliche UFO schwebte auf Baumkronenhöhe herab, Flammen schossen heraus und trafen den Asphalt, der sofort darauf zu schmelzen begann. Der Feuerschweif war hell wie das Licht eines Schweißbrenners.

Betty Cash fuhr an den rechten Fahrbahnrand. Die Hitze im Wagen war mittlerweile unerträglich. Fluchtartig verließen die drei das Fahrzeug und stellten sich auf die Straße, von wo aus sie das seltsame UFO, das, auf Grund seiner seltsamen Flugmanöver, außer Kontrolle zu sein schien, besser beobachten konnten. Nun erkannten die drei auch die tatsächlichen Ausmaße des glühenden Diamanten, der ihren Beschreibungen nach die Größe eines Wasserturms hatte und aus matt schimmerndem Aluminium zu bestehen schien. Außerdem wurde der seltsame Flugkörper von einem Geschwader Hubschrauber der Armee begleitet.

Nun wurde auch auf der Straße die Hitze unerträglich und das Trio beschloss, die Beobachtung bei eingeschalteter Klimaanlage aus dem Auto fortzusetzen. Im Wagen herrschten mittlerweile derart hohe Temperaturen, dass sogar das Vinyl des Armaturenbretts weich wurde und Betty Cash beim Berühren einen deutlich sichtbaren Handabdruck hinterließ. Nach knapp vier Minuten entfernte sich das Objekt und die drei konnten ihre Fahrt fortsetzen. Am nächsten Morgen fühlten sich die drei schwer krank. Vicki Landrum klagte über Kopfschmerzen, Betty Cash über starke Übelkeit und überall auf der Haut und im Gesicht zeigten sich seltsame rote Punkte, außerdem schwoll ihr Hals an. Alle drei hatten zudem die typischen Symptome eines Sonnenbrands.

Betty Cash wollte wenige Wochen später ein Restaurant in ihrem Heimatort eröffnen, alle nötigen Verträge hierfür waren bereits unterzeichnet – nun war sie ein gesundheitliches Wrack. Ständig klagte sie über Übelkeit und Durchfall, ihre Haare fielen aus und auf einem Auge war sie bereits nach wenigen Tagen vollständig erblindet. Sie musste sich zweimal hintereinander für mehrere Wochen in ein Krankenhaus begeben, weil sich ihr Gesundheitszustand zusehends verschlechterte. Auch Vicki Landrum und Colby litten unter Haarausfall, Geschwürbildung und Appetitlosigkeit.

Schließlich diagnostizierte ein Radiologe bei allen drei Augenzeugen eine Strahlenschädigung, für die seinen Worten nach eine ionisierende Strahlung in Verbindung mit Infrarot- und UV-Licht verantwortlich war. Diese Art von Strahlenquelle findet man nur in Atomanlagen oder beim Militär. In der freien Natur kommt sie nicht vor, so die Aussage von Wissenschaftlern. Da sich die drei aber weder auf militärischem Gelände noch in einem Kernkraftwerk aufhielten, kommt nur die Begegnung mit dem seltsamen Flugobjekt in Frage.

Drei Jahre nach dem Vorfall erkrankten Betty Cash und Vicki Landrum an Krebs. Verantwortlich dafür ist nach Aussage der Ärzte die extrem hohe Verstrahlung. Der renommierte Journalist und UFO-Skeptiker Philip J. Klass sieht das anders. Er zweifelt die Untersuchungsergebnisse an und behauptet, dass die Berichte keinen hinreichenden Verdacht ergeben, dass die drei Augenzeugen wirklich einer Strahlung dieser Konzentration ausgesetzt gewesen seien und dass außerdem keine erhöhte Radioaktivität vor Ort festgestellt werden konnte.

Betty Cash starb am 29. Dezember 1999 im Alter von 71 Jahren, Vicki Landrum am 12. September 2007 im Alter von 84 Jahren. Ob auch sie an den Folgen der Strahlung starb, konnte abschließend nicht geklärt werden.

Die amerikanische UFO-Forschungsgruppe MUFON bezeichnete den Vorfall nach eingehenden Untersuchungen schon bald als den wohl interessantesten Fall in der Geschichte der USA. Betty Cash und Vicki Landrum verklagten wegen ihrer Krebserkrankung die US-Regierung und forderten eine Entschädigung in Höhe von 20 Millionen US-Dollar. Doch der Fall erwies sich bald darauf als komplex und schwierig. Die Beweise die Betty Cash und Vicki Landrum dem Gericht vorlegen konnten, stützten sich alleine auf den ärztlichen Untersuchungsbericht und auf die Beobachtung der Militärhubschrauber, was bei den Augenzeugen den Verdacht näherte, dass das Militär etwas mit der Sache zu tun gehabt haben muss. Doch vor Gericht standen Betty Cash und Vicki Landrum bei der Hauptverhandlung mit leeren Händen da. Was dem Gericht am Ende fehlte, waren Beweise in Form von Fotos oder Videoaufzeichnungen.

Wenn die Aussagen von Betty Cash und Vicki Landrum stimmten, dass die drei Augenzeugen wirklich Hubschrauber der Armee gesehen haben – von welcher Air Force Basis kamen sie und was für ein Objekt haben sie eskortiert? Betty Cash sagte später vor Gericht aus, es habe sich um einen großen Hubschraubertyp, einen Transporthubschrauber mit zwei Rotoren gehandelt. Vieles spricht in diesem Fall dafür, dass es sich bei dem Hubschrauber um einen CH-47 Chinook gehandelt hat. Der CH-47 ist ein Hubschrauber mit Tandemrotor und wird unter anderem auch von der US Army und den US Marines als Bergungshubschrauber eingesetzt.

Waren die geheimen Hubschrauber vielleicht sogar der sichere Beweis dafür, dass sich zur fraglichen Zeit ein geheimes Testraumschiff in der Luft befand, das abzustürzen drohte? Außerirdische Besucher würden sich mit Sicherheit nicht von Hubschraubern der Armee eskortieren lassen – auch dann nicht, wenn sie abzustürzen drohen. Laut Zeugenaussagen der drei schien das Objekt zeitweise außer Kontrolle gewesen zu sein. Zweifellos gehörte das Hubschraubergeschwader zu einem geheimen Bergungstrupp, der das Objekt im Falle eines Absturzes sofort in einer geheimen Operation geborgen hätte, ohne dabei auch nur die geringste Spur zu hinterlassen. Doch mangelte es vor Gericht dafür an den Beweisen.

Wie wir alle wissen, funktioniert der militärische Apparat bis zum heutigen Tag. Nicht eine einzige Information über die konspirative Operation am Abend des 29. Dezember 1980 wurde bekannt. Und sehr schnell wird beim näheren Betrachten dieses Falles auch wieder deutlich, dass Regierung und Militär alles daran setzen, Angelegenheiten wie diese unter Verschluss zu halten und es immer wieder mit Erfolg schaffen, alle Spuren geschickt zu verwischen, Opfer und Augenzeugen in der Öffentlichkeit zu diskreditieren und unter Druck zu setzen.

Auch in diesem beschriebenen Fall führte die Spurensuche, wie nicht anders zu erwarten, ins Leere. Eine in der Nähe befindliche Luftwaffenbasis, auf der der genannte Hubschraubertyp zum Zeitpunkt des Zwischenfalls stationiert war, gab auf eine schriftliche Anfrage zur Antwort, dass zur fraglichen Zeit keine ihrer Hubschrauber in der Luft gewesen seien. Auch der zuständige Presseoffizier Major Tony Geishauser von einer Basis in Fort Hood beteuerte, nichts von einer derartigen militärischen Operation zum angegebenen Zeitpunkt zu wissen. Die Spurensuche führte auch in diesem Fall in eine Sackgasse.

Jedoch ließ der renommierte Anwalt Peter Gersten, der Betty Cash und Vicki Landrum vor Gericht vertrat, nicht locker. Er trieb mit Hilfe einer beauftragten Detektei weitere Zeugen auf. Unter anderem Lamar Walker vom Dayton Police Department. Walker sah gemeinsam mit seiner Frau die mysteriöse Hubschrauberflotte, jedoch nicht das UFO. Ein weiterer Augenzeuge, ein Arbeiter einer in der Nähe befindlichen Ölraffinerie, sah während seiner Nachtschicht das diamantene Objekt, das er für einen Zeppelin des Reifenherstellers Goodyear hielt, nicht aber die Hubschrauberflotte. Auch er schied schon bald als glaubwürdiger Zeuge vor Gericht aus.

Erst ein Jahr später schien es in dem Fall eine Wende zu geben. Auf einem nahegelegenen Militärstützpunkt fand ein Tag der offenen Tür statt, den Vicki Landrum gemeinsam mit ihrem Enkel Colby besuchte. Unter anderem waren dort auch CH-47 Hubschrauber ausgestellt, Vicki Landrum bekam beim Anblick des Hubschraubers Herzrasen und Schweißausbrüche. Auch Colby war der Anblick unheimlich. Doch beide kamen bald schon darauf mit einem der beiden Piloten ins Gespräch. Der Pilot erzählte viel von seiner Arbeit und erwähnte in diesem Zusammenhang ganz beiläufig, dass er vor gut einem Jahr gemeinsam in einem Verband ein UFO eskortieren musste, das abzustürzen drohte.

Sofort sah Vicki Landrum wieder die Bilder aus jener fraglichen Nacht vor Augen. Alle Erinnerungen waren plötzlich wieder glasklar und schienen wieder hoch zu kommen. Ihre Stimme stockte, doch schließlich nahm sie all ihren Mut zusammen und gestand gegenüber dem Piloten, dass sie und ihr Enkel Augenzeuge dieses Zwischenfalls waren.

Der Pilot war verwundert über die Reaktion und schien offenbar erkannt zu haben, dass er mit seinem Geständnis ein wenig zu weit gegangen war und dass er offensichtlich Geheimnisverrat begangenen hatte, das für ihn weitreichende Folgen haben konnte. Es ist mit großer Wahrscheinlichkeit anzunehmen, dass der Pilot ganz genau wusste, was für ein Objekt sie da eskortierten. Dass es sich dabei in keinem Fall um ein außerirdisches Raumschiff gehandelt haben konnte, dürfte wohl jedem Beobachter klar sein. Also wollte sich der Pilot mit der Geschichte vor dem Jungen nur wichtigmachen.

Militärpiloten sind bekannt dafür, dass sie gerne in der Öffentlichkeit, besonders vor Kindern, mit abenteuerlichen Geschichten prahlen. Als Vicki Landrum den Piloten bat, seine Aussage vor Gericht zu bestätigen, warf er Vicki Landrum und ihren Enkel aus dem Hubschrauber. Vicki Landrum wusste zwar, dass das, was sie, ihr Enkel und ihre Freundin Betty erlebt hatten, wirklich geschehen war und dass die Hubschrauber tatsächlich von der Armee waren, aber sie konnten mit der Aussage des Piloten wenig anfangen, da dieser nicht bereit war, seine Aussage vor Gericht zu bestätigen.

Auch auf weitere Anfragen ihres Anwalts bestritt der Pilot, diese Aussage jemals gemacht zu haben. Schließlich behauptete er sogar, Vicki Landrum würde sich das alles bloß einbilden. Die US-Regierung lehnte weiterhin jede Verantwortung ab, das Gericht stellte bald darauf das Verfahren ein. Betty Cash und Vicki Landrum zeigten sich von der US-Regierung enttäuscht.

Immer wieder berichteten Augenzeugen in der Vergangenheit über psychische und physische Beeinträchtigungen, die sie auf Grund von Nahkontakten mit einem UFO erlitten haben. Anschließende Untersuchungen vor Ort ergaben in vielen Fällen eine tatsächliche Anomalie an Boden und Pflanzen, bewiesen also, dass da tatsächlich etwas geschehen war.

Am 2. November 1971 beobachtete der 16jährige Sohn eines Farmers aus Delphos im US-Bundesstaat Kansas, gegen 19:00 Uhr, in rund 25 Metern Entfernung, ein 3 Meter großes, pilzförmiges Objekt, das rund 60 Zentimeter über den Boden in einem Waldgebiet schwebte. Das Objekt leuchtete abwechselnd in den Farben Blau, Rot und Orange; zwischen dem Waldboden und dem Objekt war eine helle Lichtzone zu beobachten und es war ein Geräusch zu hören, das den Jungen an das Vibrieren einer alten Waschmaschine erinnerte. Das seltsame Objekt hob nach rund fünf Minuten ab und flog davon. Anschließend klagte der Junge über brennende Augen und heftige Kopfschmerzen. Noch Stunden, nachdem das Objekt davongeflogen war, leuchtete die Stelle, über der das Objekt schwebte, fluoreszierend hell. Als der Junge die Erde berührte, schmerzten seine Fingerkuppen und fühlten sich tagelang taub an – so, als seien sie mit Trockeneis in Berührung gekommen. Spätere Bodenproben von dieser Stelle ergaben, dass die Erde wasserabweisend war, außerdem wurde eine Chemolumineszenz entdeckt, für die keine logische Erklärung gefunden werden konnte, nur dass die dafür verantwortliche Energieform offenbar nicht elektromagnetischer Natur war.

Auch der letzte hier beschriebene Fall erinnert wieder sehr stark an die Testreihe der Glocke. Wurde vielleicht hier, in freier Natur, exotische Technik getestet und auch der Junge war ein zufälliges Opfer, das zur falschen Zeit am falschen Ort war? Wie wir ja bereits eingehend erfahren haben, wurde auch während der Testläufe der Glocke an organischen und pflanzlichen Substanzen getestet. Auch die Symptome, die der Junge und die auch Betty Cash und Vicky Landrum zeigten, weisen eindeutige Parallelen zu den Opfern der Glocke-Tests.

Wir wissen, dass die Glocke nur ein Versuchsträger für den Elektrogravitationsantrieb war. Längst aber waren auch schon entsprechende bemannte

Schiffe für einen erfolgreichen Einsatz entwickelt worden, die bereits kurz nach Ende des Zweiten Weltkrieges in die Vereinigten Staaten geschafft wurden. Im Rahmen der geheimen Operation „Paperclip“ wurde diese Technik erfolgreich hinter verschlossenen Türen weiterentwickelt. Kein Außenstehender konnte sich auch nur ansatzweise vorstellen, um welch revolutionäre Technik es sich hierbei handelte. Eine Technik, die für jeden Otto-Normal-Verbraucher einfach nur von einem anderen Stern kommen musste, eben weil sie so exotisch und nur schwer vorstellbar war und für die meisten unter uns auch noch heute ist. Der glühende Diamant, den Betty Cash und Vicky Landrum gesichtet hatten, war ein weiterentwickelter Testträger der Glocke und nach den mir vorliegenden Informationen auch schon bemannt.

Ich denke, dass sie spätestens jetzt merken, liebe Leser, dass ein unmittelbarer Zusammenhang zwischen dem Auftauchen jener mysteriösen Objekte in den beschriebenen Jahren und dem tatsächlichen Stand der Wissenschaft auf dem Gebiet der Gravitationsforschung besteht. Eine Wissenschaft, die aber um jeden Preis unter Verschluss gehalten werden muss. Bis zum heutigen Tag.

Warum und vor allem auf welche Weise die Geheimdienste und die Geheime Regierung diese bahnbrechende und revolutionäre Technik für den eigenen Kriegseinsatz unter Verschluss hielt, lesen Sie im folgenden Kapitel. Hier erfahren Sie auch, wer wirklich hinter dem geheimnisvollen Besuch in der kalifornischen Mojavewüste steckte.

Kapitel 7

Der Tag, an dem die fliegenden Untertassen in den Weltraum verlegt wurden

Es liegt ja bekanntlich in der Natur der Sache, unangenehme Dinge aus dem Bewusstsein zu verdrängen. Aus der Politik kennen wir das ja nur allzu gut. Tatsachen, die man nicht wahrhaben will, existieren plötzlich nicht mehr. Man schweigt sie tot oder man erfindet Lügen. Ganz ähnlich war das auch mit den plötzlich über Nacht am Himmel auftauchenden unbekannten Flugobjekten. Woher kamen sie? Was wollten sie auf der Erde? Oder noch viel schlimmer: Handelte es sich gar um eine sowjetische Invasion? Niemand wusste zu dieser Stunde Rat, weder das US Militär noch die Geheimdienste. Die gesamte Regierung der Vereinigten Staaten stand vor einem riesigen Berg ungelöster Fragen. Antworten? Fehlanzeige!

Im Pentagon hatte man aber sehr bald eine Methode gefunden, das Corpus delicti unter den berühmten Teppich zu kehren. Hochrangige Generäle stellten sich nämlich folgende Frage: Warum sollen wir auf etwas eine Antwort geben, was es gar nicht gibt? Das bedeutete in diesem Fall zu behaupten, dass es die Untertassenobjekte überhaupt nicht gibt, dass sie nur eine optische Täuschung, Hirngespinste oder bestenfalls banale Wetterphänomene sind. Luftwaffengeheimdienst, CIA und FBI bedienten sich über Jahre weiter fleißig dieser Vertuschungsstrategie.

Nur lassen sich unbequeme Wahrheiten und Tatsachen nicht auf Dauer unter den großen Teppich kehren. Denn Lügen sind wie Dreck. Wird der Dreck zu einem Berg, wölbt sich der Teppich und der Dreck wird sichtbar. Spätestens von diesem Moment an erkennt jeder die Lüge mit bloßem Auge.

Auch das US Verteidigungsministerium war sich hinsichtlich dieser Tatsache im Klaren darüber, dass die Methode der Vertuschung nicht auf Jahre hin erfolgversprechend weiterverfolgt werden konnte. Selbst hochrangige Regierungsbeamte wussten das. Ihnen war klar, dass die Menschen bald noch mehr Fragen stellen würden und Fotos liefern könnten, die nach weiteren Antworten verlangen. Noch schlimmer aber wog die Tatsache, dass laut einer Callup-Umfrage jeder vierte Einwohner der Vereinigten Staaten an die Existenz der „Fliegenden Untertassen" glaubt. Das schockierte selbst hochrangige Generäle im Pentagon und Regierungsvertreter im Weißen Haus.

Bald aber schien sich das Blatt zu Gunsten der Regierungsvertreter zu wenden. In der 1950er Januarausgabe der populären Zweitschrift „True" behauptete nämlich Donald E. Keyhoe, ein hochrangiger Vertreter des US Marine Corps, dass die Untertassen extraterrestrischen Ursprungs seien und das die Regierung der Vereinigten Staaten alles tue, um die Wahrheit vor der Öffentlichkeit zu vertuschen. Und Keyhoe wusste noch mehr. Er schrieb:

„Seit 175 Jahren steht die Erde unter Beobachtung durch lebende, intelligente Wesen von einem anderen Planeten."

Keyhoe hängte sich mit seiner Behauptung nach Meinung zahlreicher renommierter Wissenschaftler und Experten weit aus dem Fenster. Woher wusste er all diese Dinge, die er da behauptete. Schlüssige Beweise konnte der Autor natürlich nicht liefern. Woher auch. Doch für die Mehrheit der amerikanischen Bevölkerung reichten diese kühnen Behauptungen und Spekulationen aus, um seinen Artikel zu einem wahrhaft publizistischen Feuerwerk zu krönen.

Auch für die Zeitschriften-Verleger war das Skript bereits am Tag des Erscheinens pures Dynamit und für Keyhoe schließlich der Ansporn für ein

Buch, das noch im selben Jahr unter dem Titel „The Flying Saucer Are Real“ erschien.

Das Pentagon distanzierte sich natürlich aus rein strategischen Gründen zunächst von Keyhoes Weltraumgeschwafel. Nach und nach aber erkannte auch das Verteidigungsministerium, dass man mit einer Zustimmung und Unterstützung der These die berühmten zwei Fliegen mit einer Klappe schlagen könnte: Zum einen würde in der Bevölkerung der Eindruck entstehen, man nimmt das Thema sehr ernst, zum anderen könne man so auf leichte Weise vom tatsächlichen Ursprung der mysteriösen Objekte ablenken.

Schließlich wurden Keyhoe für sein geplantes Buch sogar streng geheime Sichtungsberichte, mit angeblich brisanten und geheimen Fakten, zur Verfügung gestellt, womit sich natürlich leicht eine gezielt irreführende Theorie in der Öffentlichkeit aufstellen lässt. Für das Pentagon war die Sache ohnehin klar: Warum sollte man in diesem Fall der Weltöffentlichkeit die ganze Wahrheit um die Ohren knallen, wo sie schon bei den wesentlichen Ereignissen des Zweiten Weltkriegs ausschließlich belogen und betrogen wurde?

Die enge Zusammenarbeit zwischen dem Verleger Keyhoes, Holt & Co. N.Y., und dem Pentagon bei der Entwicklung der Außerirdischen-Theorie geht schon aus folgendem Schriftstück der Presseabteilung der US Air Force hervor. Darin heißt es nämlich in deutscher Übersetzung wörtlich:

„Sehr geehrte Damen und Herren,

wir bestätigen Ihren Brief bezüglich eines geplanten Buches über „Fliegende Untertassen“ von Major Donald E. Keyhoe, Marine Korps der Vereinigten Staaten.

Wir in der Luftwaffe kennen Major Keyhoe als verantwortlichen, präzisen Berichterstatter. Seine langjährige Verbindung und seine Zusammenarbeit mit der Luftwaffe in der Erforschung unbekannter Flugobjekte geben ihm die Qualifikation als führende Kapazität auf diesem Untersuchungsgebiet.

Alle Beobachtungsberichte und sonstigen Informationen, die er anführt, wurden vom Technischen Luftwaffen-Geheimdienst auf seinen Wunsch freigegeben und ihm zur Verfügung gestellt. Die Luftwaffe und die ihr unterstehende Untersuchungsbehörde, Ausschuss Blaubuch, kennen Major Keyhoes Schlussfolgerung, dass die *„Fliegenden Untertassen" von einem anderen Planeten stammen.*

Die Luftwaffe hat diese Möglichkeit nie bestritten. Einige Ausschussmitglieder glauben, dass es ein fremdes, natürliches Phänomen gibt, das uns noch vollkommen unbekannt ist. Wenn aber die offensichtlich gesteuerten Flugmanöver, die von erfahrenen Beobachtern gemeldet wurden, wirklich zutreffen, dann bleibt als einzige Erklärung nur die interplanetarische Herkunft der Maschinen.

Ihr sehr ergebener

Albert M. Chop

So leicht also machte es sich das Pentagon und die gesamte Regierung der Vereinigten Staaten, wenn es darum ging, den Mund zu halten und der Öffentlichkeit die Wahrheit zu verschweigen. Doch mit der Verlegung des Phänomens in ferne Galaxien wurde die gesamte Problematik nur noch komplexer. Bei vielen Menschen bekam das Thema bald schon den Beigeschmack einer rein esoterischen Phantasterei. Aber das sollte so sein. Denn damit erreichte die Regierung schließlich das, was sie erreichen wollte: Das Thema wurde von der Weltöffentlichkeit, spätestens von diesem Moment an, nicht mehr ernst genommen. Ein erster Sieg also für das Pentagon und die Geheime Regierung.

Doch mit halben Sachen wollten sich die Vertreter aus Militär, Regierung und Geheimdiensten nicht zufrieden geben. Beweise mussten her. Beweise, dass tatsächliche Besuche von Außerirdischen auf der Erde stattfinden. Und das mit dem Ziel, dass der Fokus der Öffentlichkeit sich von nun an nur noch auf das Universum richtet. Ferne Planeten mussten es sein. Science-Fiction-Abenteuer, wie Perry Rhodan und Star Trek, wurden über Nacht aus dem Boden gestampft. Eine riesige Propagandamaschinerie wurde zum Laufen gebracht und sämtliche Medien hatten mitzumachen. Die USA und der Rest der Welt waren von nun an im Weltraumfieber. Und das alles nur, um den wahren Hintergrund der Untertassenobjekte zu vertuschen?

Doch der Reihe nach. Führen wir uns doch zunächst einmal die zahlreichen Sichtungsprotokolle aus den frühen 1950er Jahren vor Augen. Vor allem jene Protokolle, in denen von einem direkten Kontakt mit der Besatzung die Rede ist. Spätestens hier wird das Problem deutlich. Aus nahezu sämtlichen Aussagen geht eindeutig hervor, dass die Besatzung der „Raumschiffe" circa 1,80 Meter groß und menschlich war. Und vor allem: Der direkte Kontakt fand in der jeweiligen Landessprache statt. Wie sollten sie auch anders beschrieben werden? Niemand hatte und hat auch heute noch einen blassen Schimmer, wie die Rassen anderer Planeten aussehen.

Ich komme an dieser Stelle noch einmal auf George Adamski zurück. Adamski beschrieb den fremden Besucher vom Planeten Venus als europäisch-nordamerikanischen Typ weißer Rasse. Und das Scoutship (Erkundungsschiff), das in der Wüste gelandet sein soll, entsprach nach meinen Untersuchungen exakt jener sagenumwobenen Haunebu-Reichsflugscheibe, die heute hundertfach im Internet zu finden ist. Zufall? Wohl kaum!

Gehen wir also einmal von der Vermutung aus, dass die Haunebu-Flugscheibe tatsächlich gebaut wurde, dann bleibt am Ende die Frage, ob sie auch tatsächlich noch vor Ende des Zweiten Weltkrieges fertiggestellt wurde. Ich gehe an dieser Stelle einmal von der Vermutung aus, dass dies nicht der Fall war. In zahlreichen Internetforen kursieren ja auf einschlägigen Seiten die Gerüchte, dass es sich bei den Flugscheiben um die sogenannte Wunderwaffe Hitlers gehandelt haben soll und dass sich einige Nazis mit eben diesen Flugscheiben in die Antarktis gerettet hätten. Jedoch halte ich diese Art von Berichte für reine Spekulation und zum Teil für eine bewusste Irreführung.

Was nun aber nicht heißen soll, dass nicht an dieser Technik gearbeitet wurde. Tatsächlich erwähnt der britische UFO-Forscher Nick Redfern in seinem Buch „Body Snatchers in The Desert", dass zumindest eine dieser Flugscheiben existiert haben soll. Laut einem Bericht eines Colonel Al Barker sollen auf dem Luftwaffenstützpunkt und Raketentestgelände White Sands im US Bundesstatt New Mexiko im Jahre 1947 drei außergewöhnliche Flugzeuge aus deutscher Produktion getestet worden sein. Eines davon in Form einer klassischen fliegenden Untertasse. Jedoch sei diese Flugscheibe nur halb fertig konstruiert gewesen. Bei den beiden anderen Fluggeräte soll es sich um die Ho229 der Horton Brüder gehandelt haben, die nach meinen Recherchen für die Arnold-Sichtung am 24. Juni 1947 über dem Mount Rainier im US Bundesstatt Washington in Frage kommen.

In den letzten 20 Jahren wurden rund um die Reichsflugscheiben zahlreiche Mythen und Legenden aufgebaut. Mit dem Ziel, dass Thema ad absurdum und komplett in das Reich der Nazi-Verschwörungstheorien zu führen. Deshalb möchte ich an dieser Stelle auch nicht weiter auf jene Sagen und Legenden eingehen. Nur liegt meiner Meinung nach der Schlüssel für das Vertuschungsspektakel in der Wahrheit über jene Reichsflugscheiben.

Lassen sie mich an dieser Stelle einen weiteren Blick auf George Adamski werfen, der, wie ich finde, sehr viel mit der geheimnisvollen Haunebu zu tun hat. Erinnern wir uns: Der Negativfilm wurde im Labor eines Zeitungsverlages entwickelt und somit ist eine Manipulation zu 99 Prozent auszuschließen. Immerhin schreiben wir hier das Jahr 1952. Nehmen wir nun jenes veröffentliche Adamski-Foto und legen es neben die Abbildung einer Haunebu-Scheibe. Was fällt uns da auf? Beide Scheiben gleichen sich wie eineiige Zwillinge. Zufall?

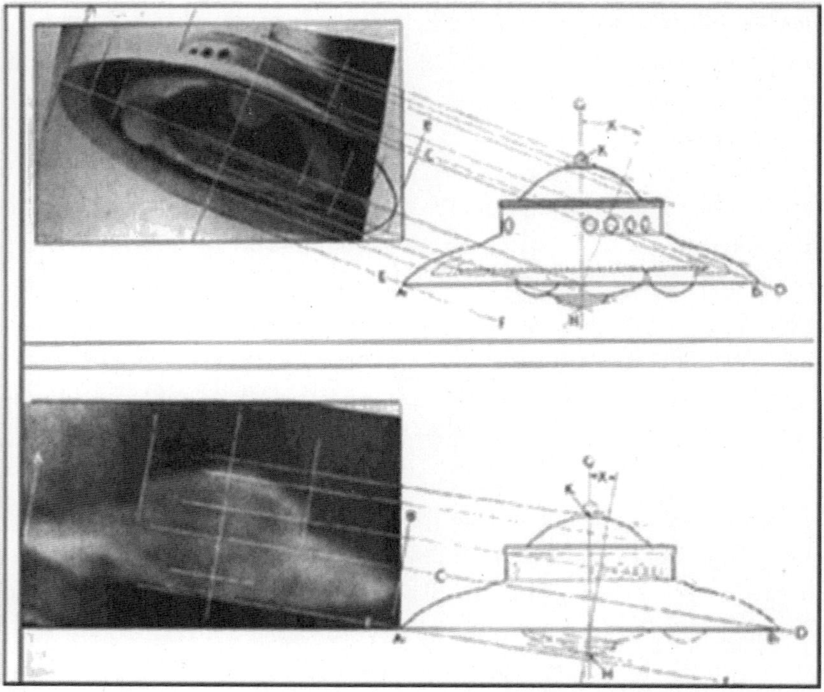

Abb. 17: Auf den Abbildungen oben sehen wir, wie George Adamski auf der Basis seiner Fotografien Risszeichnungen des UFOs anfertigte (oder anfertigen ließ). Die Ähnlichkeit mit Haunebu II/V7 Do-Stra ist nicht zu leugnen, und die diesbezügliche deutsche Zeichnung stammt definitiv aus dem Oktober 1943! **Abb. 18:** Aufnahmen von George Adamski **Quelle:** Eine Macht aus dem Unbekannten All-Stern-Verlag 2014

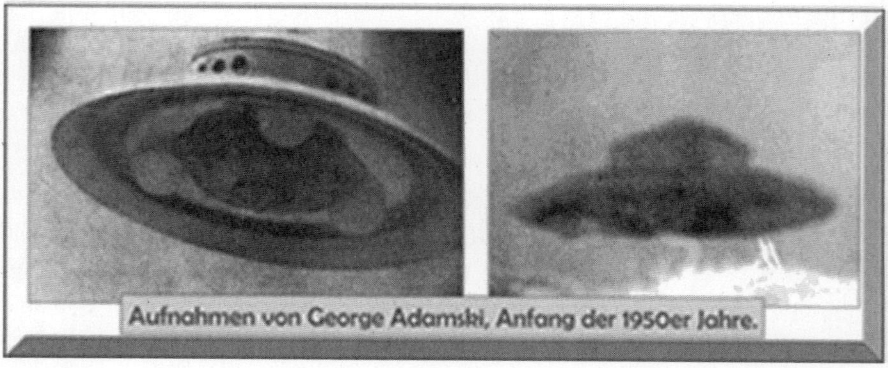

Ich äußerte ja bereits die Vermutung, dass es sich bei dem Zwischenfall am 20. November 1952 in der kalifornischen Wüste um eine rein inszenierte Show gehandelt hat, um eben jene geheime Technologie zu verschweigen.

Es liegt ja bekanntlich in der Natur der Sache, dass je tiefer man in einem Sumpf gräbt, umso mehr Schlamm man zutage führt. So war das auch bei den Recherchen zu diesem Zwischenfall. Eine weitere Ungereimtheit ist mir hier in diesem Zusammenhang aufgefallen. Im staubigen Wüstensand hinterließ der fremde Besucher einen Schuhabdruck, der anschließend in Form eines Gipsabdrucks konserviert wurde. Auffällig dabei sind die seltsamen Symbole auf der Sohle. Insbesondere am Hacken des rechten Schuhs. Hier ist deutlich ein Hakenkreuzsymbol zu erkennen.

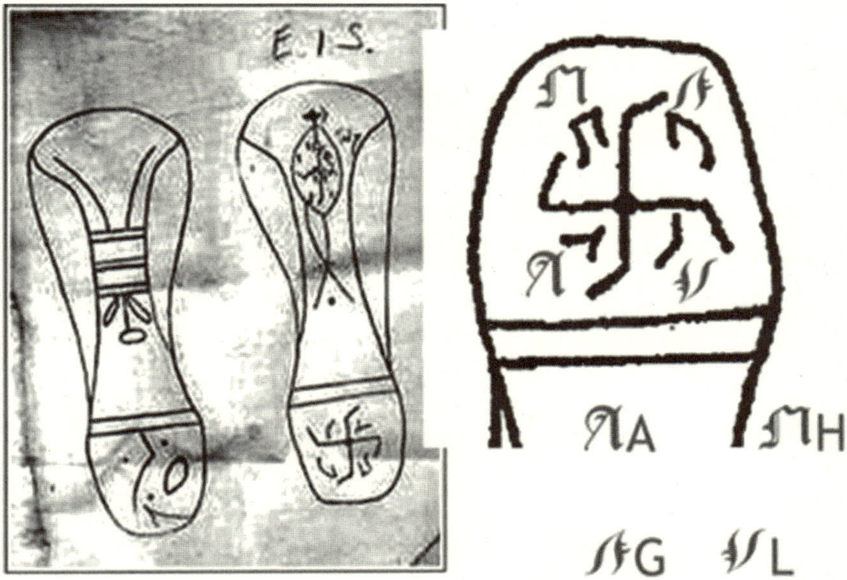

Abb. 19: Schuhabdruck **Quelle:** Eine Macht aus dem Unbekannten All-Stern-Verlag 2014

Ein angeblich ebenfalls vor Ort befindlicher Anthropologe und Archäologe deutete diese Zeichen später als uralte heilige Symbole. Was im Grunde genommen auch auf jenes Hakenkreuz zutrifft, dass von seinem Ursprung her ein Germanisches Sonnenrad darstellt.

Aber gehen wir jetzt einmal von der Tatsache aus, dass es sich in der kalifornischen Wüste tatsächlich um eine Haunebu-Flugscheibe gehandelt hat, würde das Symbol natürlich einen völlig anderen Charakter bekommen. Auch in diesem Fall lautet die Frage wieder: Zufall? Es sind einfach zu viele Zufälle, die hier aufeinander prallen und offene Fragen hinterlassen. Und die erste Frage sollte in diesem Fall lauten: Warum die Wüstenshow? Denn spätestens von diesem Datum an wurden die fliegenden Untertassen offiziell in den Weltraum verlegt. Und Donald E. Keyhoes setzte mit seinem Buch „Flying Soucers out of Space“ dem ganzen Spektakel noch die Krone auf.

Wer jetzt noch auf die Wahrheit hoffte, wurde bitter enttäuscht. Das Pentagon und die Geheime Regierung vertuschten im Laufe der Jahre munter weiter. Und sie holten sich dazu noch einen weiteren Mann ins Boot. Nämlich J. Allen Hynek, der bald den Vorsitz der Untersuchungskommission Blue Book innehatte. Hynek ging es von Anbeginn nicht darum aufzuklären und Wahrheiten zu präsentieren, nein, ihm ging es vielmehr darum, viele mögliche (falsche) Erklärungen zu liefern. In einer Pressekonferenz sagte Hynek einmal wörtlich:

„Jeder erwartet von mir die eindeutige und möglichst spektakulärste Deutung der Erscheinung. Sie wollten kleine grüne Männchen.“

Spätestens von diesem Moment an erblickten nun auch die kleinen grünen Männchen das Licht der Welt auf dem großen blauen Planeten Erde. Der Journalist und Buchautor Frank Edwards behauptete einmal über Allen Hynek:

„Hynek hat eine besondere Begabung, mit UFOs zusammenhängende Probleme schräg zu lösen.“

Somit entpuppte sich also das „Blue Book“ bald schon als ein reines Vertuschungs-Projekt, das nie zum Ziel hatte, die Wahrheit in die Weltöffentlichkeit zu tragen. Die Adamski-Flugscheibe dürfte der sichere Beweis dafür sein, dass zumindest eine Flugscheibe dieser Bauart tatsächlich existiert hat.

Noch verbirgt sich die Wahrheit der UFOs hinter einem Vorhang. Hinter einem mittlerweile sehr dünnen, wie ich meine. Es ist ein Vorhang, durch den man bereits Teile der Wahrheit entdecken kann. Und die Wahrheit wird sich uns vorsichtig und Stück für Stück präsentieren. Sie ist nicht mehr aufzuhalten, auch wenn große Teile der Geheimen Regierung dies noch immer versuchen. Sie werden es nicht schaffen.

UFOs gehören noch heute zur geheimen Wunderwaffe der Dritten Macht. Sie wurden im Laufe der Jahre ständig weiterentwickelt und auf den neusten Stand der Technik gebracht. Als geheime Wunderwaffe eingesetzt und somit auch bewusst verschwiegen.

UFOs sind somit eine reale irdische Entwicklung. Allein aus diesen oben erwähnten, militärstrategischen Gründen werden die tatsächlichen Umstände noch immer in Nebel gehüllt und vor den Augen der Weltbevölkerung vertuscht und verheimlicht. Eingesponnen in einem Spinnennetz aus Lügen und Legenden.

Kapitel 8

Verschlusssache Roswell: Die Geheimakte, die CIA und das UFO

Man schreibt den 2. Juli 1947. Es war der Abend nach einem jener typisch heißen Sommertage in dem kleinen Wüstenstädtchen South Penn im US Bundesstaat New Mexiko. Gemeinsam mit seiner Frau saß der Eisenwarenhändler Dan Wilmot auf der Veranda. Das Paar genoss die angenehme Abendkühle. Plötzlich ereignete sich, wie Wilmot später dem örtlichen Sheriff wörtlich sagen wird, Folgendes:

„Auf einmal sauste ein großes, glühendes Ding von Südosten über den Himmel und raste mit enormer Geschwindigkeit nach Nordwesten auf Corona zu."

Die Wilmots rannten sofort auf den Hof und konnten noch im letzten Moment sehen, dass es sich bei dem glühenden Etwas um ein ovales Objekt gehandelt hat, dass in etwa aussah wie zwei aneinander gestülpte Teller. Das Ehepaar konnte außerdem erkennen, dass das Objekt von innen heraus leuchtete. Nach rund 50 Sekunden war es bereits außer Sichtweite. Dan Wilmot und seine Frau schwiegen über eine Woche lang über ihr nächtliches Erlebnis. Sie hofften, dass sich auch andere Bürger der Stadt melden würden, die das gleiche gesehen hätten. Doch offensichtlich hatte niemand eine ähnliche Beobachtung gemacht. Was Dan Wilmot zu diesem Zeitpunkt noch nicht wusste, war die Tatsache, dass er und seine Frau Zeuge eines Vorfalls wurden, der sich im Laufe der Jahre zur vermeintlich größten Verschwörung der Vereinigten Staaten entwickelte: der Akte Roswell!

Möglicherweise aber, nahm die Geschichte schon viel früher ihren Anfang. Genau weiß das wohl heute niemand mehr. Widersprüchliche Zeugenaussagen, Manipulationen in den Akten, bewusst herausgegebene Falschmeldungen. Die Akte Roswell entwickelte sich im Laufe der zurückliegenden

70 Jahre zu einem wahren Gerüchtemonster, gezüchtet und genährt vom CIA.

Wie viele Flugobjekte, wann und zu welcher Zeit genau, da in der Wüste von New Mexiko abgestürzt sind, weiß wohl nur das CIA-Headquarter in Langley im US Bundesstaat Virginia, vielleicht auch die US Air Force, aber genaue Informationen darf man von dort nicht erwarten. Schließlich ist die Causa Roswell kurz nach Bekanntwerden sofort zur Chefsache erklärt worden. Wer sich, wie ich, über viele Jahre einmal genauer mit dem Fall auseinandergesetzt hat, wird festgestellt haben, dass die vielen Bücher und Schriften nahezu alle unterschiedliche Zeit- und Ortsangaben enthalten. Hier und da tauchen plötzlich Namen auf, die man nie zuvor gehört hat, neue Zeugen treten auf den Plan. Jeder will etwas gesehen haben, doch niemand traut sich am Ende die Wahrheit zu sagen. Entweder er darf es nicht oder er lügt auf Anweisung. Nur, heute, nach 70 Jahren, ist die Aufnahme neuer Recherchen nahezu ausgeschlossen. Wer die Wahrheit vor Ort sucht, wird sie nicht mehr finden. Die meisten Augen- und Ohrenzeugen sind bereits tot und haben die Wahrheit mit ins Grab genommen. Jedoch will ich an dieser Stelle versuchen, den Fall, so gut es geht, zu rekonstruieren.

Gehen wir einmal von der Annahme aus, dass die Geschichte tatsächlich viel früher ihren Anfang nahm, dann könnte bereits Mitte Juni das besagte Objekt nahe Roswell abgestürzt sein. Denn bereits am 14. Juni fand der Rancher William Brazel auf der Foster Ranch, rund 105 Kilometer nordwestlich von Roswell, seltsame Trümmerteile, deren Herkunft er sich nicht erklären konnte. Brazel beschloss, einige der Teile mit zu sich nach Hause zu nehmen. Anfang Juli schließlich erfuhr der Farmer, dass in dieser Gegend mehrmals unbekannte Flugobjekte gesichtet worden seien und dass eins von den Objekten in der Wüste abgestürzt sein soll. Brazel wurde auf einmal hellhörig und erinnerte sich wieder an die seltsamen Teile in seinem Schuppen, die er einen Monat zuvor auf der Ranch gefunden hatte. Sollten die vielleicht von dem abgestürzten Objekt stammen? Brazel überlegte nicht lange und informierte umgehend den Sheriff von Chaves County, George Wilcox, von seinem seltsamen Fund.

Wilcox inspiziert die Teile und sah sofort, dass die Angelegenheit eine Nummer zu groß für ihn war. Der Sheriff informierte die Roswell-Luftwaffenbasis. Nachdem das Gebiet um die Fundstelle der Trümmerteile weiträumig abgesperrt wurde und sich auch die Armeeangehörigen die genaue Herkunft der Teile nicht erklären konnten, wurde das gesamte Material zur weiteren Analyse an den Armeestützpunkt in Fort Worth im US-Bundestaat Texas übergeben.

Inzwischen hatte auch die Presse Wind von der Sache bekommen. Am nächsten Tag titelte der „Roswell Daily Record" mit folgender Schlagzeile:

„Die zahlreichen Gerüchte über fliegende Scheiben wurde gestern Wirklichkeit, als ein Nachrichtenoffizier der 509th Bomb Group der Roswell-Luftwaffenbasis das Glück hatte, eine dieser Scheiben in Gewahrsam zu nehmen."

Die Meldung schlug ein, wie eine Bombe. Sollten wirklich Außerirdische auf der Erde gelandet sein? Roswell war plötzlich in aller Munde. Die Meldung breitete sich aus, wie ein Lauffeuer – rund um den ganzen Erdball.

Plötzlich diskutierten in der ganzen Welt Menschen darüber, dass nun das wahr sein sollte, was bisher nicht wahr sein konnte: Wir sind nicht allein im Universum! Der Mann, der für diese Meldung verantwortlich war, hieß Walter G. Haut, Lieutenant und Presseoffizier auf der Luftwaffenbasis in Roswell. Mittlerweile hatte natürlich auch das Pentagon und der US Geheimdienst CIA von den seltsamen Fundstücken erfahren und beschlossen, dass man die Weltöffentlichkeit mit so einer Meldung nicht schockieren könne. Binnen 24 Stunden wurde die Nachricht von höchster Stelle dementiert. Nun war nicht mehr die Rede von einer fliegenden Untertasse – jetzt hieß es, dass es sich bei dem geborgenen Teilen lediglich um die Überreste eines abgestürzten Wetterballons gehandelt haben sollen.

Warum das plötzliche Dementi? Konnte etwa Haut eine Wetterballonhülle nicht von Metallresten unterscheiden? Oder war die erste Pressemeldung am Ende sogar Teil einer von Anbeginn geplanten Verschwörung? Zahlreiche UFO-Forscher vertreten diese Meinung. Allein schon auf Grund der Tatsache, dass in den zurückliegenden 70 Jahren eine ganze Reihe weiterer Erklärungen hinzugekommen sind, die eine Beurteilung immer schwieriger machen.

Bis weit in die 1970er Jahre gaben sich die Öffentlichkeit und auch die überwiegende Mehrzahl der Medien mit diesen Erklärungen zufrieden, bis es plötzlich zu neuen Gerüchten, ausgerechnet aus Militärkreisen, kam. Sie widerlegten die These, dass es sich bei den Fundstücken um die harmlosen Reste eines Wetterballons gehandelt haben soll. Im Dezember 2005 starb Walter Haut – jener dynamische Presseoffizier, der die Weltöffentlichkeit ins Staunen versetzte. Sollte er mit seiner eilig herausgegeben Pressemeldung im Jahr 1947 vielleicht doch Recht gehabt haben und sollte sich jetzt wirklich als wahr herausstellen, dass die US-Regierung die Öffentlichkeit mehr als 70 Jahre über die tatsächlichen Hintergründe jenes rätselhaften Absturzes in Roswell belogen hat?

Walter Haut wollte das Geheimnis nicht mit ins Grab nehmen und hinterließ noch kurz vor seinem Tod eine notariell beglaubigte eidesstattliche Erklärung aus der eindeutig hervorgeht, dass es sich bei den geborgenen Wrackteilen tatsächlich um ein außerirdisches Raumschiff samt Leichen der Besatzung gehandelt habe und die Wetterballon-Geschichte lediglich vorgeschoben war, um von den tatsächlichen Ereignissen abzulenken.

Laut Hauts Geständnis, das in dem 2007 von Carey und Donald Schmitt herausgegebenen Buch „Witness to Roswell" (Zeuge von Roswell) zum ersten Mal der Öffentlichkeit zugänglich gemacht wurde, sei das Objekt geborgen und in das sogenannte „Gebäude 84“ auf der Luftwaffenbasis Roswell gebracht worden. Haut gibt in seiner Erklärung weiter zu, dass er, gemeinsam mit dem damals kommandierenden Offizier und späteren General Major William H. Blanchard, selbst das 5x2 Meter große, eiförmige Objekt sowie die toten Besatzungsmitglieder gesehen haben will. Haut bestätigte auch, dass es im einige Kilometer weiter entfernten Corona einen weiteren Absturz gegeben habe.

Laut Hauts Aussage sei das Wrack vollkommen fensterlos, ohne Flügel und Landeeinrichtungen gewesen. Die Besatzung beschrieb Haut als etwa 1,2 Meter groß mit überproportional großen Köpfen. Walter Haut wörtlich:

„Ich bin davon überzeugt, dass ich ein Fahrzeug und seine Besatzung aus dem Weltraum gesehen habe.“

Die Aussage Hauts deckt sich in etwa auch mit den Angaben eines Dr. Weisberger, einem Physikprofessor, der die geborgene Scheibe als Wissenschaftler begutachtete. Weisberger sagte aus, dass die Scheibe wie der Panzer einer Schildkröte geformt war, der Durchmesser der Kabine etwa 5 Meter betrug und dass die Leichen der insgesamt sechs Besatzungsmitglieder stark versengt waren. Das Innere der Scheibe sei durch die intensive Hitzeeinwirkung stark beschädigt und eine der Luken völlig zertrümmert gewesen.

Laut Weisbergers Angabe ergab die anschließende Autopsie der Leichen, dass sie, außer in ihrer Größe, einem normalen menschlichen Körper glichen. Eine der Leichen habe an etwas gesessen, das einem Steuerpult ähnelte. An den Wänden waren Zeichen in einer Schrift, die allen an der Untersuchung Beteiligten unbekannt waren. An der Scheibe haben sich weder Propeller noch Triebwerke befunden. Keiner der Anwesenden konnte sich zu dem Zeitpunkt vorstellen, wie das Fahrzeug angetrieben oder gesteuert wurde.

Roswell ist in der Tat ein Mysterium, und das auch noch nach mehr als 70 Jahren. Weisberger behauptet, dass die Leichen menschliche Körper hatten. Und genau das ist der Punkt, der mich in dieser Aussage stört. Wie ich schon oft erwähnt habe, bin auch ich der festen Überzeugung, dass das Universum voll von Leben ist, und dass auch andere Planeten und Sonnensysteme Leben beherbergen. Nur haben wir bis heute keine Vorstellung davon, wie dieses Leben aussieht.

Gehen wir einmal von der Tatsache aus, dass auch das Leben auf anderen Planeten und in anderen Sonnensystemen von ein und derselben Schöpferquelle stammt, könnte durchaus die Möglichkeit bestehen, dass eine enge äußerliche Verwandtschaft zum Homo sapiens besteht. Orientieren wir uns aber an der schulwissenschaftlichen Sichtweise, würde auf anderen Planeten unseres Universums lediglich Leben in Formen von Mikroben oder anderen Kleinstlebewesen möglich sein.

Skeptiker werden also zu Recht behaupten, dass es sich bei der Erklärung Hauts lediglich um einen weiteren großen Schwindel handelt und dass das Autorenduo Schmitt/Carey am Ende vielleicht nur als Sprachrohr aller Verschwörungstheoretiker aufgetreten ist, um die Fassade der Außerirdischen-Theorie nach Außen aufrecht zu erhalten. Auf der anderen Seite deckt sich die Erklärung Walter Hauts in ganz entscheidenden Punkten mit den Angaben des ehemaligen CIA-Agenten Chase Brandon, der am 23. Juni 2012, also 65 Jahre nach dem Zwischenfall, in einem Radiointerview bestätigt hatte, dass das, was er in den 1990er Jahren in den Archiven der CIA auf Fotos zu Gesicht bekam, definitiv kein Ballon war, sondern dass es sich bei den ominösen Wrackteilen mit 99 prozentiger Wahrscheinlichkeit um die Überreste eines UFOs handelte. So sagte Brandon in der Radioshow Coast to Coast AM wörtlich:

„Es war ein Fluggerät, das ganz klar nicht von diesem Planeten kam, es stürzte ab und ich zweifle nicht eine Sekunde an, dass die Worte ‚Überreste‘ und ‚Kadaver‘ genau das besagten, worüber die Leute sprachen. Für

mich war es definitiv dieser eine Schlüsselmoment, der bestätigte, dass alles, woran ich glaubte und wovon ich wusste, an das so viele andere Leute glaubten, tatsächlich passiert war. Es war kein Wetterballon – es war das, was die Leute zuerst berichtet hatten.“

In deutschsprachigen Zeitungen war über die brisanten Enthüllungen des ehemaligen CIA-Agenten so gut wie nichts zu lesen. Lediglich die britische Boulevardzeitung „Daily Mail“ berichtete in ihrer Ausgabe vom 9. Juli 2012, anlässlich des 65jährigen Jahrestages des Absturzes von Roswell, über Brandons Enthüllung.

Der Fall „Roswell“ verhält sich ähnlich wie alle Mythen, denen im Laufe ihrer Geschichte eine Verschwörungstheorie nachgesagt wird: Je mehr dazu kommt, desto unglaubwürdiger und abstruser wird die Angelegenheit. Haut und Brandon vertreten beide den Standpunkt, dass es sich bei dem abgestürzten Objekt um ein tellerförmiges Objekt handelte und nicht, wie in der nachgeschobenen Presserklärung, um einen Ballon. Das mag auch alles soweit stimmen, nur wer sagt, dass es sich auch um ein Gefährt aus dem Weltraum handelt?

Weisbergs Aussage, dass es sich bei den Insassen um menschliche Wesen gehandelt hat, ist meiner Meinung nach der Schlüssel zur Wahrheit. Gehen wir einmal davon aus, dass tatsächlich nach Ende des Zweiten Weltkrieges in Deutschland eine im Bau befindliche Flugscheibe von den USA geborgen worden ist, so liegt doch der Rückschluss nahe, dass diese auch in den Vereinigten Staaten, mit Hilfe deutscher Wissenschaftler, fertig gebaut und anschließend testgeflogen worden ist. Und wie das mit neuer und unreifer Technik nun mal so ist, kann es hier und da auch einmal zu einer Havarie kommen.

Allein schon die Tatsache, dass der Absturz der Scheibe in fast unbewohnter Wüstenlandschaft stattfand, sollte in diesem Fall hellhörig machen. Nahezu alle geheimen militärischen Projekte in den Vereinigten Staaten wurden in der Vergangenheit und auch heute noch in den Wüstenstaaten New Mexiko, Nevada und Arizona getestet. Das beweist auch die abgeschiedene Lage der Area 51.

Dass der Absturz in Roswell aufgeflogen ist, scheint meiner Meinung nach lediglich dem Umstand zu verdanken zu sein, dass der Farmer Brazel Teile der Maschine auf seinem Acker fand und das Sheriff-Office verständigte. Dadurch ist gewissermaßen der Stein ins Rollen gekommen.

Allein schon die Herausgabe der Pressemeldung und das kurz darauf folgende Dementi zeigen deutlich, in welcher Erklärungsnot sich die Militärführung zu diesem Zeitpunkt befunden hatte. Hier kann man, glaube ich, getrost von einer Panikreaktion sprechen. Sollte es sich aber tatsächlich um außerirdische Technologie gehandelt haben, warum ist man dann nicht bei der ersten Version geblieben?

Ich denke, dass kein einigermaßen aufgeklärter und intelligenter Mensch über die Tatsache schockiert gewesen wäre, dass außerirdisches Leben existiert und gleichzeitig auch dazu in der Lage ist, Lichtjahre durch das Universum zu reisen. Die Absicht, die hinter dem Dementi steckt, ist die, eine perfekte Verschwörungstheorie zu kreieren, mit der Absicht, die Existenz einer Geheimwaffe vor der Weltöffentlichkeit, und allen voran vor der einstigen Supermacht Sowjetunion, zu verbergen.

Aber nur mal angenommen, hinter den Aussagen Hauts und Weisbergs verbirgt sich am Ende wirklich die Wahrheit. Die Wahrheit, auf der die Menschheit ein Leben lang gewartet hat: Sie hat Besuch aus den Weiten des Alls bekommen. Warum hat die Regierung dann so lange geschwiegen und tut dies heute noch? Warum die vielen Nebelkerzen? Ich erinnere in diesem Zusammenhang nur an den gefälschten Roswell-Autopsiefilm, in dem angeblich geheimes Filmmaterial über die Autopsie eines vermeintlichen Außerirdischen gezeigt wurde. Später stellte sich heraus, dass der Film lediglich eine, wenn auch für das ungeschulte Auge perfekt wirkende,

Fälschung war. Warum dieser Aufwand? Eine Aktion, die Unsummen an Geld verschlungen hat. Auch in diesem Fall muss ich die Frage stellen: Wer hat einen Nutzen davon?

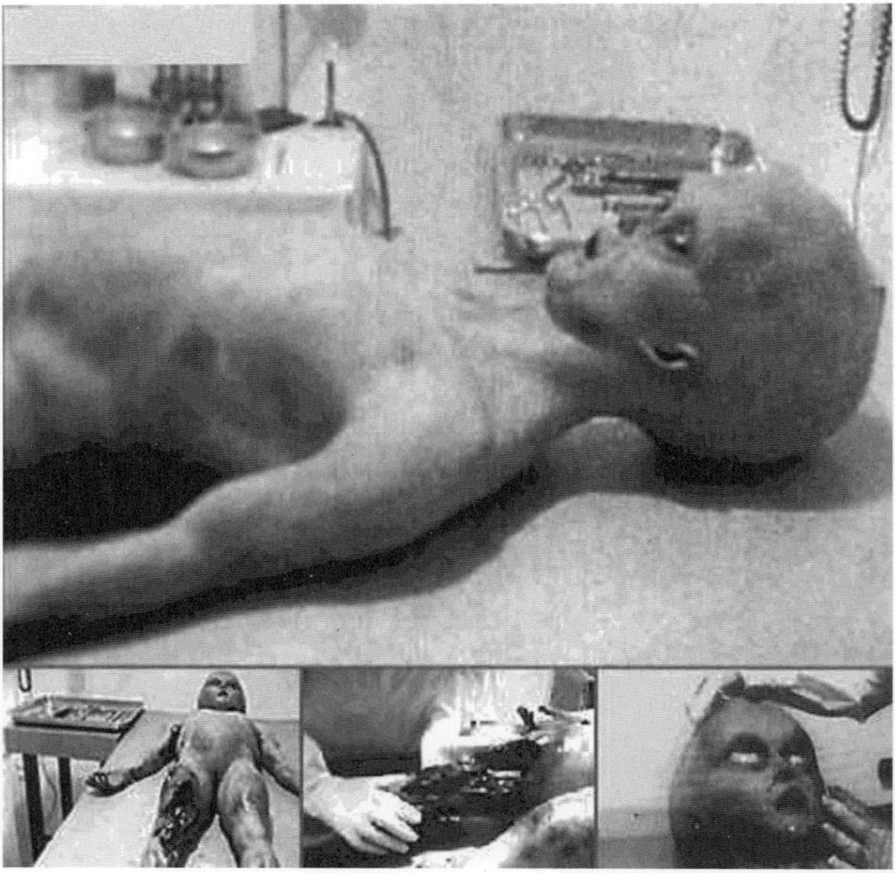

Abb. 20: Der Roswell-Autopsiefilm eine gut gemachte aufwendige Fälschung (http://file1.npage.de/003337/17/bilder/roswell_1947_alien_bearbeitet.jpg)

UFO-Fanatiker haben sicherlich nicht das Geld, da sich die Summen für eine derartig aufwendige Aktion in der Regel in einem dreistelligen Bereich bewegen. Also steckt eine Organisation mit viel Geld im Rücken dahinter, eine Organisation, die in der Vergangenheit immer wieder falsche Fährten gelegt hat und diese nach kurzer Zeit hat auffliegen lassen, um der Öffentlichkeit zu zeigen: Seht her, das war ja alles bloß ein Schwindel! Und es ist eben auch diese Organisation, die in der Vergangenheit zahlreiche vermeintliche UFO-Forscher und die Mainstream-Medien dafür bezahlt hat, Lügen und Unwahrheiten unter die Bevölkerung zu streuen; Lügen, die noch heute ihre Wirkung auf sehr deutliche Weise zeigen.

Vielleicht mag das ein wenig irritierend klingen, vielleicht ist aber das nur eine weitere Nebelkerze im Dunstkreis der vielen Lügen. Haut hat die Veröffentlichung seiner Erklärung erst nach seinem Tod freigegeben. Wie auch immer man das verstehen mag. Kritiker könnten dies durchaus als seriösen Akt bezeichnen, so zusagen als letzten Wunsch, als eine Art Vermächtnis. Doch ist das tatsächlich so? Immerhin hat das Buch keinen Aufschrei in der Öffentlichkeit hinterlassen. Es gab weder eine Reaktion aus Washington, noch hat irgendeine Zeitung hierzulande eine Rezension veröffentlicht. Das Buch scheint, wie eine Seifenblase im Winde, verpufft zu sein. Der Vorhang der Wahrheit hat sich dadurch keinen Zentimeter gelichtet.

Auch im Fall Brandon hat die Wahrheitssuche zu keinem Erfolg geführt. Brandon war, soviel steht fest, bei der CIA. Er war unter anderem als Berater für zahlreiche Hollywood-Klassiker zugegen, zum Beispiel für die Streifen „Staatsfeind Nr. 1“ und „Der Anschlag“. Das macht die Aussage Brandons vielleicht nicht gerade glaubwürdiger; ob sie seriös genug erscheint, um ernst genommen zu werden, das mag jeder für sich selbst entscheiden.

Fest steht indes: Die Aussage Brandons deckt sich in vielen Punkten mit der Erklärung Walter Hauts.

Den Nuklearphysiker und Ufologen Stanton T. Friedman wundern die Enthüllungen Brandons keineswegs. Friedman hatte sich nie mit der Erklärung der Army zufrieden gegeben. Im Gegenteil: Auch er wusste von Anfang an, dass die Wetterballonthese nichts als reiner Schwindel war. Warum sollte die Army ein Interesse daran haben, wegen eines harmlosen Wetterballons das ganze Gebiet rund um die Absturzstelle abzuriegeln und zudem Militärangehörige und Zivilisten aus dem Ort einzuschüchtern und ihnen mit dem Tod zu drohen, wenn sie den Mund aufmachten?

Friedman reiste bereits schon in den 1970er Jahren an den Absturzort, um zu erfahren, was dort wirklich geschah. Er sprach mit Augenzeugen und machte sich schließlich selbst ein Bild von den Geschehnissen in Roswell. Unter den Zeugen befand sich auch Major Jesse Marcel. Marcel war 1947, als kommandierender Leiter des Bergungstrupps, gewissermaßen der erste Mann vor Ort und auch er bestätigte Friedman, dass das, was er und seine Leute da in der Wüste gefunden hatten, in keinem Fall ein Wetterballon gewesen sei, sondern dass diese Teile nicht von dieser Erde stammten. Für Friedman stand von diesem Augenblick an fest, dass in Roswell eine der größten Täuschungsmanöver aller Zeiten gestartet wurde. Unlängst forderte er deshalb in einem Interview mit einem US-Nachrichtendienst:

„Es ist an der Zeit, dass sich der mystische Teil dieser Geschichte, von der wir lange noch nicht alle Stücke zusammen haben, in den Ruhestand verabschiedet und durch die wahre Geschichte , durch das, was wirklich passiert ist, ersetzt wird."

UFO-Skeptiker werden sich sicherlich auch in Zukunft mit diesen Antworten und Forderungen nicht zufrieden geben. Sie werden weiter suchen und graben und sie werden weitere Fragen stellen, bis sie etwas gefunden haben. Denn die Wahrheit ist auch in diesem Fall das höchste Gut. Auch wenn der Elite in höchsten Kreisen die Wahrheit nicht passt, so wird sie auch in diesem Fall das Licht der Welt, unserer Welt, erblicken.

Kapitel 9

Das Gegenteil ist wahr

Gehen wir einmal davon aus, dass Raumfahrer schon vor mehr als 6.000 Jahren auf die Erde kamen, dann würde das, nach unserem heutigen offiziellen Stand der Wissenschaft, bei Weitem unseren Verstand überfordern. Ich spreche hier bewusst vom offiziellen Stand der Wissenschaft. Skepsis gegenüber dem Unbekannten liegt ja bekanntlich in der Natur der Sache, weil der Mensch eben nur das versteht und nur das glaubt, was er auch erklären, sehen und fühlen kann.

Dass Astronauten der NASA auf dem Mond waren, verstehen und begreifen wir, weil die Bilder dazu im Fernsehen gezeigt wurden und weil uns die Echtheit der Aufnahmen von offizieller Seite her bestätigt wurde. Dass die Apollo-Besatzung wirklich den Mond besucht hat, steht also für den Großteil der Bevölkerung außer Zweifel – schließlich stammen ja die Bilder offiziell von der NASA. Auch lügen, nach Ansicht eines Großteils der Weltbevölkerung, weder Politiker noch Geschichtsbücher. Dass die Szenen vom Mond, wie von vielen Seiten immer wieder behauptet wird, lediglich in einem Hollywoodstudio gedreht worden sein könnten und schlichtweg ein Propagandastück im Wettrüsten zwischen Ost und West waren, will niemand unter den politisch korrekten Zeitgenossen glauben.

Und da liegt auch schon das eigentliche Problem. Politisch korrektes Denken, wie es gegenwärtig leider immer mehr zu Gewohnheit unter den Menschen wird, engt den Geist und den Bildungshorizont ein. Das scheint auch so gewollt zu sein, denn politisch korrektes Denken und Handeln macht aus Menschen Befehlsempfänger und lässt sie somit zu roboterähnlichen Arbeitssklaven werden, wie in einem Ameisenvolk. Ameisenstaaten führen, ähnlich wie der Mensch von heute, bedenkenlos Krieg, versklaven Angehörige von Nachbarvölkern und krabbeln ohne zu zögern in den eigenen Tod.

Der Ameisenstaat stellt also, rein äußerlich betrachtet, einen Totalstaat reinster Prägung dar und zeigt auch gleichzeitig auf erschreckende Weise Parallelen zur gegenwärtigen Entwicklung des Menschen auf der Erde. Der Mensch von heute glaubt, mehr als noch vor 30 Jahren, nur das, was er von offizieller Seite durch die Medien bestätigt bekommt. Eigene Überlegungen spielen dabei nur eine eher untergeordnete oder gar keine Rolle mehr. Die Skepsis gegenüber alternativen Quellen, geschweige dem eigenen gesunden Verstand, sind also in den letzten Jahren rapide gewachsen.

Das zeigt sich auch sehr deutlich in dem Unvermögen zu lebhaften Diskussionen, etwa in Talkshows im Fernsehen. Wurde noch vor mehr als 20 Jahren über ein Thema konstruktiv parliert und diskutiert, wird heute nur noch einander unreflektiert nachgeplappert. Jeder hat dieselbe Meinung, jeder äußert sich unisono mit seinem Gegenüber. Eine eigene Meinung bilden wird immer schwieriger, weil sie einfach nicht mehr erwünscht ist. Das lernen Kinder heute bereits in der Schule und zum Teil auch schon im Kindergarten so.

Auf unser Thema unbekannte Flugobjekte übertragen heißt das: Es ist nur das existent, was existent zu sein hat, was von offizieller Seite bestätigt wird. Das bedeutet, ein uns unbekanntes Flugobjekt mögen wir zwar auf Bildern oder sogar in Filmen im Internet sehen, da aber diese Aufnahmen von der Wissenschaft als nicht echt bestätigt werden, lehnen wir sie grundsätzlich ab. Es sind dann eben nur ein Ballon, Ultraleichtflieger oder Planeten, die unsere Aufmerksamkeit erlangt haben. Mehr darf eben nicht sein. Die Politik und auch die Medien haben in den letzten 20 Jahren sehr viel Geld in Schulwissenschaftler investiert, die die Bevölkerung davon überzeugen, dass diese Objekte nichts anderes als Hokuspokus sind. Da stellen sich beispielsweise sogenannte Medienwissenschaftler vor die Fernsehkamera und erzählen in Fernsehshows, zwischen Musik und Gaudi, dass es keine außerirdische Zivilisation im gesamten Universum gibt, der Mensch also die einzige Spezies mit überragender geistiger Fähigkeit ist und somit auch die Gerüchte über die unbekannten Flugobjekte reines Seemannsgarn sind. Welch eine Überheblichkeit!

Natürlich ist von rein offizieller Seite die Existenz außerirdischen Lebens noch nicht bestätigt worden. Aber was heißt in diesem Fall offiziell? Offiziell ist für die Mehrheit der Bevölkerung die Tagespresse und das Fernsehen, was über diese Kanäle verlautbart wird, ist offiziell und nur das alleine. Deshalb scheint es auch nicht zu reichen, wenn ehemalige Regierungsvertreter auf Konferenzen bestätigen, dass die Erde seit Jahrtausenden von außerirdischen Intelligenzen besucht wird – eben weil der Mainstream diese Informationen schlichtweg ignoriert.

Also einigen wir uns zunächst einmal auf die Möglichkeit, dass jene Flugmaschinen, die vor mehr als 60 Jahren in den Blickpunkt der Öffentlichkeit rückten, vielleicht erst in den 1930er oder 1940er Jahren entstanden sein könnten – und zwar hier auf der Erde. Nun werden einige von ihnen, liebe Leser, vielleicht auch wieder sagen: Unmöglich, wie soll das denn gehen? Unsere Technik war doch zu jener Zeit noch nicht soweit, mit einer derart atemberaubenden Geschwindigkeit zu reisen. Und Sie haben Recht. Nach offiziellem Stand der Wissenschaft, so wie er in den Schulbüchern unseren Kindern gelehrt wird, war das auch tatsächlich noch nicht möglich und ist es auch heute noch nicht. Also müssen wir quasi das Rad der Wissenschaft neu erfinden, um dem Geheimnis auf die Spur zu kommen.

Sollten also Außerirdische bereits seit mehr als 6.000 Jahren mitten unter uns auf der Erde leben und uns mit wichtigen Informationen über eine Hochtechnologie informieren, so könnte es doch tatsächlich möglich sein, dass diese auch bereits seit vielen Jahrzehnten im Einsatz ist. Auf der bereits erwähnten Disclosure Konferenz in Washington, im Jahre 2013, wurde mehrfach von hochrangigen Militärangehörigen unter Eid bestätigt, dass die Erde seit Jahrtausenden von Außerirdischen besucht wird. Unter den Zeugen befanden sich unter anderem auch Piloten, Fluglotsen und sogar ehemalige Astronauten. Was erstaunt ist die Tatsache, dass trotz dieser glaubwürdigen Aussagen von offizieller Seite des Militärs und der Geheimdienste die Existenz Außerirdischer weiter vertuscht und geleugnet wird, so als gäbe es all die glaubwürdigen Aussagen ehemaliger Geheimnisträger nicht.

Verfolgt man einmal die Spur der außerirdischen Besucher, die laut der vorliegenden Aussagen bereits hier auf der Erde sind, führt sie immer wieder an einen ganz bestimmten Ort, nämlich zur Area 51 im US Bundesstaat Nevada. Hier also scheinen die Fäden zusammenzulaufen und hier scheint sich das Puzzle zu komplettieren. So bestätigte etwa ein anonymer Zeuge die Anwesenheit des amerikanischen Präsidenten Eisenhower auf der Basis, als dieser dort die Wrackteile des Roswell-UFOs sehen wollte. Also doch die Area 51, wo man doch der Weltöffentlichkeit seit Jahrzehnten weißmachen will, dass diese nur eine ganz gewöhnliche Air Force Base sei. Doch die Zeugen in Washington sagten etwas anderes aus. Sie sprachen davon, dass viele Jahrzehnte im Rahmen geheim durchgeführter Projekte außerirdische Technologie erforscht, analysiert und sogar nachgebaut würde.

Der Leiter des Disclosure Projekts, Dr. Steven Greer, hat über viele Jahre mehr als 400 Zeugen aus Militär- und Geheimdienstkreisen angehört, die ihm quasi aus erster Hand über die verschwiegene Realität außerirdischer Besucher auf der Erde berichtet haben. Nach Informationen Greers befindet sich die Akte UFO in den Händen einer geheimen Gruppe, die sich mit der Entwicklung sogenannter Black-Budget-Projekte, also inoffiziellen Projekten, beschäftigt, die sich laut Greer jeglicher gesetzlicher Kontrolle entzogen haben und den Staat jährlich zwischen 40 und 80 Milliarden Dollar kosten. In diesen Projekten werden Raumschiffe nicht nur registriert, sondern auch schon nachgebaut.

Steven Greer ist davon überzeugt, dass außerirdische Technologie bestens dazu geeignet sei, die bevorstehende Energiekrise auf unserem Planeten zu lösen und die globale Erderwärmung zu stoppen. Jedoch ist sich Greer auch sicher, dass weder der US Kongress noch der Präsident der Vereinigten Staaten etwas von diesem Programm wissen, das nach den Worten Greers mittlerweile außer Kontrolle geraten und zu einer Bedrohung der nationalen Sicherheit der USA geworden sei. Greer fordert deshalb eine freie Anhörung vor dem US Kongress, um die Geheimhaltung zu beenden, sowie eine umfassende Untersuchung der entsprechenden Geheimprojekte, damit die inzwischen nachgebaute außerirdische Technologie zu zivilen Zwecken freigegeben und auf friedlichem Wege genutzt werden kann.

Greer ist sich bewusst, dass die außerirdischen Besucher Antigravitationsantriebe nutzen, um auf die Erde zu gelangen und deren Funktionsweise bereits in genau jenen streng geheimen Projekten in den Vereinigten Staaten, Großbritannien und anderen Orten auf der Welt erforscht und auch bereits erfolgreich eingesetzt wird. Im Rahmen seiner Zeugenanhörung hat Greer von zahlreichen Militärangehörigen sogenannter Bergungstrupps erfahren, dass diese Objekte auf der Erde gelandet, abgestürzt oder abgeschossen worden sind. Dabei wurden unter anderem auch außerirdische Lebensformen geborgen und deren Flugobjekte seit mehr als 50 Jahren genauestens untersucht und erforscht. Mitarbeiter dieser Bergungstrupps unterliegen einer besonderen Schweigepflicht, sie schwören einen Eid, niemandem über ihre Arbeit zu berichten. Und doch gelangen von Zeit zu Zeit immer mal wieder Berichte nach außen, so auch auf der Disclosure Konferenz im nationalen Presseclub von Washington. Clifford Stone, Sergeant First Class bei der US Army, war bei zahlreichen Bergungen von UFOs und deren Besatzungen dabei und erzählte auf der Konferenz Folgendes:

„Ich hatte eine Sicherheitsfreigabe für Nuklearbereiche. Ich konnte jede Freigabe bekommen, die ich brauchte, um bei Sondereinsätzen tätig zu werden, wenn ich dazu einberufen wurde. Ich spreche dabei von Situationen, in denen wir tatsächliche Bergungen durchführten, abgestürzte Schüsseln wegbrachten und das, was davon übrig war. Bei einigen Abstürzen fanden wir auch Körper, von denen einige noch am Leben waren.

Während wir all dies taten, erzählten wir der amerikanischen Öffentlichkeit und der ganzen Welt, dass an all dem nichts dran sei. Ich würde bei einigen Fällen gern etwas ins Detail gehen, und ich werde später gern ihre Fragen über meine Tätigkeit beantworten. Sie können über Dr. Greer ein Gespräch mit mir vereinbaren. Aber die ganze Situation ist durch uns zustande gekommen. Wir haben dem amerikanischen Volk ja erzählt, dass es keine UFOs gibt. Ich war dabei als wir diese Objekte geborgen haben, und wir wissen, dass sie von Außerirdischen stammen.

1969 hatte ich ein Erlebnis, als ich auf Fort Lee in Virginia stationiert war. Wir fuhren nach Indian Town Gap, Pennsylvania. Dies war das erste Mal, dass wir ein UFO bergen würden. Als wir ankamen waren schon Leute von uns auf dem Gelände. Wir waren zur Verstärkung gekommen, eigentlich als ABC-Team, denn es sollte sich nukleares Material an Bord befinden. Später wurde den meisten Beteiligten gesagt, dass nichts an Bord wäre und dass lediglich eines unserer Flugzeuge abgestürzt sei. Doch ich weiß es besser. Denn ich war einer von denen, die mit dem Geigerzähler Ausschläge maßen. Ich war der erste, der rein ging und die Körper sah. Und das war nur der erste von 12 derartigen Vorfällen. UFO-Abstürze geschehen nicht jeden Tag. Sie sind rar. Ich weiß, dass wir nicht allein im Universum sind. Ich weiß, dass das Ausbleiben eines Beweises kein Beweis für das Ausbleiben ist. Es sind Beweise, die dem amerikanischen Volk vorenthalten wurden. Ich stehe heute vor Ihnen und dem Allmächtigen und sage Ihnen: Wenn der Kongress mich einberuft und fragt, ob ich detailliert aussagen will, dann bin ich bereit, genau das zu tun. Regierungen dürfen ihr Volk niemals anlügen. Egal aus welchem Grund. Vielen Dank."

Wie viele Zeugen benötigt es noch, bis endlich die Wahrheit auch von offizieller Regierungsseite bestätigt wird und die Mainstream-Medien frei berichten können? Auch wenn mittlerweile zahlreiche Details, dank des Internets und zahlreicher Whistleblower, wie Edward Snowden und eben jenen zitierten ehemaligen Armeeangehörigen, an die Öffentlichkeit gelangen, so reicht dies bei Weitem nicht aus, um auch jenen kleinen Prozentsatz unter der Bevölkerung davon zu überzeugen, dass wir nicht allein im Universum sind und dass die Erde tatsächlich seit Millionen von Jahren regelmäßig Besuch von außerirdischen Rassen erhält und dass die Technologie auch hier auf der Erde längst viel weiter ist, als innerhalb der Bevölkerung bekannt ist.

In diesem vorliegenden Werk beschäftige ich mich ja, wie bereits aus dem Titel hervorgeht, mit den seit mehr als 20 Jahren gesichteten sogenannten „Schwarzen Dreiecken". Seit der großen Sichtungswelle vor mehr als 25 Jahren über Belgien, tauchen diese geheimnisvollen Schiffe auf der ganzen Welt von Zeit zu Zeit immer mal wieder auf, vornehmlich in den Nachtstunden, im Schutze der Dunkelheit. Sie sind da und plötzlich wieder weg. Welches Geheimnis steckt hinter diesen schwarzen Dreiecken? Woher kommen sie und vor allem welchen Antrieb nutzen sie? Glaubt man den Aussagen von Dr. Steven Greer ist eine kleine, im Untergrund arbeitende Gruppe seit vielleicht mehr als 50 Jahren im Besitz einer Antriebstechnologie, die wir Antigravitation (Aufhebung der Schwerkraft) nennen, sodass selbst tonnenschwere Objekte wie ein Blatt in der Luft schweben können. Mit Hilfe der Antischwerkraft ist es möglich, selbst die außergewöhnlichsten Flugmanöver zu vollziehen. Eigenschaften, zu denen UFOs durchaus imstande sind, eben weil sie nicht nach dem Gesetz der Schwerkraft arbeiten.

Um die Funktionsweise der Antischwerkraft zu verstehen, muss man sich zunächst einmal im Detail mit der Physik der Schwerkraft auseinandersetzen. Wie Dr. Steven Greer bereits in Washington erwähnte, ist diese Technologie im Rahmen sogenannter Black-Budget-Projekte entwickelt worden. Folgt man Greers Ausführungen weiter, bedroht diese Technologie mittlerweile nicht nur die Sicherheit der Vereinigten Staaten, sondern auch die der gesamten Welt. Denn wer im Besitz dieser Technologie ist, hält quasi die Macht in seinen Händen.

Kapitel 10

Belgien und die Außerirdischen?

Es war der 7. November 1989, ein Dienstag. Schauplatz ist das 13.228 Seelen-Städtchen Esneux in der Provinz Lüttich. Einer, der sich noch ganz genau erinnern kann, was am jenem Novemberabend passierte, ist Gendarm Gerald Dekard. Diesen Tag wird der Ordnungshüter sein Leben lang nicht mehr vergessen. Gebrannt, wie auf einer Computerfestplatte, sind die Bilder in seinem Kopf ständig und sogar noch heute abrufbar. Erzählt hat er die Geschichte anfangs nur einer handverlesenen Zahl an Leuten aus seinem engsten Bekanntenkreis. Viele von denen lachten, andere hielten die Geschichte für glaubwürdig und sein Arbeitgeber, das belgische Innenministerium, ebenfalls, doch seinen richtigen Namen nennen will Dekard trotzdem nicht nennen.

Dekard berichtet, seine Stimme überschlägt sich und ich merke spätestens von diesem Moment an, dass dieser Mensch etwas ganz Außergewöhnliches erlebt haben muss. Dekard wörtlich:

„Ich erinnere mich genau, als sei es erst gestern geschehen. Es war ein warmer Spätherbsttag, die Sonne war bereits untergegangen und ein herrlicher Sternenhimmel war zu beobachten. Ich hatte Dienst auf der Grenzstation an der Autobahn E40 in Lichtenbusch. Da an diesem Tag nicht so viel los war wie sonst, hatte ich oft Zeit aus dem Fenster zu sehen. Wenn nicht viel los ist und ich Zeit habe, schaue ich gerne in die Sterne. Es beruhig mich irgendwie und ist immer wieder faszinierend. Die Weite des Alls und die vielen Millionen Sterne, die funkeln. Dann plötzlich, es muss so gegen 17 Uhr gewesen sein, da fiel mir ein niedrig fliegendes Objekt mit zwei oder drei grellen Scheinwerfern auf. Es gleitet im Tiefflug in knapp 500 Metern Entfernung über die Grenze."

Dekard dachte zunächst an einen Hubschrauber. Doch dafür flog es zu tief und war zu still. Das Objekt folgte der E40 in Richtung Eupen.

„Ich wusste sofort, dass das, was ich da sah, außergewöhnlich war. Um mich herum war alles ruhig und still. Keine Menschenseele weit und breit, niemand, dem ich hätte das Objekt zeigen können. Das Ding bewegte sich wie von Geisterhand. Kein Triebwerksgeräusch, kein Rotor, es war mucksmäuschenstill. Keine Ahnung, von was das Ding angetrieben wurde. Auf jeden Fall war das riesengroß, mindestens ein Fußballfeld groß."

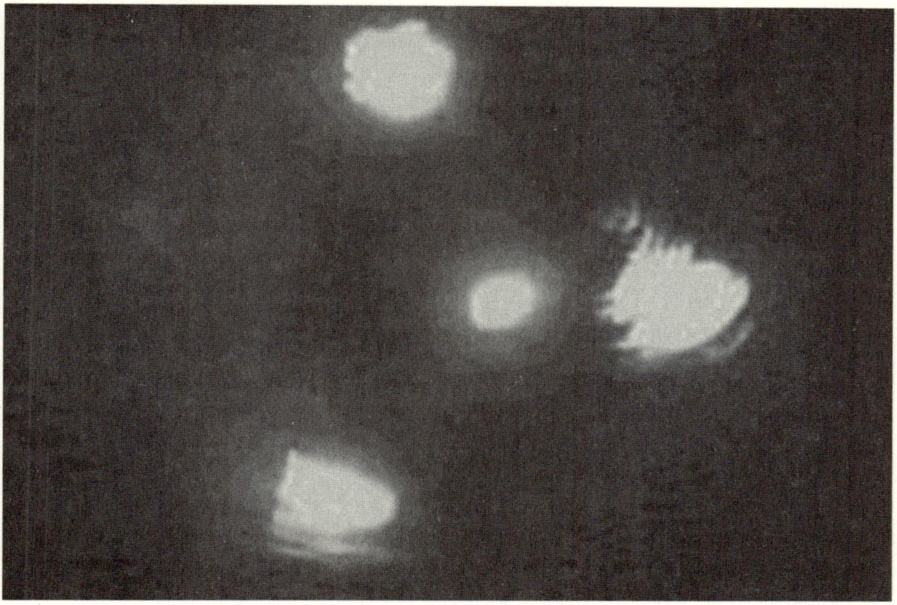

Abb. 21: Dreiecke über Belgien

(http://www.darkgovernment.com/BlkTriangle.jpeg)

Gerald Dekard sollte nicht der letzte Zeuge sein, der das Objekt an diesem Nachmittag beobachten konnte. Auch den beiden Gendarmen Hubert von Montigny und Heinrich Nicoll ist der Abend des 7. November bis heute gut in Erinnerung geblieben. Eiskalt läuft es den Ordnungshütern den Rücken herunter, wenn sie an das Geschehen zurückdenken. Montigny und Nicoll waren auf der N68 in Richtung Eynatten auf Streife unterwegs, als Montignys Interesse von einem hellen Lichtfleck rechts neben der Straße geweckt wurde. Irgendetwas kam dem Gendarm dabei seltsam vor.

Montigny: *„Es war hell wie eine Flutlichtanlage in einem Fußballstadion."*

Montigny war sofort klar, dass es sich nicht um eine Flutlichtanlage handeln konnte, da sich in der gesamten Gegend außer saftig grünem Weidenland kein einziges Stadion befindet.

Abb. 22 links: Heinrich Nicoll **Abb. 23 rechts:** Hubert von Montigny (http://img.xooimage.com/files64/3/3/d/heinri10-2590d7f.jpg) (http://thumb.tvpalace.org/actor/louis-adams/w75_sM8.jpg)

Die Lichtquelle musste also einen anderen Ursprung haben. Derweil schienen die Scheinwerfer immer näher auf das Fahrzeug der Gendarmen zuzusteuern.

Als die unbekannte Lichtquelle in nur 120 Metern Höhe, rund 50 Meter neben der Straße über den beiden Beamten schwebte, war es laut deren

Aussage so hell, dass man hätte Zeitung lesen können. Sofort kurbelte Montigny die Seitenscheibe seines Busses herunter, um sich das ungewöhnlich Licht aus nächster Nähe anzusehen. Der Polizist richtete seinen Blick nach oben, doch das Licht war so hell, dass er mit der rechten Hand seine Augen schützen musste, um nicht zu erblinden. Montigny sah zwischen den Fingern hindurch, dass die Lichtquelle aus einer unbeweglich am Himmel schwebenden, großen, dunklen Plattform kam, an deren Unterseite sich drei riesige Scheinwerfer befanden. Die beiden Gendarmen beschrieben das Ding später gegenüber Journalisten als ein völlig lautloses, gleichschenkliges Dreieck mit breiter Basis, anschließenden Ecken, die wie angeschnitten waren und in dessen Zentrum sich ein rotes Umlauflicht befand. Die Größe des Objekts beschrieb Montigny auf etwa 25x30 - 35 Meter bei einer Höhe von rund 2 Metern. Montigny tippte zunächst auf ein neuartiges Testflugzeug der Amerikaner und richtet eine entsprechende Anfrage an den Militärflughafen. Doch die wussten zunächst einmal von nichts, bestätigten aber, dass auch sie ein Signal auf ihrem Radar hätten, dass sie sich nicht erklären könnten.

Die Gendarmen verfolgten das Objekt weiter, das seinen Flug entlang der N68 nach Eupen mit einer Geschwindigkeit von rund 50 km/h fortsetzte und mittlerweile nun auch von anderen Zeugen beobachtet wurde, die ebenfalls keine Erklärung für das Objekt fanden. Viele der Zeugen reagierten zunächst verstört, weil das Geschehen einfach ihre Vorstellungskraft sprengte, andere riefen verängstigt bei der Polizei an. Montigny und Nicoll ließen das Objekt von nun an nicht mehr aus den Augen, denn das Schauspiel sollte noch lange kein Ende haben – im Gegenteil, der Höhepunkt stand noch bevor.

Mittlerweile verharrte das unheimliche Dreieck über der Gileppe Talsperre. Die Plattform bewegte sich fast lautlos. Nur ein leises Brummen, wie von einem Elektromotor, war zu hören, werden die beiden Gendarmen später den Journalisten berichten. Was dann folgte, verschlug den verblüfften Zeugen fast den Atem. Nun zeigte das mysteriöse Ding den anwesenden

Augenzeugen, zu was es fähig ist und sendete im nächsten Moment Strahlen, bestehend aus zwei dünnen, rötlichen Lichtbündel aus, die rasend schnell aus dem Objekt schossen und an deren Enden sich eine rote Kugel befand. Kurze Zeit später kehrten die beiden Kugeln zu dem Dreieck zurück. Das Manöver wiederholte sich daraufhin noch mehrmals. Die Polizisten schätzten die Strahlen später auf einen, vielleicht zwei Kilometer Länge.

Gegen 18:45 Uhr tauchte schließlich ein weiteres Dreieck auf, was sich aber schon bald wieder mit rasanter Geschwindigkeit in den Nachthimmel zurück katapultierte. Das erste Objekt verharrte noch eine Zeitlang über der Talsperre. Die beiden Polizisten hatten jetzt die Gelegenheit, das Objekt näher zu betrachten und erkannten dabei, dass sich auf der Plattform eine von innen beleuchtete Kuppel mit rechteckigen Fenstern befand. Erst nach zwei Stunden war das unheimliche Spektakel beendet.

Auf Grund einer ausführlichen Berichterstattung in der Lokalpresse, meldeten sich in den darauffolgenden Tagen 140 weitere Zeugen, die das unheimliche Dreieck ebenfalls beobachtet haben wollen. Auch in den nächsten Tagen setzte sich die Sichtungswelle in Belgien fort. Fast täglich wurden aus dem ganzen Land Sichtungen gemeldet. Und fast immer handelte es sich bei den Objekten um ein oder mehrere schwarze Dreiecke. Abfangjäger des belgischen Militärs wurden daraufhin zur Erkundung entsandt – kehrten aber ohne greifbare Ergebnisse zurück. Belgien stand also vor einem Rätsel. Selbst der belgische Verteidigungsminister Guy Come nahm vor der internationale Presse Stellung zu den Ereignissen und kam zu dem ernüchternden Ergebnis:

„Jede Möglichkeit, dass es sich um ein militärisches Flugzeug gehandelt haben könnte, ist von uns gründlich überprüft worden und definitiv auszuschließen.“

Bald darauf wurde auch eine Anfrage an das Pentagon in Washington gerichtet und laut eines internen Lageberichts der DIA, dem Nachrichtendienst des US-Verteidigungsministeriums, hieß es dazu später wörtlich:

„... die US-Luftwaffe bestätigt der belgischen Luftwaffe und dem belgischen Verteidigungsministerium, dass keine Stealth-Bomber der US-Luftwaffe im fraglichen Zeitraum über den Ardennen operierten."

Die belgische Regierung und Luftwaffe stand also damit weiter vor der Frage, was in der fraglichen Zeit über den Ardennen vorging. Das Rätselraten nahm kein Ende und die Geschichte der Schwarzen Dreiecke schaffte es schließlich sogar am 25. Februar 1990 in die RTL-Sendung „Explosiv". Hier vertrat dann der deutsche UFO-Skeptiker Rudolf Henke die These, dass es sich bei dem mysteriösen Fluggerät aller Wahrscheinlichkeit lediglich um einen oder mehrere Ultraleicht-Flieger gehandelt haben könnte – unabhängig von der Tatsache, dass das Objekt von zahlreichen Zeugen, darunter ja auch von der Polizei, als dreieckig beschrieben wurde und dass kein Ultraleicht-Flieger zu derartigen Flugmanövern fähig wäre, die hier beschrieben wurden, geschweige denn dazu, gebündelte Lichtstrahlen zu entsenden. Später wandte sich das belgische Militär sogar an die UFO-Organisation SOBEPS mit der Bitte um Unterstützung bei der Aufklärung jener mysteriösen Vorkommnisse, denn die Sichtungswelle von Belgien nahm auch in dem darauffolgenden Jahr kein Ende.

In der Nacht vom 30. auf den 31. März 1990 tauchten wieder seltsame Objekte auf dem Radarschirm am Luftwaffenstützpunkt Beauvechain auf. Außerdem trafen in der fraglichen Nacht mindestens ein Dutzend Meldungen von Gendarmen und Zivilsten bei den örtlichen Polizeistationen ein, in denen wieder von geheimnisvollen Dreiecken die Rede war. Gegen Mitternacht schließlich donnerten zwei F-16 Abfangjäger der NATO in den Nachthimmel, um dem geheimnisvollen Fluggeräten endlich auf die Spur zu kommen. Laut dem offiziellen Bericht vom Generalstab der Belgischen

Luftwaffe gelang es den Piloten sogar, in drei Fällen Sichtkontakt zu dem Flugkörper herzustellen.

Um 0:13 Uhr wurde das erste Objekt in 10 km Entfernung direkt vor dem Jäger in 9.000 Fuß Höhe gesichtet. Seine Geschwindigkeit betrug rund 278 km/h. In dem Moment, in dem sich die Zielautomatik des Abfangjägers einschaltete, beschleunigte das Objekt innerhalb von Sekunden auf über 1.800 km/h und raste der F-16 buchstäblich davon. Gleichzeitig sank es dabei auf 5.000 Fuß Höhe, schoss wieder hoch auf 11.000 Fuß Höhe, um anschließend wieder auf Bodenhöhe abzusinken. Um 0:30 Uhr wurde das geheimnisvolle Objekt wieder auf 5.000 Fuß Höhe geortet, diesmal mit 1.370 km/h. Erneut wurde die automatische Zielverfolgung aktiviert und wieder brach der Radarkontakt ab. Als die F-16-Besatzung das unbekannte Flugobjekt in der Zielerfassung (lock on) hatte, tauchte plötzlich ein elektronisches Störsignal auf, ein „Jamming", wie es in der Fachsprache genannt wird, das in der Regel nur von Kampfflugzeugen verwendet wird.

Um 1:00 Uhr schließlich verschwand das unheimliche Objekt am Nachthimmel spurlos. Eine Erklärung für diese Flugmanöver fand sich bis heute nicht, auch nicht für das „Jamming", das offenbar eingesetzt wurde, um sich den Verfolgern zu entziehen. Aber operieren Aliens mit einem irdischen Störsignal? Wohl kaum! Der Ursprung der geheimnisvollen Dreiecke muss also vielmehr auf der Erde gesucht werden. Doch welches Kampfflugzeug mit konventionellem Antrieb ist zu derartigen Flugmanövern in der Lage? Vielleicht sind sie so geheim, dass nicht einmal der Präsident darüber in Kenntnis gesetzt ist. In einem abschließenden Bericht heißt es wörtlich:

„... die gemessenen Geschwindigkeiten und die festgestellten Höhenveränderungen schließen die Hypothese aus, wonach es sich um eine Verwechslung mit Flugzeugen handeln könnte. Auch die in anderen Phasen gezeigten langsamen Bewegungen sind nicht flugzeugtypisch. Trotz mehrfacher

Durchbrechung der Schallmauer wurde nie eine Schockwelle gespürt oder ein Knall gehört. Dafür gibt es keine Erklärung.“

Diese Flugmanöver lagen also weit über den möglichen Kapazitäten irdischer Flugzeuge. Kein bisher offiziell bekanntes Fluggerät wäre zu derart extremen Luftmanövern in der Lage, in derart geringer Höhe mit 1.800 km/h zu fliegen ohne dabei einen Überschallknall zu erzeugen. Auch vom Boden aus wurde von mehreren Augenzeugen, darunter auch von fünf Polizeibeamten, das Katz-und-Maus-Spiel zwischen UFO und Abfangjäger beobachtet.

Um 0:30 Uhr sahen Beamte der Autobahnpolizei auf der N29 Richtung Namur ein „flackerndes Licht“ und zwei Flugzeuge, die es verfolgten. Und sie sahen auch, dass das Licht den Düsenjägern ständig auszuweichen versuchte. Gegen 2:00 Uhr filmte der Augenzeuge Marcel Alfarano über Brüssel ein Objekt, an dessen drei Enden sich jeweils ein großer runder Scheinwerfer befand sowie ein viertes pulsierendes rotes Licht in der Mitte. Und genau dieses Objekt wurde bis heute von mehr als 100.000 Zeugen auf der ganzen Welt beobachtet. Ein Zufall? Auch Halluzinationen und eine Verwechslung mit anderen konventionellen Flugzeugen oder dem vielgepriesenen Ultraleichtflieger eines deutschen UFO-Forschers sind mit an Sicherheit grenzender Wahrscheinlichkeit auszuschließen.

Kein Ultraleichtflieger verfügt über die Größe eines Fußballfeldes und ist zu derartigen Flugmanövern und Geschwindigkeiten imstande. Doch was um alles in der Welt war es dann? Das Rätselraten in Belgien ging weiter und hat im Grunde genommen bis zum heutigen Tag kein befriedigendes Ende gefunden. Auch wenn immer wieder der eine oder andere „Spaßvogel“ des Rätsels Lösung auf dem berühmten Silbertablett präsentieren wollte. Das Rätsel ist bis heute ein Rätsel. Ein ungelöstes bisher. Oder doch nicht?

SOBEPS kam in seinem 700seitigen Bericht unter der Überschrift „UFO-Welle über Belgien“ zu dem Ergebnis:

„... dass es in letzter Zeit zu einer hohen Anzahl anormaler Phänomene im belgischen Luftraum gekommen sei, für die es keine natürliche Erklärung gebe, jedoch ergaben die Untersuchungen auch, dass zu keiner Zeit ein aggressives Verhalten der Eindringlinge festgestellt werden konnte, was wiederum den Rückschluss nahelege, dass die Besucher nach derzeitiger Einschätzung keine unmittelbare Bedrohung darstellten. Ausgewertet wurden weit über 2.000 Berichte über Sichtungen, dazu ein halbes Dutzend Fotos und Filme, die scheinbar alle keinen Zweifel daran lassen, dass die Objekte über Belgien offenbar nichtirdischen Ursprungs sind.“

Sind sie das wirklich? Oder will vielleicht eine geheime Macht den Menschen auf der ganzen Welt dieses nur glaubhaft machen und versucht unter außerirdischer Flagge getarnt weltweit zu operieren, ohne entlarvt werden zu können? Das wäre dann wohl die kühnste Tarnung überhaupt, quasi ein Trojanisches Pferd mit außerirdischen Flügeln. Aber im Ernst, so paradox die Sache auf den ersten Blick auch klingen mag, ganz abwegig ist sie nicht. Operationen unter falscher Flagge haben schließlich eine lange Kriegstradition, wie wir alle wissen. Doch dazu später mehr.

Wie bereits mehrfach erwähnt, finden die Sichtungen der Dreiecke seit mehr als drei Jahrzehnten auf der ganzen Welt statt, so dass heute kaum mehr jemand Notiz davon zu nehmen scheint. Hin und wieder taucht im Internet ein Bericht auf oder ein Film auf der Videoplattform YouTube, doch das war´s dann auch schon. Aus den Mainstream-Medien ist das Thema so gut wie verschwunden, selbst die große Sichtungswelle in Belgien erzeugte bei den Blattmachern der sogenannten Qualitätsmedien, zumindest in Deutschland, nur ein müdes Lächeln hinter vorgehaltener Hand.

Das Werk von Spaßvögeln, Sinnestäuschungen oder die Aussagen von Wichtigtuern sind nur drei von vielen Möglichkeiten, die sich immer wieder im Meinungsbild gefunden haben, zuweilen auch heute noch. Gehen wir von der Tatsache aus, dass es sich bei diesen Objekten um irdische Technologie handelt, dann gibt es gute Gründe zu der Annahme, dass die Aussage Dr. Steven Greers zutrifft, der, wie bereits im vorangegangenen Kapitel beschrieben, davon sprach, dass hinter verschlossenen Türen in den Vereinigten Staaten seit Jahrzehnten im Rahmen jener Schwarzen Projekte eine geheime Technologie entwickelte wurde, über die weder der US Kongress noch der Präsident der Vereinigten Staaten etwas weiß.

Aller Wahrscheinlichkeit nach dürfte es sich bei dieser Technologie sogar um die Kriegswaffe von Morgen handeln. Denn zahlreiche Zeugen aus den Reihen der US Militärs bestätigten, dass die Dreiecke bereits während des Irak-Kriegs zum Einsatz gelangten und dort die gesamten Kommunikationsanlagen der irakischen Armee zerstörten. Soldaten, die den Einsatz dieser Dreiecke über Bagdad filmten, wurde die Kamera abgenommen und ihnen wurden härteste Strafen angedroht, sollten sie mit irgendjemanden über den Einsatz der Dreiecke sprechen.

Selbst Schulwissenschaftler, die sich irgendwann einmal im Laufe ihrer beruflichen Karriere auch nur ansatzweise ernsthaft mit diesem Thema beschäftigt haben, müssen mit Rückschlägen oder im schlimmsten Fall sogar mit einem Ausschluss aus dem wissenschaftlichen Zirkel rechnen. Unbekannte Flugobjekte sind eben ein heißes Eisen und werden dieses wohl auch in nicht absehbarer Zeit bleiben – zumindest in Deutschland.

Und so wird es weiter an der Tagesordnung sein, dass sich große Tageszeitungen in eisernes Schweigen hüllen und erst wieder ihre Feder schwingen, wenn sich irgendein Spaßvogel meldet und mit einer lustigen Geschichte aufwartet. So wie zwei Reporter von RTL im Jahre 2011 das Rätsel der Belgien-Dreiecke gelöst haben wollen, indem sie nach langer Recherche einen sogenannten Patrick aufgestöbert hatten, der schließlich zugegeben haben soll, das wohl beste Foto jenes beschriebenen Dreiecks gefälscht zu haben. Jenes Foto, das um die ganze Welt ging und von einem sogenannter

P. M. im April 1990 mit einer Praktika-Kamera geschossen wurde. Ein Schock für die Wissenschaft. Immerhin hatte genau dieses Foto die internationale Wissenschaft mehr als zwei Jahrzehnte beschäftigt. Von verschiedenen Stellen wurde die Aufnahme, die immerhin bis dato der beste Beweis für die Existenz der Dreiecke war, eingehend untersucht und für echt befunden. Und nun soll alles bloß ein Schwindel gewesen sein?

Jener Patrick also erzählte im Juli 2011vor laufender Kamera, dass er gemeinsam mit einem Arbeitskollegen das Dreieck aus einer 80 cm großen Styroporplatte geschnitten habe, um es anschließend an die Decke zu hängen und zu fotografieren. Gewissensbisse nannte er auf Nachfrage als Grund für sein verspätetes Geständnis, immerhin habe er die Welt mit diesem Foto genarrt, nun wolle er dem Spuk ein Ende setzten.

In allen Einzelheiten erzählte er dem RTL-Reporter, wie er das Dreieck zurechtgeschnitten hatte und dass er als Beleuchtung lediglich handelsübliche Taschenlampen verwendete, dass er die Platte an einer Angelschnur befestigt und anschließend aufgehängt habe, dann einfach auf den Auslöser gedrückt und fertig war das wohl gelungenste und bis heute authentischste Foto eines Dreiecks, was wohl je geschossen wurde.

Sollte also der Urheber die gesamte Wissenschaft über mehr als zwei Jahrzehnte genarrt haben? Laut Informationen aus dem Untersuchungsbericht der SOBEPS soll der Fotograf, der sich als P. M. ausgab, zum damaligen Zeitpunkt 20 Jahre alt und in Begleitung seiner damaligen Freundin, einer Studentin, gewesen sein, die das Foto unter anderem auch mehreren Professoren an ihrer Universität gezeigt haben soll. Warum um alles in der Welt soll jener Patrick mehr als zwei Jahrzehnte gewartet haben, um den angeblichen Schwindel aufzudecken? Schließlich hat doch 2011 kein Mensch mehr über die UFO-Welle aus Belgien gesprochen, niemand hat sich für das Geschehen von damals noch interessiert, zumindest nicht offiziell.

Oder steckt vielleicht mehr dahinter?

Renommierte Wissenschaftler von Weltrang zeigten sich erstaunt über die Reaktion, wie etwa der Physiker August Meesen von der Katholischen Universität Löwen, der das Foto seit der Veröffentlichung mehrmals untersucht hatte und dabei zahlreiche interessante Anomalien auf dem Foto feststellen konnte, die sich mit einer Fälschung so leicht nicht erklären lassen. Auch könnten, nach Aussage Meesens, die Lichter auf dem Foto unmöglich aus herkömmlichen Taschenlampen stammen, da so eine intensive und starke Lichtquelle mit einer handelsüblichen Lampe nicht zu erreichen sei.

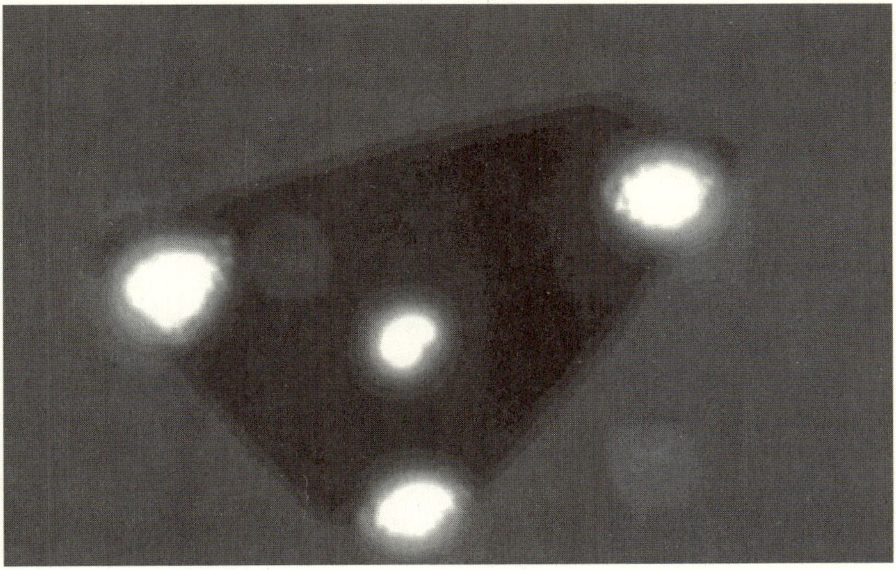

Abb. 24: Belgien, April 1990 im Dorf Petit-Rechain nahe Eupen

(http://i53.tinypic.com/123oe45.jpg)

Meesen besuchte in Begleitung eines RTL-Reporterteams Patrick und stellte ihm gezielte Fragen zur Produktion des Fotos, auf die Meesen meistens nur eine Antwort enthielt, die lediglich aus ganzen drei Worten bestand und die lauteten schlicht: „Ich weiß es nicht." Meesen nahm an dem Foto außerdem eine Farbanalyse vor, die zu dem erstaunlichen Ergebnis führte, dass das Dreieck zwar auf der blauen Schicht, aber nicht auf der roten zu erkennen ist. Ein Vorgang, den sich Meesen nicht erklären kann. Also auch in diesem vorliegenden Fall wieder mehr Fragen als Antworten.

Fassen wir zusammen: Nach wie vor halten Mainstreammedien und Schulwissenschaftler Augenzeugen unbekannter Flugobjekte entweder für paranoide Spinner oder unterstellen ihnen mangelnde Sachkenntnis bei der Beurteilung, was sich da genau im Luftraum bewegt. Allerdings wird hierbei die Tatsache außer Acht gelassen, dass sich unter den Augenzeugen durchaus auch seriöse Beobachter, wie etwa in Belgien, befinden. Hier waren Augenzeugen ersten Grades Mitglieder der Gendarmerie, also durchaus Beobachter, denen man einen hohen Grad an Sachkenntnis zutrauen darf.

Die Frage, was da genau in Belgien zu jener Zeit in der Luft herumschwirrte, spaltete die gesamte UFO-Forschung. Und die Antworten auf die wichtigsten Fragen liegen leider bis zum heutigen Tage noch nicht auf dem Tisch. Zumal man sich der Tatsache bewusst sein muss, dass Belgien kein Einzelfall war, denn es ist ja nicht so, dass die Fliegenden Dreiecke genau zu jener Zeit aus der Taufe gehoben worden sind. Berichte über dreieckige Fluggeräte liegen schon aus den 1950er Jahren vor, teilweise auch viel früher.

Was also bewegt sich da über unsere Köpfe? Welches Geheimnis steckt hinter diesen Fluggeräten, warum treten sie vornehmlich während der Nachtstunden in Erscheinung und vor allem, welche Antriebsart verwenden sie? Handelt es sich in diesem Fall vielleicht um Besucher aus einer fernen uns noch unbekannten Galaxie? Gedankenspiele dieser Art sind nicht neu.

Breits Orson Wells setzte die Menschheit mit einem ausgesprochen realistischen Hörspiel gegen Ende der 1930er Jahre in Panik, als vermeintliche Vorort-Reporter über die Landung Außerirdischer in den Vereinigten Staaten berichteten. Heute, mehr als 70 Jahre später, mag diese Vorstellung vielleicht nicht mehr ganz so erschreckend auf die Bevölkerung einwirken, als noch zu jener Zeit. Durch so allerlei Science-Fiction-Filme ist die Menschheit schließlich aufgeklärter als noch in den 1930er Jahren. Und dennoch mag der Gedanke, dass eine fremde Zivilisation die Erde besucht, in gewisser Weise innerhalb verschiedener Schichten der Bevölkerung Unbehagen auslösen. Zumal ja niemand so richtig weiß, in welcher Absicht die fremden Besucher auf der Erde sind. Mag sein, dass das einer von vielen Gründen ist, warum die Regierungen zahlreicher Staaten, allen voran die USA, die wahren Hintergründe über den Ursprung der UFOs verschweigen, ja sogar deren Existenz leugnen.

Aber mal Hand aufs Herz: Klingt es nicht geradezu vermessen, zu behaupten, die Menschen leben allein im gesamten Universum? Für mich klingt das geradezu ketzerisch, so, wie wenn heute noch jemand behaupten würde, die Erde sei eine Tortenscheibe. Skeptiker die behaupten, Besucher ferner Planetensysteme würden die Erde niemals lebend erreichen, mögen zwar in gewisser Weise Recht haben, aber nur dann, wenn wir davon ausgehen, dass ihre Raumfahrzeuge ebenfalls mit herkömmlichen Verbrennungsmotoren unterwegs sind. Das aber wird wohl kaum der Fall sein, vor allem aber nicht mit dem Hintergrund der Tatsache, dass es sich um eine vielleicht Jahrmillionen weiter entwickelte Zivilisation handelt, die mit der unsrigen nicht einmal annähernd etwas gemeinsam hat.

Die Antworten auf die Frage, um welche Art von Antrieb es sich handeln könnte, sind vielschichtig. Logisch erscheint auf den ersten Blick der Tachyonenantrieb, etwa für Reisen im sogenannten Negativen Raum, unter Einbeziehung von De- und Rematerialisationseffekten, was wiederum eine logische Erklärung für das plötzliche Auftreten und Verschwinden dieser Objekte wäre, zum anderen besteht die Möglichkeit der Verwendung eines Photonentriebwerks für längere Reisen oder aber die Nutzung gravitativer und magnetischer Anomalien, etwa Kanäle zu Überräumen oder Schwarzen Löchern. Gehen wir also davon aus, dass es sich wirklich um Besucher aus einer uns fremden Zivilisation handelt, wären dies nur drei von vielen uns weitgehend unbekannten Optionen, wie diese Entitäten zu uns auf die Erde gelangen könnten. Im Rahmen der Möglichkeiten sollte auch die Tatsache einbezogen werden, dass es sich durchaus auch um spirituelle Wesen handeln könnte, also um 3D-Projektion aus dem Jenseits, die sich hier materialisieren und auch wieder dematerialisieren können.

Die Bandbreite der Optionen ist groß und viele dieser Möglichkeiten liegen nach unserem derzeitigen aktuellen Wissensstand noch weit im Verborgenen und fern unserer Vorstellungskraft. Ein Paradigmenwechsel ist also nötig, um das zunächst Unbegreifliche begreiflich zu machen. Denn der tatsächliche Stand der Technik auf unserem Planeten ist in Wirklichkeit viel weiter, als der breiten Masse der Bevölkerung hinlänglich bekannt ist. Zahlreiche technische Errungenschaften wurden in den zurückliegenden 70 Jahren weitestgehend im Verborgenen entwickelt und befinden sich weit über dem Stadium der Erprobung, zum Teil längst im Einsatz, wie wir bereits in den vorangegangenen Kapiteln erfahren haben. Für die Mehrzahl der Menschen mag diese Tatsache nicht nur beunruhigend klingen, nein vielmehr klingt sie befremdlich, weil eben die Mehrheit der breiten Masse nach wie vor in dem festen Glauben verankert ist, dass der Stand der Technik und Wissenschaft tatsächlich allumfassend offengelegt ist.

Kommen wir aber zurück zu den geheimnisvollen dreieckigen Flugkörpern, von denen die Mehrheit der Bevölkerung und auch zahlreiche internationalen UFO-Forscher glauben, dass sie aus den Tiefen des Universums, also von irgendeiner fernen Galaxie stammen könnten. Gemessen an den Flugeigenschaften könnte dies vielleicht auch zutreffen. Denn sollte der Stand unserer technischen Möglichkeiten wirklich nur soweit sein, wie uns bekannt ist, dann könnte das unter Umständen vielleicht sogar stimmen. Aber angenommen, unsere Technik ist mehr als 100 Jahre weiter, dann könnte es durchaus möglich sein, dass diese Fluggeräte, wie sie sich uns präsentieren, durchaus auch von Menschenhand geschaffen wurden. Denn es existieren Protokolle seriöser Armeeangehöriger, aus denen deutlich hervorgeht, dass es sich bei den gesichteten Objekten um geheime Militärprojekte handelt, die bereits in den frühen 1970er Jahren entwickelt wurden.

Glaubt man allerdings einem Augenzeugen aus dem brasilianischen Rio de Janeiro, flogen die seltsamen Dreiecke schon in den 1940er Jahren über Brasilien. Zu einer Zeit also, als die Welt nach derzeitigem, offiziellen Stand der Wissenschaft gerade im Begriff war, die Technik des Strahltriebwerks zu begreifen, geschweige denn in der Lage war, Fluggeräte dieser Art in den Himmel zu schicken. Flugmaschinen, die über einen Antrieb verfügen, der die Vorstellungskraft eines jeden Schulwissenschaftlers sprengen dürfte. Oder unterliegen wir und auch die gesamte Schulwissenschaft am Ende alle einem gewaltigen Irrtum? Sind diese bahnbrechenden technischen Möglichkeiten auf der Erde vielleicht schon seit mehr als fünf Jahrzehnten viel weiter entwickelt, als uns die Wissenschaft hinlänglich noch heute weiß machen will?

In der Tat gestalten die Sichtungen aus den 1940er Jahren die Sache in der Beurteilungskraft bezüglich der Herkunft dieser Objekte nicht gerade einfach. Wenn man die zahlreichen Berichte über unbekannte Flugobjekte der zurückliegenden 50 Jahre genauer unter die Lupe nimmt, lässt sich der Eindruck nicht verwehren, dass eine Supermacht offensichtlich seit mehr als fünf oder gar sechs Jahrzehnten in der Lage ist, die Welt mit einer nicht vorstellbaren und geradezu revolutionären Technik zu beherrschen und zu kontrollieren. Egal ob es sich hierbei um eine außerirdische oder irdische Intelligenz handelt, die imstande ist, hinsichtlich der Antriebsart die Gesetze der Physik außer Kraft zu setzen.

Beim genauen Hinsehen und studieren der Sichtungsprotokolle aus den zurückliegenden zwei Jahrzehnten fällt immer wieder auf, dass zahlreiche dreieckige Flugmaschinen oft in der Nähe von NATO-Luftwaffenstützpunkten gesichtet worden sind, meistens in Begleitung von schwarzen Hubschraubern oder F-16 Kampfjets. Weiter auffällig bei diesen Sichtungen ist die Tatsache, dass Flüge überwiegend in den Nachstunden, also im Schutz der Dunkelheit erfolgen, meistens über unbewohntem Gebiet und völlig geräuschlos.

Als geräuschlos wurden auch die Dreiecke in Belgien beschrieben, lediglich einen leises Brummen oder Summen wurde in einigen Fällen gehört. Wir erinnern uns in diesem Zusammenhang, dass diese Aussage von Polizeibeamten stammt. Ein Personenkreis also, auf dessen Beurteilungskraft man sich verlassen kann. Auch in den zahlreichen Sichtungsprotokollen aus Großbritannien war die Rede davon, dass keine Schallquelle von den Objekten ausging. Auch in diesen Fällen war lediglich ein leises Brummen, wie von einem Generator, zu hören.

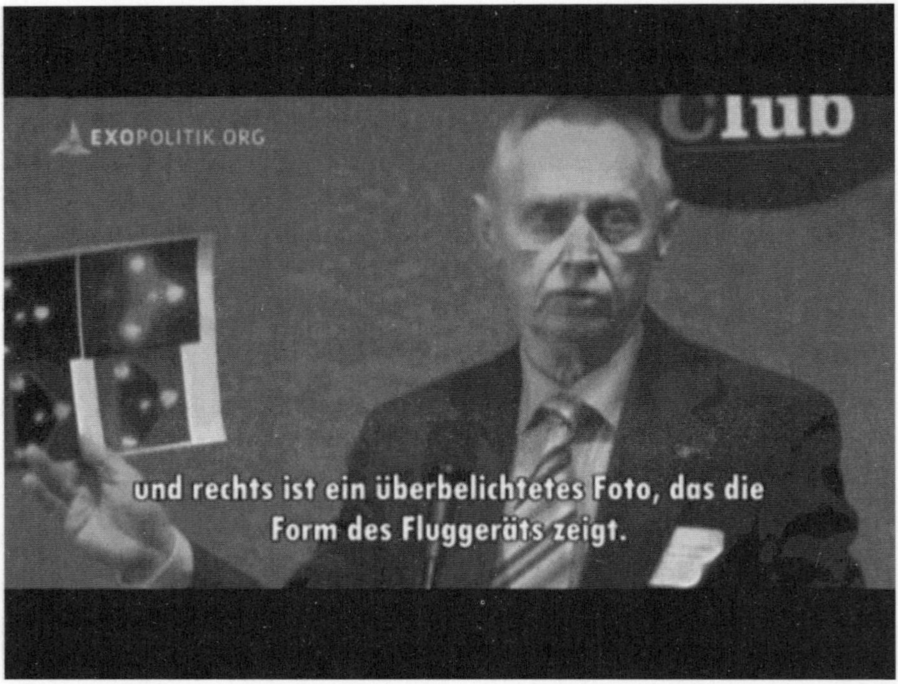

Abb. 25: Generalmayor a. D. Wilfried de Brouwer auf der Pressekonferenz der Coalition for Freedom of Information am 12. November 2007 in Washington D.C. – Die belgische Ufo-Welle (https://i.ytimg.com/vi/KUuq82kymp4/sddefault.jpg)

Die Tatsache, dass die Sichtungen überwiegend in den Nachtstunden stattfinden, spricht dafür, dass es sich vielleicht tatsächlich um ein Geheimprojekt handeln könnte. Sollte also mittlerweile wirklich eine Supermacht im Besitz einer derartigen Technologie sein, bleibt immer noch die Frage offen, für welchen Zweck diese Fluggeräte entwickelt wurde und welche Technologie dahinter steckt, über die die breite Weltöffentlichkeit nichts erfahren darf. Wenn es sich um eine in den Vereinigten Staaten entwickelte Technologie handelt, wäre dies eine von vielen möglichen Erklärungen, warum diese Fluggeräte vermehrt über dem amerikanischen Festland und in Europa in der Nähe von NATO-Stützpunkten gesichtet werden. Allerdings liegen aus der Vergangenheit auch zahlreiche Augenzeugenberichte aus der ehemaligen Sowjetunion vor, in denen von Schwarzen Dreiecken die Rede ist. Auch diese Berichte stammen aus glaubwürdiger und seriöser Quelle. In diesen Fällen handelt es sich um Angehörige des Militärs.

Abb. 26: Der Oberkommandeur der sowjetischen Luftstreitkräfte, Generaloberst Igor Maltsev (http://www.russianwashingtonbaltimore.com/sites/default/files/styles/large/public/maltsev_w.jpg?itok=Wc3hHHiJ)

Der Oberkommandeur der Sowjetischen Luftstreitkräfte, Generaloberst Igor Maltsev, bestätigte in einer offiziellen Stellungnahme einen Fall, der sich am 21. März 1990 um 21:00 Uhr in Sagorsk, rund 47 Kilometer nordöstlich von Moskau ereignete. Bereits fünf Minuten nach dem ersten Auftauchen eines nicht identifizierten Flugkörpers im Luftraum von Sagorsk erhielt die Besatzung einer MiG-29 den Befehl, die Verfolgung des Objekts aufzunehmen. In der offiziellen Einsatzmeldung hieß es dazu lediglich: Unbekanntes Flugobjekt in 6.000 Fuß Höhe. Fast eine Stunde lang kurvte die MiG kreuz und quer durch das vermeintliche Einsatzgebiet, ohne dabei auch nur eine Spur zu finden. Weder auf ihrem Radar noch am Himmel konnten die Piloten etwas sehen.

Erst gegen 22:00 Uhr entdeckte die Besatzung des Abfangjägers zwei seltsam blinkende Lichter am Nachthimmel. Bald schon konnten die Piloten auch schemenhafte Umrisse des Objekts erkennen. Es soll sich auch in diesem Fall um einen dreieckigen Flugkörper gehandelt haben. Die Besatzung forderte den ungebetenen Eindringling zur sofortigen Landung auf. Doch was dann folgte, verschlug der MiG-Besatzung fast den Atem: Auf dem Bordradar beobachteten die erfahrenen Piloten, wie das Dreieck in etwa 20 Kilometern Entfernung in weniger als einer Minute über eine Entfernung von gut 100 Kilometern regelrecht zu springen begann. Grob gerechnet würde dies bedeuten, dass das Objekt eine Geschwindigkeit von rund 6.000 Kilometer in der Stunde zurückgelegt haben muss. Ein derartiges Flugmanöver wäre nach dem derzeitigen Stand der Technik mit einem konventionellen Fluggerät unmöglich. Für die Besatzung der MiG bestand also kaum eine Chance, den ungebetenen Gast einzuholen, doch die Piloten gaben so schnell nicht auf. Immer wieder versuchten sie in den folgenden Minuten näher an das unheimliche Objekt zu gelangen, doch der Eindringling war dem Jäger durch seine abenteuerlichen und rasanten Flugmanöver immer eine Nasenlänge voraus.

Bald darauf aber gelang es den Piloten durch einen steilen Kurvenflug näher an das Objekt heranzukommen, bis es nur noch knapp 1.500 Fuß von ihnen entfernt war. Jetzt erkannte die MiG-Besatzung erstmals nähere Details des Flugkörpers. Nach Angaben der Piloten soll es sich bei dem Objekt um ein Dreieck mit zwei blinkenden Lichtern gehandelt haben. Näher wagten sich die Piloten nicht an das Objekt heran, da sie ja nicht wussten, zu was der Eindringling noch so in der Lage ist und sie sich auf Grund dessen einer akuten Bedrohung durch den Flugkörper ausgesetzt sahen. Auch auf sowjetischer Seite sah man sich jetzt mit der Tatsache konfrontiert, dass es durchaus Intelligenzen zu geben scheint, die in technischen Belangen uns um Jahre, wenn nicht sogar Jahrzehnte, voraus sind. Generaloberst Igor Maltsev stellte wörtlich fest:

„Wir haben gute Gründe dafür festzustellen, dass es sich bei den UFOs keineswegs um optische Halluzinationen oder eine globale Psychose handelt. Sie wurden auf Radar geortet, Fotos werden von Experten analysiert."

Russlands Militärführung reagierte besorgt auf die Meldungen der unheimlichen Eindringlinge und bestätigte damit indirekt, dass es sich, so wörtlich:

„... um eine weit fortgeschrittene Intelligenz handeln muss, die da in unserem Luftraum interveniert und die die unsrige Technik quasi bloßstellt."

In einem Interview der Zeitschrift „Literaturnaja Gazeta" ging General Ivan Tretyak sogar noch einen Schritt weiter und riet seinem Militär von jeglichen Angriffen auf die Objekte ab:

„... sollte sich herausstellen, dass zumindest einige UFOs das Produkt einer hochorganisierten Intelligenz von einer viel weiter entwickelten Zivilisation als der unsrigen sind, könnte jede Kampfmaßnahme gegen diese Objekte und ihre Besatzungen – bevor wir sicher über ihre Intentionen sind – verheerende Folgen haben."

Wozu „die Besucher" weiterhin in der Lage sind, sollte am 13. September 1990 die Besatzung der Radarstation in Kuybyshev in der Tatarei erfahren.

Kurz nach Mitternacht tauchte hier ein riesiges Flugobjekt auf dem Radarschirm auf. Die Stärke des Radarechos war in etwa vergleichbar mit dem eines strategischen Bombers. Die Entfernung zur Station betrug rund 100 Kilometer. Die Besatzung erhielt den umgehenden Befehl, das Radarecho näher zu prüfen, was sie auch tat. Doch schon während der Überprüfung zerfiel das Echo zum großen Erstaunen der Radaroperateure und verwandelte sich in die Größe eines Vogelschwarms. Im selben Moment erschien das riesige Objekt erneut auf dem Radarschirm. Diesmal nur rund 40 Kilometer von der Station entfernt. Umgehend verließen mehrere Mitarbeiter der Station den unterirdischen Bunker, um nach dem Rechten zu sehen. Was sie zu sehen bekamen, erstaunte alle. Ein Mitarbeiter der Station erinnerte sich:

„Wir konnten es ganz deutlich sehen. Es flog in 10 Metern Höhe und hatte die Form eines gleichschenkligen Dreiecks mit abgerundeten Ecken. Die Unterseite des Objekts war glatt, aber nicht spiegelglatt – es sah aus, wie eine Rußschicht. Es hatte weder Öffnungen noch Luken oder Landevorrichtungen. Alles, was wir sahen, waren weißblaue, helle Lichtstrahlen."

Bald darauf setzte das unheimliche Schwarze Dreieck nahe der Radarstation zur Landung an. Die Mitarbeiter hörten ein raschelndes Geräusch, wie wenn eine leichte Windböe durch Blätterlaub weht. Was nun geschah, ließ sich für die Augenzeugen nicht in Worte fassen: Plötzlich schoss aus der etwa 3 Meter dicken Basis seitlich aus einer deutlich erkennbaren Öffnung ein Blitz, der die Radarantenne traf und zum Einsturz brachte. Kurz darauf brannte das Stahlgerippe lichterloh und das unheimliche Dreieck startete nach knapp einer Stunde wieder. Nach einer genauen Inspektion stellten die Armeeangehörigen fest, dass alle Stahlteile geschmolzen waren, bis auf den Aluminiumspiegel. Anschließend rätselten die Mitarbeiter darüber, welche Energie notwendig sei, um Stahl zum Brennen bringen zu können, doch sie fanden keine plausible Erklärung dafür.

Also eine Technologie, die doch nicht von der Erde stammt? Vielleicht! Aber glaubt man dem US-amerikanischen Physiker Paul A. Violetta, ist die sogenannte Schwarze Militärische Luftfahrttechnologie im direkten Vergleich zu der offiziellen und uns gegenwärtig bekannten Technik tatsächlich, wie bereits erwähnt, mehr als 100 Jahre voraus. Violetta beschäftigt sich im Rahmen seiner Arbeit als Physiker hauptsächlich mit der Antigravitationstechnologie. Dabei stieß er auf zahlreiche interessante Fakten, unter anderem auch auf zwei Projekte der USA, die zum Ziel hatten, scheibenförmige Fluggeräte zu entwickeln.

Die Studien erhielten die Tarnbezeichnungen „Skyvault" und „Winterhaven" und wurden bereits kurz nach Ende des Zweiten Weltkriegs ins Leben gerufen und interessanter Weise berichteten bereits zu Beginn der 1950er Jahre Augenzeugen davon, seltsame scheibenförmige Objekte über der Basis der „Area 51" im Bundesstaat Nevada gesehen zu haben. Sollte es sich in diesem Fall tatsächlich bereits um irdische Technologie gehandelt haben, oder waren es die erbeuteten außerirdischen Flugscheiben, deren Technik man anhand von Erprobungsflügen versucht hat, zu verstehen? Zweifelsfrei also steht fest, dass zumindest scheibenförmige Fluggeräte bereits seit Jahrzehnten in der Lage sind, mühelos durch die Luft zu schweben.

Die meisten dieser Fragen ließen sich sicherlich beantworten, wenn wir nur über das entsprechende Wissen verfügen würden, ein Wissen, wie ich bereits schon erwähnte, das bisher nur einem kleinen Kreis der Elite vorbehalten ist. Es wurde in den zurückliegenden 80 Jahren gehütet wie der Heilige Gral und nur einem kleinen Zirkel, bestehend aus einer Zahl handverlesener Wissenschaftler, zugänglich gemacht. Um diese Art von Wissenschaft zu verstehen, benötigt man in erster Linie das Wissen über den Aufbau unseres Universums.

Wir leben in einem elektrischen Universum und der Schlüssel zur Kontrolle der Schwerkraft ist auch gleichzeitig der Schlüssel zur Extraktion nutzbarer

Energien aus dem Äther. Ein Wissen, das der Öffentlichkeit um keinen Preis zugänglich gemacht werden durfte. Als gegen Ende des 19. Jahrhunderts das Öl als durchaus profitables Geschäft von der Elite erkannt wurde, unternahmen ihre Profiteure alle notwendigen Schritte zur Unterdrückung über das Wissen, dass überall um uns herum elektrisches Potential als alternative Energiequelle vorhanden ist. Als nächsten Schritt hätte man eben nur noch herausfinden müssen, wie man dieses Potential auf geeignete Weise nutzbar machen kann. Nikola Tesla hatte den Schlüssel hierfür bereits gefunden, doch wurde er an der Erstellung eines funktionierenden Systems gehindert, was zur Folge hatte, dass die Menschheit wohl oder übel dem Öl anstelle der Elektrizität den Vortritt lassen musste, was rückwirkend betrachtet der Umwelt in den zurückliegenden acht Jahrzehnten unermesslichen Schaden zugefügt hat.

Das soll aber nicht heißen, dass die Elektrizität in der Antriebstechnologie, insbesondere in der Luft- und Raumfahrt, nicht vielleicht schon hinter verschlossenen Türen weiterentwickelt wurde und wir heute staunenden Blickes das Ergebnis am Himmel erleben dürfen. Dass diese Geräte nicht von einem konventionellen Verbrennungsmotor angetrieben werden, versteht sich wohl von selbst. Kein Flugzeug ist imstande, Minuten geräuschlos auf einer Stelle zu verharren, um sich im nächsten Moment mit atemberaubender Geschwindigkeit davon zu katapultieren. Also kein herkömmliches Jagdflugzeug mit herkömmlichem Verbrennungsmotor könnte es mit diesen Fluggeräten aufnehmen, wie aus den erwähnten Berichten deutlich hervorgeht.

Wer sich schon einmal näher und eingehenden mit UFOs beschäftigt hat, wird festgestellt haben, dass diese Objekte, ob nun tellerförmig oder dreieckig, zu außergewöhnlichen Flugmanövern in der Lage sind. Das heißt, diese Objekte können quasi aus dem Stand hohe Geschwindigkeiten erzielen, sie können rasche und abrupte Flugmanöver bewerkstelligen und sind für jedes herkömmliche Jagdflugzeug unerreichbar. Sicherlich werden Sie jetzt zu Recht sagen, dass diese Technologie unmöglich von dieser Erde stammen kann und vielleicht mögen Sie auch Recht mit dieser Behauptung haben –zumindest wenn man streng nach dem derzeitigen Stand der Schulwissenschaft geht und das Wissen anwendet, was man noch aus seinen Schulbüchern kennt. Dann nämlich weiß man, dass, um diese Leistungsparameter zu erreichen, auch Antischwerkraft nötig ist. Ein physikalisches Gesetz also, dass nach unserem derzeitigen, offiziellen Wissensstand so noch nicht existiert. Oder sollte man besser sagen, nicht existieren darf? Allerdings wissen wir auch, dass Antischwerkraft, nach Albert Einsteins allgemeiner Relativitätstheorie, durchaus existiert.

Drehen wir das Rad der Zeit einmal 70 Jahre zurück und erinnern uns. Wir wissen aus sicherer Quelle, dass die amerikanische und britische Luftwaffe während ihrer Einsatzflüge über Europa in den Jahren 1944/45 über deutsches Hoheitsgebiet häufig über das plötzliche Auftauchen sogenannter „Foo Fighters" berichtete. Heute würden wir schlichtweg von UFOs sprechen, aber zu jener Zeit existierte der Begriff UFO noch nicht. Da diese Objekte, als die Briten und Amerikaner noch in propellerbetriebenen Jagdflugzeugen unterwegs waren, schon zu ungewöhnlichen und waghalsigen Manövern in der Luft imstande waren, vermutete man zunächst natürlich, dass es sich nur um Flugmaschinen außerirdischer Herkunft handeln könne.

Als dann schließlich 1947 in der US-amerikanischen Kleinstadt Roswell etwas Ungewöhnliches vom Himmel fiel, brach plötzlich über Nacht das Außerirdischen-Zeitalter über die Erde herein. Das Militär und auch die Geheimdienste sorgten für heftigen Wirbel, als sie die Meldung über den Absturz einer sogenannten Fliegenden Untertasse zunächst bestätigten und in alle Welt hinausposaunten, später dann aber plötzlich, wie aus dem Nichts, wieder dementierten. Was also war geschehen?

Abb. 27: Das Rätsel der Foo-Fighter - Ufos aus dem Zweiten Weltkrieg (https://i.ytimg.com/vi/8UsynnphN3o/sddefault.jpg)

Nun, wir wissen alle, dass auf diese Weise Verschwörungstheorien aufgebaut werden. Das ist schließlich die alte Schule der CIA. Eine Meldung oder ein Gerücht in die Welt entlassen und kurze Zeit später wieder dementieren – so baute die CIA bereits kurz nach dem Zweiten Weltkrieg den alten und noch heute gut funktionierenden Klassiker mit dem verheißungsvollen Namen „Verschwörungstheorie" auf. Und in der Tat ist diese Form der Taktik gut. Der neugierige und interessierte Medienkonsument wird mit einer spannenden und interessanten Information gefüttert, die bereits kurze Zeit später wieder auf demselben Weg dementiert wird. Sowohl die Information als auch das Dementi bleiben natürlich in der Erinnerung haften. Nun kann sich jeder Leser seine eigene Meinung bilden. Glaubt er der zunächst herausgegebenen Nachricht oder glaubt er dem Dementi.

Schließlich werden am Ende weitere Storys in den Umlauf gebracht, oft werden bewusst weitere Falschinformationen gestreut, um der vermeintlichen Verschwörungstheorie weitere Nahrung zu liefern, so ranken sich schließlich um eine kleine Meldung am Ende so viele Mythen und Legenden, dass niemand mehr so richtig weiß, was Wahrheit und was Lüge ist. Und genau das will der Urheber damit erreichen, denn nur auf diese eine Weise lässt sich die tatsächliche Wahrheit unter dem berühmten Deckel halten. Die Wahrheit, die schon mehr als 70 Jahre verborgen schlummert und darauf wartet, enthüllt zu werden. Die Wahrheit, die in der Tat einigen Zeitgenossen in den führenden Etagen des Militärs und der Geheimen Regierung unbequem werden kann – aber es ist eine Wahrheit, die ein Recht darauf hat, an die Öffentlichkeit zu gelangen. Vielmehr: Die Öffentlichkeit hat ein Recht darauf, diese Wahrheit zu erfahren.

Wir haben bereits im Kapitel über die Glocke erfahren, dass das Geheimnis der Antischwerkraft lange bekannt ist. Und ich habe ja erwähnt, welche Sichtungen auf Antischwerkraft-Luftfahrzeuge zurückzuführen sind. Hier noch eine interessante Betrachtung eines Projektes, welches in den 1950er Jahren in den Vereinigten Staaten durchgeführt wurde und sich ebenfalls mit den Gesetzen der Antischwerkraft beschäftigt hat.

Kapitel 11

Projekt Magnet

Es war das Jahr 1950, genauer gesagt der 21. November, als sich ein streng geheimes Memorandum in der Post des kanadischen Verkehrsministeriums befand. Dieses Papier hatte zum Inhalt, das Phänomen UFO unter die Lupe zu nehmen. Genauer gesagt ging es darum zu untersuchen, mit welchem Antrieb sich diese Objekte durch die Luft bewegen. Der Verfasser dieses Memorandums war ein gewisser Wilbert M. Smith, ein hochrangiger Beamter des Ministeriums und gelernter Radioingenieur. Smith will nämlich herausgefunden haben, dass diese Objekte auf dem Prinzip des Geomagnetismus arbeiten und er gelangte auf diesem Gedankengang zu der Überzeugung, dass der Geomagnetismus durchaus auch als Energiequelle genutzt werden könne. Smith in seinem Schreiben wörtlich:

„*Wir glauben, dass wir auf der Spur von etwas sind, das sich als Weg zu einer neuen Technologie erweisen könnte. Die Existenz dieser anderen Technologie wird bestätigt durch die Untersuchungen, die derzeit an den Fliegenden Untertassen durchgeführt werden.*“

Ungefähr zur selben Zeit erschien das Buch „Behind the Flying Saucers“ (Hinter den Fliegenden Untertassen) des US-Journalisten Frank Scully, das bald schon auf allen Bestsellerlisten in den Vereinigten Staaten stand und auf der ganzen Welt für mächtiges Aufsehen sorgte. In seinem Buch behauptet der Journalist, dass die Regierung der Vereinigten Staaten im Besitz von mindestens drei UFO-Wracks sei, die in New Mexiko und Arizona abgestürzt waren. Weiterhin schreibt Scully, dass der an der Bergung und Untersuchung beteiligte Geophysiker Dr. Silas Newton ihm anvertraut habe, dass sich die Fluggeräte aller Wahrscheinlichkeit nach auf den magnetischen Kraftlinien der Erde fortbewegten und durch ein derzeit noch unbekanntes, magnetisches Prinzip angetrieben würden.

Abb. 28 links: US-Journalist Frank Scully **Abb. 29 rechts:** Geophysiker Dr. Silas Newton

(https://upload.wikimedia.org/wikipedia/commons/thumb/8/85/Frank_Scully.png/220px-Frank_Scully.png) (http://cdn.topsecretwriters.com/wp-content/uploads/2012/06/silasnewton.jpg)

Wilbert Smith zog freilich seine eigenen Schlüsse aus dieser Aussage und sah Scullys Buch als Bestätigung seiner eigenen Theorie. Smith wörtlich:

„Wenn wir davon ausgehen, dass unsere geomagnetischen Forschungen in die richtige Richtung gehen, erscheint mir die Theorie vom Antrieb der Untertassen als zutreffend, da sie alle beobachteten Erscheinungen qualitativ und quantitativ erklärt." Abschließend meinte Smith in seiner Erklärung noch: *„Es ist meine aufrichtige Überzeugung, dass wir auf der richtigen Spur sind und zumindest kurz vor der ersten Antwort stehen."*

Allerdings war Smith zunächst skeptisch hinsichtlich der Aussage Scullys, dass die Vereinigten Staaten im Besitz dreier Fliegender Untertassen seien.

Mit Hilfe des Militärattachés der kanadischen Botschaft in Washington stellte Smith den Kontakt zu Professor Dr. Robert I. Sarbacher, einem der wichtigsten US-Regierungswissenschaftler, her.

Bei einem persönlichen Treffen, das am 15. September 1950 stattfand, bestätigte Sarbacher Smith, dass die Aussage Scullys in allen Punkten zuträfe und die Vereinigten Staaten tatsächlich im Besitz jener besagten Untertassen seien. Sarbacher wörtlich:

„Die Angelegenheit ist zwei Stufen höher klassifiziert als die Wasserstoffbombe. Tatsächlich ist es derzeit die am höchsten klassifizierte Angelegenheit der US Regierung."

Smith beeindruckte diese Aussage, auch die kanadische Regierung sah sich nun bestärkt darin, das „Projekt Magnet" voranzutreiben. Beteiligt an diesem Projekt waren ebenfalls anerkannte Wissenschaftler wie Professor J. T. Wilson von der Universität Toronto, der Physiker Dr. James Wait aus dem Verteidigungs-Forschungsausschuss sowie der Gravitationsexperte des Forschungsministeriums Dr. G. D. Garland. Bereits 1952 konnte der erste Zwischenbricht veröffentlicht werden, der zu dem Ergebnis kam, dass Fliegende Untertassen auf der Grundlage magnetischer Prinzipien funktionieren und extraterrestrischen Ursprungs seien. Smith schlug daraufhin eine UFO-Beobachtungsstation vor, die rund um die Uhr Ausschau nach unbekannten Flugobjekten halten sollte.

Bereits im November 1953 wurde eine solche Station vom kanadischen Verkehrsministerium in Shirleys Bay, eine einsame Bucht am Ottawa River, 16 Kilometer westlich der Stadt Ottawa, eingerichtet. Zur Ausrüstung gehörte natürlich das mondernste Equipment, unter anderem Ionosphäre-Reaktoren, Tonmessinstrumente, ein Gammastrahlendetektor, ein Magnetometer sowie eine komplette Funkausrüstung. Allerdings erzielte weder das Projekt noch die Beobachtungsstation die erhofften Erfolge, sodass das

Verkehrsministerium die Station und auch das Projekt Magnet selbst bereits 1954 offiziell für obsolet erklärte.

Smith wurde später sogar ausdrücklich untersagt, irgendwelche Kommentare bezüglich des Themas UFO im Namen des Verkehrsministeriums abzugeben. Was aber steckte wirklich hinter dem Abbruch der Forschungsarbeiten und warum untersagte man Smith jegliche Kommentare zum Thema UFOs? Hatte die kanadische Regierung vielleicht irgendwelche Informationen erhalten, die nicht an die Öffentlichkeit gelangen durften und von denen Smith selbst nichts erfahren hatte? Möglich wäre das schon, denn immerhin wurden immense Summen in dieses Forschungsprojekt investiert, was allein schon aus diesem Grund einen vorzeitigen Abbruch für höchst unwahrscheinlich erklären würde.

Erinnern wir uns: Die ersten fliegenden Scheiben und Dreiecke wurden bereits zu Beginn der 1940er Jahre in nahezu allen Teilen der Welt gesichtet, insbesondere über Nord- und Südamerika. Und gehen wir einmal davon aus, dass es sich in diesem Fall um rein irdische Technologie handelt, können wir ruhigen Gewissens behaupten, dass die Forschung tatsächlich weiter ist, als uns die Schulwissenschaft glauben machen will. Paul A. Violetta hätte also mit seiner Aussage Recht. Die Physikbücher müssten offiziell komplett umgeschrieben werden.

Einen wichtigen Beweis und Beitrag dürfte der Physiker Thomas Townsend Brown geliefert haben. Bereits im Jahre 1921 experimentierte der damals noch relativ junge Physiker mit der sogenannten „Coolidge-Röhre“, die Röntgenstrahlen erzeugen konnte. Townsend Brown fiel etwas sehr Seltsames bei seinen Experimenten auf: Wenn er die Röhre einschaltete, bewegte sie sich leicht. Brown war von dieser Entdeckung derart fasziniert, dass er unbedingt herausfinden musste, was denn genau die Ursache für diese Reaktion war. Und Brown fand schließlich auch die Erklärung dafür.

Der Starkstrom, der durch die Röhre floss, bewirkte einen bestimmten, gegen die Schwerkraft wirkenden Druck. Browns Neugier war nun umso mehr geweckt. An einem selbst gebastelten „Gravitator“ führte Brown weitere Versuche durch und stellte dabei fest, dass bei eingeschalteter 100-Kilovolt-Starkstromquelle ein Versuchsgegenstand bis zu einem Prozent seines Gewichtes verlor. Für den jungen Physiker stand von nun an fest, ein neues und vielleicht sogar für die Zukunft bahnbrechendes, elektrisches Prinzip entdeckt zu haben: Die Wirkung von Elektrizität auf die Gravitation!

Auf der Denison Universität in Granville im US-Bundesstaat Ohio fand Brown schließlich einen Mitstreiter, Professor Paul Alfred Biefeld, ein Kommilitone von Albert Einstein. Biefeld war von der Entdeckung Browns fasziniert. Im Rahmen weiterer Untersuchungen wiesen Biefeld und Brown nach, dass ein an einem Faden aufgehängter Kondensator eine Eigenbewegungstendenz in Richtung seines positiven Pols zeigte, wenn er zuvor unter eine sehr hohe elektrische Spannung gesetzt wurde. In diesem Fall spricht man seither vom sogenannten Biefeld-Brown-Effekt. Bei einem weiteren Experiment wurde der Kondensator mit vertikal ausgerichteten Polen im Gleichgewicht mit einem Gewicht aufgehängt. Stand der Kondensator unter starker Spannung und der positive Pol befand sich während dieses Vorgangs am unteren Ende, fand eine Bewegung in diese Richtung statt – war er hingegen am oberen Ende, so bewegte sich der Kondensator in diese Richtung. Er bewegte sich also gegen die Schwerkraft. Brown sah in dieser Reaktion bereits eine Art Antigravitationseffekt.

1926 konstruierte der Physiker schließlich ein Gefährt, das er „Raumfahrzeug“ nannte. Dabei handelte es sich um ein auf elektrogravitativen Prinzipien konstruiertes Fluggerät ohne jedes bewegliche Element, der Antrieb und Steuermechanismus basierte lediglich auf den Veränderungs- und Verstärkungsmechanismus der elektrischen Polarisierung. Nach dem Muster des Biefeld-Brown-Effekts bewegte sich das Gefährt immer in Richtung des positiven Pols – bei einer notwendigen Richtungsänderung musste dieser also lediglich verlagert werden. Als ideale Form dieses Raumfahrzeugs erwies sich für Brown die Scheibenform, die also völlig ohne Propeller und Turbinen auskam. Hatte Townsend Brown zu dieser Zeit schon das Geheimnis des UFO-Antriebs entdeckt? Browns Raumfahrzeug war bereits imstande, sein eigenes elektrogravitatives Feld zu erzeugen und unabhängig von der Schwerkraft zu funktionieren. Brown kommentierte seine Arbeit mit den folgenden Worten:

„Das Feld verhält sich wie eine Welle mit dem negativen Pol an der Oberseite und dem positiven Pol an der Unterseite. Die Scheibe bewegt sich wie ein Surfbrett auf der aufsteigenden Welle, die ständig durch ihren elektrogravitativen Generator in Bewegung gehalten wird. Da die Orientierung des Feldes gesteuert werden kann, kann die Scheibe auf ihrer eigenen ständig erzeugten Welle in jedem gewünschten Winkel und in jeder Flugbewegung fliegen."

Brown stellte außerdem fest, dass seine Scheibe auf Grund der Starkstromentladungen von einem leichten Glühen umgeben war. Zudem hätte das sich aufbauende Feld Auswirkungen auf Pflanzen und Tiere gehabt. Diese Forschungsergebnisse führten Brown schließlich im Jahre 1939 in Labore des US Verteidigungsministeriums, wo ihm ein Etat von 50 Millionen US Dollar sowie ein Team von 50 renommierten Wissenschaftlern zur Verfügung stand – darunter auch Albert Einstein.

Während des Zweiten Weltkrieges war Brown unter anderem Leiter zahlreicher Projekte beim Nationalen Verteidigungs-Forschungskomitee (NDRC), später war er auch beim Flugzeughersteller Lockheed tätig – allerdings führte Brown zu dieser Zeit laut offiziellen Informationen seine Studien zur Elektrogravitation nur im privaten Rahmen weiter. Erst zu Beginn der 1950er Jahre richtete sich sein Fokus wieder auf die Gravitationsforschung. Als im Jahre 1947 die ersten Berichte über „Fliegende Untertassen" in den USA auftauchten, war das US Verteidigungsministerium davon überzeugt, dass nur Brown die Frage nach der Art des Antriebs dieser geheimnisvollen Fluggeräte lösen könne. Oder lagen dem Verteidigungsministerium jene Antworten vielleicht schon lange vor?

1952 gründete das Verteidigungsministerium das „Project Winterhaven", dessen Leitung schließlich Brown übernehmen sollte. Im Rahmen des Forschungsprojekts gelang es Brown ein Fluggerät zu entwickeln, das 100 Prozent seines Eigengewichts in den Schwebezustand versetzen konnte. Brown war sich nach seinen Experimenten sicher, dass er mit einer ausreichend starken Energiequelle auch einen flugfähigen, bemannten Elektrogravitations-Flugkörper konstruieren könne.

Die gesamte Militärführung der Vereinigten Staaten war von der Idee, mit Hilfe von Antigravitation in naher Zukunft vielleicht einmal das gesamte Weltall beherrschen zu können, derart fasziniert, dass für die Zukunft Unsummen an Forschungsgeldern freigegeben wurden. Im Jahre 1955 fand schließlich in New York sogar eine eigene Konferenz zum Thema Gravitation statt, an der so gut wie alle führenden Physiker der Vereinigten Staaten teilnahmen. Unter anderem auch Edward Teller, der Erfinder der Wasserstoffbombe, sowie Robert Oppenheimer, der „Vater der Atombombe" und Leiter des „Manhattan Projekts". Der Wissenschaftsredakteur des New York Herald Tribune fasste die Konferenz mit folgenden Worten zusammen:

„Viele amerikanische Luftfahrt- und Elektronik-Unternehmen sind heute von der Möglichkeit begeistert, magnetische und gravitative Felder als Mittel zum Antrieb fliegender Geräte anzuwenden, die unabhängig vom Luftwiderstand fliegen können. Diese Raumschiffe wären in der Lage, in wenigen Sekunden auf mehrere tausend Stundenkilometer zu beschleunigen, ohne dass dank der gravitativen Kräfte die Passagiere etwas davon spüren würden. William P. Lear, Vorstandsvorsitzender der Lear Inc., einem der größten auf Luftfahrt spezialisierten Elektronikhersteller unseres Landes, hat sich seit Monaten mit seinen Chefwissenschaftlern und Ingenieuren mit den neuen Entwicklungen und Theorien befasst. Er ist davon

überzeugt, dass es möglich sein wird, künstliche elektrogravitative Felder zu erzeugen, deren Polarität gesteuert werden kann, um die Schwerkraft der Erde aufzuheben ... Eugene M. Gluhareff, Präsident der Gluhareff Helikopter- und Luftfahrtgesellschaft in Manhattan Beach, Cal., hatte verschiedene theoretische Formstudien an runden, untertassenförmigen Fluggeräten durchgeführt und ihre mögliche Anwendung für die Raumfahrt untersucht.“

Auf der Konferenz war William P. Lear davon überzeugt, dass UFOs realer Natur sind und dass sie mit der Theorie der Gravitationsfelder eng in Verbindung stehen. Lear wörtlich: *„Wir sind dicht davor, die Existenz dieser antigravitativen Kräfte zu beweisen.“*

Auch der deutsche Raketenforscher Hermann Oberth, Lehrer von Wernher von Braun, war bereits davon überzeugt, dass das Flugverhalten der UFOs auf das Vorhandensein eigener Gravitationsfelder hindeutet und die Passagiere an Bord eines solchen Fluggeräts selbst bei einem schnellen Richtungs- oder Geschwindigkeitswechsel keinen Effekt spüren würden. Außerdem vertrat Oberth die These, dass das G-Feld dem Raumfahrzeug die Möglichkeit verschafft, extrem hohe Geschwindigkeiten bis hin zur Lichtgeschwindigkeit zu erzielen. Auch sei das G-Feld für den lautlosen Flug eines Raumschiffes verantwortlich. Laut Oberths These würde in diesem Fall die umgebende Luft mitgezogen, sodass kein Luftwirbel und keine Turbulenzen und Geräusche entstünden. Die Veränderungen im Glühen und Farbwechsel entstehen laut Oberth auf Grund der Transformation von obstruktiven Strahlen in Strahlen mit höherer Wellenlänge, die Licht und Elektrizität erzeugen.

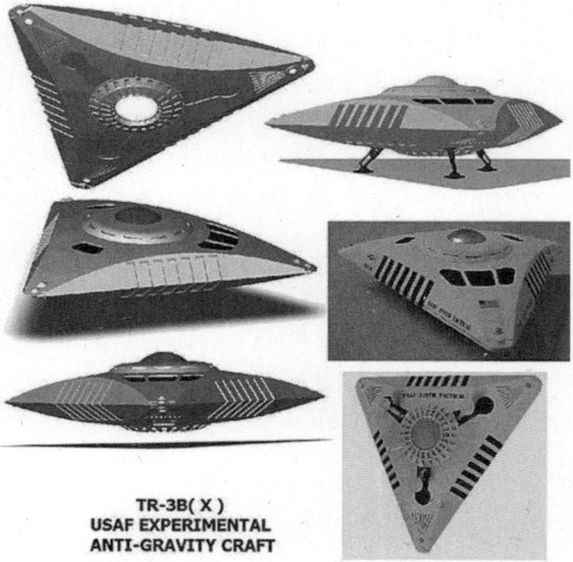

Abb. 30: TR-3B (https://i1.wp.com/www.pravda-tv.com/wp-content/uploads/2016/10/bild5.jpg)

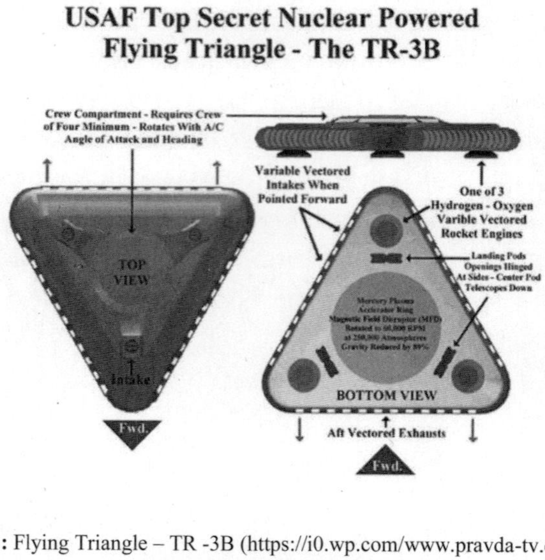

Abb. 31: Flying Triangle – TR -3B (https://i0.wp.com/www.pravda-tv.com/wp-content/uploads/2016/10/bild3-2.jpg)

Allerdings verschwand das Thema Elektrogravitation nach Ende der Konferenz so schnell von der Bildfläche, wie es aufgetaucht war. Niemand sprach in den folgenden Jahren mehr offen über dieses Thema. Auch war weder in bekannten Tageszeitungen noch in Fachpublikationen etwas darüber zu lesen, was schließlich zu der Annahme führte, dass das Thema Elektrogravitation von nun an als Top Secret behandelt wurde und weitere Forschungen auf diesem Gebiet unter dem Schutz militärischer Geheimhaltung durchgeführt wurden.

Nahezu sämtliche großen Rüstungsunternehmen und Flugzeughersteller in den Vereinigten Staaten arbeiteten nun an dieser Technik, allerdings hinter verschlossenen Türen. Einen sicheren Hinweise dazu lieferte eine Studie aus dem Jahre 1956 über Elektrogravitative Systeme, darin hieß es unter anderem, dass alle großen Firmen in den USA Arbeitsgruppen ins Leben riefen, um elektrostatische und elektrogravitative Probleme näher zu untersuchen und eingehend zu studieren, darunter auch die führenden Hersteller Lockheed und Boeing. Weiter hieß es in der Studie wörtlich:

„Wichtige theoretische Durchbrüche in der Entdeckung der Ursachen der Gravitation werden von den führenden Köpfen erwartet, die mit modernsten Forschungsmitteln daran arbeiten. Die Rolle der Flugzeugindustrie ist dabei, die Mittel zur Verfügung zu stellen und die Physiker von der Dringlichkeit der Sache zu überzeugen."

In seinem Buch „Verschlusssache Antigravitationsantrieb" geht Autor Paul LaViolette im 4. Abschnitt des 2. Kapitel davon aus, dass viele Forschungsarbeiten auf dem Gebiet der Antischwerkraft streng geheim sind. Bereits der „Aviation Report" schrieb im Jahr 1954, dass Antigravitation zuerst einmal wegen ihrer Möglichkeit zur Verteidigung gefördert und somit der offiziellen Wissenschaft nicht zugänglich gemacht wird. Antischwerkraft-Luftfahrzeuge gehören also schon seit mehr als 30 Jahren, seit Inkrafttreten des SDI-Programms, zu den Geheimwaffen. Sie werden von den Vereinigten Staaten auf nahezu allen Kriegsschauplätzen als Spionage-

und Beobachtungsplattformen eingesetzt, aber auch als Kampfplattformen, ausgerüstet mit modernsten Laser-, Infrarot- und Skalarwellenwaffen. Und das seit mehr als 20 Jahren schon. Sie operieren aus dem Verborgen heraus und werden somit nicht als tatsächliches Waffensystem erkannt.

Sowohl während des Irakkrieges als auch beim jüngsten Syrienkrieg, war immer wieder die Rede davon, dass plötzlich UFOs am Himmel auftauchten. Meistens wurden sie als dreieckig beschrieben. Sie treffen in diesem Fall haargenau auf die Beschreibung der TR 3B zu. Niemand vor Ort brachte diese Objekte mit den am Boden tobenden Kriegshandlungen in Zusammenhang. Kaum jemand käme also auf die Idee, dass ausgerechnet diese Objekte am Himmel irgendetwas mit den Krieg zu tun haben könnte. Vielmehr wurden sie für stille, heimliche Beobachter aus den Tiefen des Weltalls gehalten. Die Menschen waren der Ansicht, dass Außerirdische das Geschehen am Boden beobachtet hätten. Wer aber jetzt noch tatsächlich glaubt, dass das plötzliche Auftauchen von UFOs über Kriegsschauplätzen reiner Zufall ist und die Außerirdischen ein wenig zu neugierig sind, was da auf der Erde passiert, beim dem hat die Verschwörungspropaganda wirklich funktioniert.

Spätestens seit dem Auftauchen der mysteriösen Dreiecke über Belgien hat sich die Verschwörungspropaganda in den Medien verstärkt. Sogenannte UFO-Beobachtungsstellen und selbsternannte UFO-Forscher haben sich geradezu lustig gemacht über die zahlreichen aufgetauchten Berichte und Zeugenaussagen. Die Zeugen wurde der Lächerlichkeit zum Abschuss freigegeben und wer es wagte, das Sperrfeuer aus Kritik und Lügen anzuzweifeln, der wurde als Spinner und Psychopath denunziert. Die geheime Regierung samt ihrer Geheimdienste hat ganze Arbeit geleistet. Für die einen waren die Antischwerkraft-Luftfahrzeuge lediglich Ultraleichtflieger, für die anderen Besucher aus den Weiten des Alls. Und für den privaten Fernsehsender RTL lediglich eine an der Decke aufgehängte Styroporplatte.

Belgien war für mich ein zweites Roswell ohne Absturz. Und ich bin nahezu sicher, dass die Flugmanöver über Belgien dazu dienen sollten, die Öffentlichkeit zu verwirren und zu täuschen, dasselbe Spiel wie in Roswell vor mehr als 70 Jahren! Die Lügen und die Desinformationen, die damals in Umlauf gebracht wurden, dienten einzig allein nur dem Zweck, das Thema vor den Augen Weltöffentlichkeit als reinen Scherzartikel zu verkaufen, also ad absurdum zu führen.

Roswell und Belgien schreiben ein und dieselbe Handschrift der Geheimdienste, mit dem Ziel an die Öffentlichkeit zu gehen, bevor die Öffentlichkeit dahinter kommt und anfängt sich ihre eigenen Gedanken zu machen. Also das heißt, lieber eine schräge und witzige Erklärung liefern, als dass die Menschen vielleicht auf dumme Gedanken kommen könnten. Bisher hat dieses Verschwörungstheorie-Spiel immer bestens funktioniert. Nur mittlerweile scheint sich das Blatt zu Gunsten der Wahrheitssuchenden gewendet zu haben. Viele Menschen benutzen mittlerweile ihren eigenen Verstand. Sie fangen also an, sich Gedanken zu machen. Ihre eigenen Gedanken. Sie lassen sich in diesem Fall keine fremden Gedanken mehr indoktrinieren. Sie wollen sich vielmehr selbst ein Bild über das Geschehene machen. So ist das auch mittlerweile in punkto Politik.

Menschen wollen sich nicht mehr von oben her vorschreiben lassen, wen sie zu wählen haben, welche Politik sie gut finden. Nein, sie wollen selbst entscheiden und sie wollen eins: mitreden! Das nennt man dann wahrhaftige Demokratie. Denn zu einer Demokratie gehört schließlich auch das Recht auf Mitsprache und vor allem auch ein Recht auf Kritik. In Bezug auf die Wahrheit über die Antischwerkraft-Luftfahrzeuge heißt das: Die Flugscheiben, die man gegen Ende der 1940er Jahre über den nahezu unbewohnten Wüstengegenden von Nevada und New Mexiko getestet hat, waren lediglich unausgereifte Prototypen. Der Durchbruch kam erst viel später.

Kapitel 12

Rendlesham Forest und der Außerirdischen-Mythos

Zahlreiche UFO-Skeptiker sehen noch heute in der Sichtungswelle aus Belgien einen sich selbstverstärkenden psychologischen Prozess, der durch zahlreiche Medienberichte ausgelöst wurde und weitere Augenzeugen ermutigt hätte, ihre eigenen Beobachtungen eigeninterpretiert zu melden. Doch die Beweise, dass da wirklich etwas Außergewöhnliches in der Luft unterwegs gewesen sein muss, liegen mehr als eindeutig auf der Hand und finden sich in mehr als 100 gut dokumentierten Berichten von glaubwürdigen Augenzeugen wieder. Augenzeugen, die sehr wohl in der Lage waren, eine Psychose von einem tatsächlichen Ereignis zu unterscheiden. Zumal ja auch die Radaraufzeichnung Beweis genug sein müssten.

Und schließlich war Belgien nicht der einzige Schauplatz in Europa. Über sechs Stunden flog im März 1993 ein großes, schwarzes Dreieck über große Teile Englands hinweg, das ebenfalls von sehr vielen Menschen gesehen wurde, darunter waren, wie auch in Belgien, zahlreiche Polizeibeamte und Militärangehörige des Royal Air Force Stützpunkts Cosford und Shawbury in Shropshire.

Laut Zeugenaussagen schwebte das gigantische Dreieck martialisch Richtung Shawbury und schoss dabei einen schmalen roten Lichtstrahle zu Boden, der sich vorwärts und rückwärts bewegte, so als suche er die Gegend nach irgendetwas ab. Zahlreiche Zeugen wollen ein unangenehmes, brummendes Geräusch gehört haben, außerdem verspürten sie Schockwellen. Ein anderer Augenzeuge sagte später gegenüber der britischen Boulevardzeitung „The Sun“:

„Das Fluggerät bewegte sich sehr langsam, es hatte in etwa die Größe eines Verkehrsflugzeugs, schoss dann aber plötzlich davon mit der vielfachen Geschwindigkeit eines Kampfjets."

Dies war aber bei weitem nicht der einzige Vorfall, der England in der Vergangenheit bewegte. Der wohl bis heute prominenteste Zwischenfall in Verbindung mit einem schwarzen Dreieck ereignete sich in der Nacht vom 26. auf den 27. Dezember 1980. Die am Rande des britischen Küstenstädtchens Woodbridge gelegene US Luftwaffenbasis Bentwater erhielt in der Nacht des zweiten Weihnachtsfeiertags ungewöhnlichen Besuch. Der Fall machte schnell seine Runde, was nicht weiter verwunderlich war, schließlich stand Europa in jenem Jahr ganz im Zeichen des Kalten Krieges, außerdem lagerten auf dem Luftwaffenareal Atomwaffen. Jeder noch so kleine Zwischenfall bedeutete also höchste Alarmstufe für die Sicherheitskräfte. Heute, knapp 35 Jahre später, ist Rendlesham für UFO-Anhänger so etwas wie das europäische Roswell. Doch das Besondere an diesem Fall ist, dass auch hier ein dreieckiger Flugkörper gesichtet wurde, der große Ähnlichkeit mit jenem Fluggerät hatte, das 10 Jahre später über weite Teile Belgiens in den späten Abendstunden auftauchte. Was geschah in jener geheimnisvollen Weihnachtsnacht in Woodbridge?

Bis heute herrscht Unklarheit über die tatsächlichen Umstände, die Wahrheit liegt also irgendwo weit da draußen. Niemand redet und die, die reden, denen glaubt man nicht. Doch der Reihe nach. Es ist der 26. Dezember 1980, ein Freitag. Der leitende Sicherheitsoffizier James Penniston ist gerade damit beschäftigt, die Dienstpläne für die neue Woche zu schreiben, als plötzlich ein Feldwebel in sein Büro stürzt und aufgeregt eine ungewöhnliche Lichterscheinung direkt über den Kiefernwäldern meldet. Penniston beruhigt den Feldwebel erst einmal und denkt zunächst an nichts Außergewöhnliches. Was soll da schon los sein, brummelt Penniston und vertieft sich wieder in seine Arbeit. Schon oft hatten Wachen merkwürdige Lichter gesehen, meistens aber stellten sie sich im Nachhinein als harmlos heraus.

Doch der Gedanke an das Licht lässt Penniston in dieser Nacht nicht mehr los. Plötzlich denkt er an die Atomwaffen, die auf dem Gelände lagern und an die Order von der Standortkommandantur, jeder ungewöhnlichen Beobachtung nachzugehen. Also informiert Penniston den stellvertretenden Kommandeur Oberstleutnant Charles Halt. Halt stellt sofort eine kleine Mannschaft aus Sicherheitskräften zusammen, zu denen auch die Security Officer Edward Cabansang und John Burroughs gehören. Unter der Führung von James Penniston machen sich die Männer schließlich auf den Weg um nach dem Rechten zu sehen, ausgerüstet mit Lampen, Mess- und Tonbandgeräten.

Der Weg führt direkt in die dichtbewaldete Kiefernschonung Rendlesham Forest. Nach wenigen hundert Metern erblickt der Trupp einen unheimlichen Laserstrahl, der auf das Waffendepot gerichtet ist, indem die Atomwaffen lagern. Penniston, Cabansang und Burroughs schrecken zurück, gehen in Deckung und denken zunächst an einen Angriff aus dem Hinterhalt. Wer sind die Angreifer – und vor allem, was wollen sie?

Viele Jahre herrschte Rätselraten über die nächtlichen Geschehnisse in Woodbridge und schon bald zogen UFO-Forscher und Grenzwissenschaftler auf der ganzen Welt enge Parallelen zu Roswell und wie sich zeigt, nicht so ganz ohne Grund. Nur das hier kein unbekanntes Flugobjekt abgestürzt war, sondern lediglich nur gelandet zu sein schien und es zwischen Penniston und seinen Männer zu einer Art Kontaktaufnahme mit der Besatzung gekommen war. Schon bald änderte sich die Faktenlage so schnell, wie in der Causa Roswell. Ständig kamen neue Erkenntnisse hinzu, wurden wieder entkräftet und am Ende als Schwindel und Halluzination gewertet. Was war also geschehen, in jener Nacht im Rendlesham Forest? Erst 27 Jahre später, am 12. November 2007, schilderte James Penniston im Rahmen einer Pressekonferenz im Nationalen Presseclub Washington die dramatischen Minuten ausführlich:

Abb. 32: James Penniston am 12. November 2007 im Rahmen einer Pressekonferenz (https://blogdoastronomo.files.wordpress.com/2013/08/jim-penniston-em-discurso-no-national-press-club.jpg)

„Da war ein helles Licht, das von einem Objekt auf dem Waldboden abstrahlte. Als wir zu Fuß dort ankamen, konnten wir die Umrisse eines dreieckigen Fluggeräts von circa 9 Fuß Länge und 6 Fuß Höhe erkennen. Das Fluggerät war voll intakt und befand sich auf einer kleinen Lichtung im Wald. Als wir uns näherten, bekamen wir Probleme mit der Funkverbin-

dung. Darum bat ich Cabasang zurückzubleiben, um Funksprüche an die Leitstelle weiterzuleiten und somit als Relais zu fungieren. Zusammen mit Burroughs ging ich zu dem Fluggerät. Als wir bei dem dreiecksförmigen Fluggerät ankamen, waren dort blaue und gelbe Lichter, die um das Äußere der Oberfläche wirbelten, als seien sie ein Bestandteil davon. Die Luft um uns herum war elektrisch geladen. Wir konnten es an der Kleidung, der Haut und unseren Haaren spüren. Nichts, nichts in meiner Ausbildung hatte mich auf so einen Fall vorbereitet.

Nach 10 Minuten ohne Anzeichen von Aggression stellte ich fest, dass das Fluggerät weder meinem Team noch der Basis feindlich gesinnt war. Gemäß den Sicherheitsvorschriften führten wir eine vollständige Vor-Ort-Untersuchung durch; dazu zählten eine vollständige materielle Untersuchung des Fluggeräts, Fotos und Einträge in dem Notizbuch, das ich damals führte, sowie Funkdurchsagen an die Leitstelle. Das war so vorgeschrieben. An einer Seite des Fluggeräts befanden sich Symbole, die drei Zoll hoch waren und zweieinhalb Fuß breit. Diese Symbole waren bildhaft. Das größte davon war ein Dreieck, welches sich in der Mitte zwischen den anderen befand. Diese Symbole waren hineingeätzt in die Oberfläche des Fluggeräts, die sich warm anfühlte, und obwohl sie aussah wie ein schwarzer Onyx, fühlte es sich wie Metall an. Während dieser Untersuchung wusste ich, dass ich so ein Fluggerät nie zuvor gesehen hatte. Ich habe es weder im Handbuch bekannter Flugzeuge gefunden noch irgendwo anders.

Nach circa 45 Minuten begann das Licht des Fluggeräts stärker zu werden. Meine Männer und ich gingen in Verteidigungsstellung und weg von dem Fluggerät, als dieses ohne Geräusch oder Luftwirbel vom Boden abhob. Es manövrierte durch die Bäume und schoss mit unglaublicher Geschwindigkeit davon. Es war mit einem Wimpernschlag weg. In meinem Notizbuch vermerkte ich: Geschwindigkeit = UNMÖGLICH. In jener Nacht konnten über 80 Luftwaffenmitarbeiter, allesamt trainierte Beobachter beim 81. Sicherheitsgeschwader, den Start sehen. Die Ergebnisse der Untersuchung wurden durch Militärkanäle weitergeleitet. Dem Team und den Zeugen wurde befohlen, die Untersuchung als Top Secret zu behandeln, weitere Gespräche darüber wurden verboten.“

Auch an den zwei darauffolgenden Tagen werden im Gebiet Rendlesham Forest immer wieder mysteriöse Lichter beobachtet, für die das Sicherheitspersonal der Basis keine natürliche Erklärung finden sollte. In der Nacht vom 28. auf den 29. Dezember ist es ein Objekt von 10 Meter Durchmesser, das die Form einer flachen Scheibe hat und im Wald auftaucht. Es wird berichtet, dass das Objekt von einem gelblichen Nebel umhüllt war, dass zahlreiche technische Gerätschaften versagt hätten und dass das Sicherheitspersonal vor Ort ein elektrisches Hochspannungsfeld verspürt hätte. Das Objekt soll mehr als fünf Stunden am Boden geblieben sein und sich dann in drei Objekte geteilt haben, die in verschiedene Richtungen davonflogen. Was die Zeugen in jenen fraglichen Nächten vor Ort erlebten, wird von offizieller Seite vor der Öffentlichkeit noch immer geheim gehalten, stattdessen wurde gegenüber der Presse später behauptet, dass die Augenzeugen lediglich einen Raketen-Wiedereintritt in die Erdatmosphäre oder das Licht eines nahegelegenen Leuchtturms beobachtet haben sollen.

Erklärungen, mit denen sich Experten natürlich nie zufrieden gegeben haben. Sie wollten mehr wissen und ließen nicht locker bei ihrem Bemühen, der Wahrheit endlich auf die Spur zu kommen. Deshalb sind im Laufe der Jahre zu den Vorfällen in der Rendlesham Forest zahlreiche Bücher erschienen, die sich sehr ausführlich mit den Augenzeugen und den gesichteten Objekten beschäftigt haben, die in den fraglichen Nächten gesichtet wurden. Immer neue, teils auch brisante Details gelangen dadurch an die Öffentlichkeit.

Nach jahrzehntelangem Schweigen meldeten sich unlängst zwei weitere Ex-Militärangehörige und bestätigten gewissermaßen die Glaubwürdigkeit Pennistons. Es handelt sich um die beiden ehemaligen Radarlotsen Ike Barker und Jim Carey, die in einer von Richard Hasting produzierten Dokumentation unter dem Titel „UFOs and Nukes – The Secret Link Revealed“ von ihren Erlebnissen berichteten. Barker und Carey sagten aus, dass sie an Heilig Abend 1980 auf der britischen Militärbasis Bentwaters/Woodbridge an mehreren aufeinanderfolgenden Tagen UFO-Nahbegegnungen hatten. Sie sagten auch, dass sie während ihres Dienstes zur fraglichen Zeit als Fluglotsen zahlreiche unidentifizierte Radarziele auf ihrem Schirm hatten, die sie sich nicht erklären konnten. Laut Aussage der Fluglotsen befanden sich jene Radarziele genau über der Basis, auf der auch Atomwaffen gelagert wurden. Barker beschreibt das Radarecho so:

„Ein vergleichbares Radarziel hatte ich noch nie zuvor gesehen. Es bewegte sich mit unglaublicher Geschwindigkeit von rund 200 km in 8 Sekunden, was eine Geschwindigkeit von mehr als 90.000 km in der Stunde ergeben würde. Es flog über den Kontrollturm und stoppte dann. Etwas, das so manövrieren kann wie dieses Objekt, habe ich noch nie gesehen. Es war orange und ich weiß noch wie ich dachte, es sieht aus als fliegt hier jemand einen Basketball. Da waren Lichter um das Zentrum herum aber nicht so wie Navigationslichter. Sie waren mehr Bullaugen, als ob man durch sie das Licht von innerhalb des Objekts sehen konnte. Es schwebte einige Zeit, änderte dann seinen Kurs und verschwand mit großer Geschwindigkeit.“

Jim Carey, ehemaliger Sergeant bei der 2.164ten Kommunikationsstaffel, beschrieb im Anschluss wie das Objekt einen scharfen Winkel schlug bevor es verschwand. Carey wörtlich:

„Es war einfach phänomenal zu sehen, wie schnell es war. Ich sagte, das kann keines von uns sein. Kein Jet kann einen sofortigen Winkel fliegen.“

Dass die beiden Ex-Soldaten so lange schwiegen hatte einen Grund. Sie schwiegen aus Angst und um ihrer Karriere nicht zu schaden. Auch der ehemalige britische Polizeibeamte Gary Haseltine, mittlerweile Herausgeber des Magazins „UFO Truth“ glaubt den Aussagen der beiden Ex-Militärangehörigen und meint:

„Die Aussagen der zwei Radarlotsen sollten die ohnehin unglaubwürdigen Theorien der Skeptiker, es habe sich bei der Sichtung lediglich um die Lichter des Leuchtturms von Orfordness gehandelt, nun ein für alle Mal ad absurdum führen. Die Aussagen bestätigen eindeutig, dass UFOs sich für die Anlage interessiert haben und dass sie Lichtstrahlen auf die Atomwaffenlager gerichtet haben."

Auch die Journalistin und ehemalige Detektivin Georgina Bruni hat sich mehr als ausführlich mit dem Fall beschäftigt und im Jahre 2000 ein Buch unter dem Titel „Man kann es den Leuten nicht erzählen" veröffentlicht, in dem Augenzeugen und Verantwortliche zu Wort kommen. Als Georgina Bruni alle Zeugen gehörte hatte und das Buch schon in den Druck gehen sollte, erfuhr sie von Charles Halt, dass er noch vier bis fünf Stunden Tonbandaufzeichnungen in seiner Schreibtischschublade hätte, die man aber unmöglich veröffentlichen könne.

Halts Angaben zufolge hatte es noch weitere Vorkommnisse in der fraglichen Nacht gegeben, die nicht im Protokoll aufgeführt waren. Georgina Bruni konnte mit dieser Aussage zunächst wenig anfangen, doch bald schon spürte sie, dass mehr hinter diesem Fall steckt und dass die Causa Rendlesham Forest vielleicht das größte Ereignis in der Menschheitsgeschichte ist. Halt gestand, dass die Öffentlichkeit noch nicht bereit sei, sämtliche Fakten über den Rendlesham-Fall zur Kenntnis zu nehmen und schloss mit den Worten:

„Was sich dort ereignet hat, ist so außergewöhnlich, dass die Veröffentlichung der genauen Vorfälle die ganze Art und Weise, wie wir Menschen die Realität und die Natur des Universums sehen, in Frage stellen würden."

Georgina Bruni entschloss sich deshalb dazu, ihrem Buch den Titel „Man kann es den Leuten nicht sagen" zu geben. Nach und nach haben immer mehr Augenzeugen ihr Schweigen gebrochen. Unter anderem auch James Penniston, der das Objekt auch berührt hatte.

1994 wurde er unter Hypnose zu den Ereignissen befragt und schließlich durch den US-Geheimdienst AFOSI, der die Air Force Aktivitäten außerhalb der Vereinigten Staaten gemeinsam mit der CIA koordiniert, massiv unter Druck gesetzt. Unter anderem haben die US-Agenten Penniston mit der Wahrheitsdroge Pentothal behandelt, um an sämtliche Fakten zu gelangen und zudem sein Erinnerungsvermögen zu schwächen. Unter Hypnose soll Penniston später ausgesagt haben, dass er auch Kontakt zu den Insassen des Objekts hatte, diese Aussage bestätigten auch die anderen Zeugen, die mit Penniston vor Ort waren.

Was ist also wirklich in jenen fraglichen Nächten geschehen – und was kann man der Öffentlichkeit nicht sagen? In dem Bericht ist die Rede davon, dass der Geheimdienst AFOSI mit Pentothal, einer Wahrheitsdroge gearbeitet hat. Eine Praktik, die bei Geheimdiensten immer wieder zu beobachten ist. Entweder wird mit Hilfe von Drogen die Wahrheit aus Zeugen herausgepresst oder den Zeugen soll auf diese Weise das Gedächtnis „gereinigt" werden, dass sie sich an nichts mehr von dem erinnern können, was sie gesehen haben. Besonders die USA sind in der Vergangenheit in der Entwicklung sogenannter manipulativer Praktiken des menschlichen Gehirns auf dem Gebiet der Forschung sehr aktiv gewesen, wie wir in dem folgenden Kapitel erfahren.

Kapitel 13

Mindcontrol - die absolute Herrschaft über den Menschen

Die UFO-Akte Rendlesham erweist sich in der Tat als schwierig und geradezu komplex. Komplex deshalb, weil es verschiedene Zeugenaussagen und gleich mehrere Sichtungen an verschiedenen Tagen über der Militärbasis gegeben hat. Ob es sich dabei jeweils um ein und dasselbe Objekt gehandelt hat, kann abschließend weder bejaht noch verneint werden, weil unterschiedliche Zeugenaussagen vorliegen, die die Beurteilung hinsichtlich der Beschreibung des Objektes schwierig gestaltet. Hinzu kommt aber noch ein anderer, ein viel wichtigerer Aspekt, nämlich die Tatsache, dass die Zeugen, insbesondere Penniston, vom US Geheimdienst AFOSI mit einer Droge bearbeitet wurde – einerseits um die Wahrheit zu erfahren, andererseits um seine Erinnerung zu löschen.

Nun wissen wir ja von zahlreichen ähnlichen Vorfällen, dass immer dann die Geheimdienste, ob CIA oder AFOSI, aktiv werden, wenn Zwischenfälle verschleiert werden sollen. Hier geht es dann ganz explizit darum, dass die Wahrheit oder besser noch der gesamte Vorfall vor den Augen der Öffentlichkeit verschwiegen werden soll. Sollten die Zeugen schließlich doch quatschen, werden entsprechende Gerüchte, also Verschwörungstheorien, in den Umlauf gebracht.

Jedoch sollten wir im Zusammenhang mit dem Rendlesham-Fall noch eine weitere Option in Betracht ziehen. Eine, die so derartig absurd klingt, dass sie eigentlich nur aus der Feder eines hochbezahlten Science-Fiction-Autors stammen könnte. Auch wenn sie auf den ersten Blick noch so verrückt klingen mag, sie ist auf jeden Fall eine Überlegung wert. Beim näheren Betrachten der Faktenlage und beim „Zwischen-den Zeilen-lesen“ drängt sich mehr und mehr der Verdacht auf, dass Penniston und seine gesamte Mannschaft durchaus auch einem Experiment zum Opfer gefallen sein könnten. Um aber die wahren Hintergründe der Aktion zu vertuschen, wurde später die gute alte Geheimdienstmaschinerie angeschmissen und wieder mal die abenteuerlichsten Erklärungen der Öffentlichkeit geliefert, die wenig später von offizieller Seite natürlich widerlegt, als unhaltbar, absurd und abenteuerlich kommentiert wurden. Wie schon gesagt, eben die typische Geheimdienstpraxis, eine Verschwörungstheorie, wie sie gerne von Geheimdiensten aufgebaut wird, wenn es darum geht, eine schmutzige Geschichte unter den Teppich zu kehren, wie wir in dem Kapitel die Verschwörungstheoriemacher noch genauer erfahren werden.

In der Tat sind es wieder einmal jene brisanten Details, die James Penniston 1994 im US-Fernsehen berichtete, die diesen Schluss zulassen. Penniston sprach damals von menschlichen Insassen in dem gelandeten Objekt, die ihm erklärt hätten, sie kämen aus einer zukünftigen Zeit der Erde, eine Zeit, wo die Erde bereits verwüstet sei, was keine normale Fortpflanzung mehr ermögliche. Daher müssten sie kommen, um sich gesundes Keimmaterial zu holen. Spätestens hier erhebt sich die Frage, ob eben jenes Erlebnis sich auch tatsächlich so in der Realität abgespielt hat oder ob nicht vielleicht Stimmen und Bilder nur in Pennistons Kopf existierten, sie ihm quasi suggeriert worden sind. Außenstehende Beobachter mögen jetzt vielleicht an Magie oder Voodoo denken, in Wirklichkeit aber handelt es sich um eine effektive Waffe der Geheimdienste zur Kontrolle der breiten Bevölkerung, die zunächst einmal an ahnungslosen Militärangehörigen getestet wurden. So unglaublich das vielleicht auch klingen mag, aber es ist leider wahr.

„MK Ultra“ – hinter jenem Kürzel verbirgt sich ein schreckliches Kapitel der Wissenschaft. Es ist der jahrzehntelange Versuch der CIA, Menschen zu willenlosen und roboterähnlichen Wesen zu machen. Die Abkürzung MK steht in diesem Fall für „Mind Control“ und ist eine der wohl schrecklichsten Formen der Gehirnwäsche. Bereits in den frühen 1950er Jahren, also noch zur Zeit des Koreakrieges, ließ die CIA ihre Psychologen und

Psychiater massiv auf dem Gebiet der Gedanken- und Bewusstseinskontrolle forschen und natürlich auch experimentieren. So ließ etwa im Keller des Allan Memorial Hospitals im kanadischen Montreal Dr. Edward Cameron sogenannte Kammern des Schreckens errichten. In diesen wurde jahrelang an Menschen die Auswirkungen von Schlafentzug, Elektroschocks und Drogen erprobt.

Abb. 33: MK Ultra Programm

(http://3.bp.blogspot.com/-aihgToXfx7A/VKGsBZ8I0fI/AAAAAAAAE6c/w-c44l2NWvg/s1600/mk%2Bbig%2B2.png)

Gewissermaßen als Startschuss für das Programm „MK Ultra" gilt noch heute die berühmte Brain Warfare Rede des ehemaligen CIA-Direktors Allen W. Dulles am 10. April 1953. Diese Rede war also quasi Anfang für das wohl zweifellos ambitionierteste und bekannteste Forschungsprogramm zur Beherrschung des menschlichen Gehirns. Durchgeführt natürlich unter der Führung der CIA. Dulles beschwor damals die Schlacht um die Köpfe der Menschen, die mit den Sowjets zu schlagen sei, und für die es dringend die Mittel zur psychologischen Kriegsführung zu entwickeln gelte.

Abb. 34 links: Egmont R. Koch **Abb. 35 rechts:** Michael Welch, das Autorenduo die das Buch „Deckname Artischocke“ publiziert haben. (http://www.egmontrkoch.de/bilder/egmont_r_koch_(1).JPG) (https://upload.wikimedia.org/wikipedia/commons/thumb/8/81/Michael_Welch_2015.jpg/220px-Michael_Welch_2015.jpg)

Das streng geheime CIA-Programm „Artichoke“, später in „MK Ultra“ umbenannt, fasste Ansätze von Geheimdiensten der US Army, der US Navy und anderen zusammen, die man heute rückblickend als Manipulations-, Verhör- und Foltertechniken bezeichnen muss. Und bereits schon vor dem eigentlichen Programmstart forderte es zahlreiche Opfer, da bereits im Stadium der Entwicklung illegale Versuche an Menschen stattfanden. Mit diesen Versuchen verstießen die Vereinigten Staaten gegen den Nürnberger Ärztekodex, wie die Autoren Egmont R. Koch und Michael Welch in ihrem im Jahre 2002 im Bertelsmann Verlag erschienen Buch „Deckname Artischocke“ beschreiben. Die darin aufgeführten Experimente verfolgten in erster Linie das Ziel, der Bedrohung durch kommunistische Gehirnwäsche entgegenzuwirken – und der amerikanischen Außenpolitik „dirty tricks“ (schmutzige Tricks) bereit zu stellen.

Das Programm war der Beginn einer teuflischen Ideologie, die aufrechte Amerikaner in willenlose Marionetten gefühlloser Gleichmacherei verwandeln konnte – ähnlich wie in dem Film „Invasion der Körperfresser". Die Moral lag von nun an nicht mehr in den Händen des Individuums selbst, sondern konnte von außen gesteuert werden.

Ein Mensch mit hohem Moralempfinden konnte somit praktisch über Nacht zu einem skrupellosen Killer mutieren, der ohne mit der Wimper zu zucken imstande war, ein halbes Duzend Menschen auf der Straße zu töten. Wie das möglich ist? Meistens versuchen Gehirnforscher aus Bildern zu schließen, welcher Teil des Gehirns wofür zuständig ist. Mit Hilfe von Magnetstimulation, die die Aktivität und das Denken der Person verändert, ist es aber auch möglich, den umgekehrten Weg zu gehen. Auf diese Weise ist es in der Vergangenheit Forschern gelungen, Teile unserer moralischen Urteilsfähigkeit zu verändern oder ganz außer Kraft zu setzen. Laut der amerikanischen Forschungsdirektorin im globalstrategischen Rat der USA, Janet Morris, soll es den Russen bereits gelungen sein, Menschen zu schaffen, die robotergleich auf elektromagnetische Befehle reagieren, ohne dabei auf Implantate angewiesen zu sein.

Ab etwa Mitte der 1970er Jahre änderte sich die Zielsetzung des MK-Programms. Laut Auskunft aus Kreisen der Carter-Administration war es nun möglich, mit Hilfe von MK Ultra Killer zu dressieren. Killer, die im Auftrag der Regierung in der ganzen Welt unterwegs sein sollten. Im Weißen Haus ließ man sich über das Programm auf dem Laufenden halten. Selbst ranghohe Politiker erfuhren aus dem CIA-Hauptquartier in Langley nur das absolut Notwendigste. Schätzungen zu Folge hat die CIA nur lediglich 10 Prozent ihrer MK Ultra-Akten offen gelegt.

Mittlerweile ist es also ein offenes Geheimnis, dass Wissenschaftler seit mehr als 60 Jahren Versuche unternehmen, dass menschliche Gehirn mit Computern und anderer Hardware zu manipulieren. William Scott, ein mittlerweile pensionierter Colonel der US Armee, bestätigte am 15. August 1994 in der Zeitschrift *Aviation Week and Space Technology,* dass die Armee seit den 60er Jahren extensive Experimente in Bezug auf Gehirnwellenmanipulation mit Hilfe von Radio- und Mikrowellenstrahlung zum Steuern von Fernlenkeinrichtungen für Raketen und Flugzeuge durchführt. Die benutzten Radio- und Mikrowellen durchdringen dabei mit Leichtigkeit Böden und Gebäude, ohne dabei Spuren zu hinterlassen. Bei diesen Forschungen fand man auch heraus, dass der menschliche Körper ähnlich wie ein Computer, der aus Myriaden Datenprozessen besteht, funktioniert. Jedes Gefühl, jeder Gedanke, jede Erinnerung und jede Absicht gehen zurück auf feinste elektrische und biochemische Impulse.

Wie das Leben eines Menschen aussieht, der zur Zielscheibe unmenschlicher Bioprozess-Kontrollwaffen wurde, beschreiben die Autoren Helmut und Marion Lammer in ihrem Buch „Schwarze Forschungen" anhand des Beispiels der Neuseeländerin Janine Jones. Ihr wurden illegal Implantate eingepflanzt, die eindeutig auf Röntgenaufnahmen zu sehen sind und von Ärzten auch bestätigt wurden. Seit 1988 durchläuft sie ein wahres Martyrium. Die Implantate stimulieren spezielle Körperteile. Janine Jones wörtlich:

„Zum Beispiel fällt mein Mund plötzlich auf, und meine Lippen beginnen unkontrolliert zu zucken. Plötzlich wird meine Hand wie ferngesteuert nach oben gehoben. Meine Beine gehorchen mir manchmal nicht und ich höre verschiedene Geräusche in meinem Kopf."

Außerdem empfängt Jones seit 1994 visuelle, dreidimensionale holografische Bilder von Gesichtern, Personen, Gebäuden und Plätzen und anderen seltsamen Gegenständen. Elektromagnetische Wellen oder Strahlen können, wie wir bereits schon erfahren haben, direkt in grundlegende Nervenprozesse des Menschen eingreifen und Veränderung der Persönlichkeit auslösen. Es ist also durchaus möglich, durch elektromagnetische Strahlen die Funktion des Verstandes, Gefühle und sogar Verhaltensweise des Menschen zu beenden, zu verändern oder sogar völlig neue Verhaltensweisen oder Gefühle hervorzurufen. Selbst Befehle in Form von Sprache können über elektromagnetische Strahlen verschickt werden. Unzählige wissenschaftliche Aufsätze und Bücher belegen diese Tatsache mittlerweile eindeutig. In den USA gibt es zahlreiche Forschungsprojekte, die sich ausdrücklich mit der Nutzung elektromagnetischer Strahlen zur Beeinflussung der Bürger befassen.

Ein Beispiel: Im November 1986 standen zwei palästinensische Terroristen in Deutschland vor Gericht. Beide hatten zuvor Geständnisse abgelegt, widerriefen diese aber gleich nach Eröffnung der Verhandlung. Sie begründeten ihren Widerruf damit, dass sie in ihren Zellen in einem bundesdeutschen Untersuchungsgefängnis solange mit elektromagnetisch übertragenen Stimmen bearbeitet worden seien, bis sie schließlich vor lauter Zermürbung die Geständnisse unterschrieben hätten.

Die modernste MK-Waffe dürfte allerdings der biophysikalische Verstärker „Miranda“ sein, den eine russische Rüstungsfirma im Auftrag des Verteidigungsministeriums in Moskau entwickelt hat. Miranda wird inzwischen sogar auf Basis eines Kooperationsvertrages zwischen KGB und CIA vom 24.09.1999 auch in den USA hergestellt. Die Arbeitsweise von Miranda ist, wenn man die Grundprinzipien versteht, recht einfach und simpel. Miranda sendet die gewünschte Information zunächst mit einer willkürlichen Trägerfrequenz auf den Menschen. Gerät der Körper der Person nicht in Resonanz, so startet automatisch eine Analyse, die zu einer schrittweisen Anpassung an die individuelle Situation führt, bis die körperliche Frequenz des Menschen gefunden ist. Von diesem Moment an ist der Mensch vollkommen hilflos in der Gewalt der Person, die ihn mit Miranda angepeilt hat.

Dass durchaus auch ahnungslose Bürger einer Beeinflussung durch Frequenzwellen ausgesetzt werden können, beweist ein Vorfall, der sich in der Silvesternacht 2001 mitten in Berlin ereignet hat. Hier wurde die Bevölkerung via Rundfunk einer Frequenzdroge ausgesetzt. Erstmals wurde hier eindeutig bewiesen, wie Frequenzwellen auf das menschliche Gehirn wirken. Am 31. Dezember 2001 sendete gegen 18 Uhr der private Radiosender 93,3 sein Musikprogramm in Verbindung mit einem unhörbaren Frequenzsignal, und zwar mit einer sogenannten „Glücksfrequenz". Tausende Berliner, die mitten in den Vorbereitungen ihrer Silvesterparty steckten, ließen zur nötigen Einstimmung ihr Radio im Hintergrund laufen. Der Mehrzahl der Hörer wusste aber nicht, warum sie sich plötzlich mehr und mehr glücklich fühlten. Der verantwortliche Radiosender äußerste sich anschließend widersprüchlich zu dem Vorfall; doch zweifellos markierte dieser Tag den Beginn einer neuen Ära, denn zum ersten Mal war technische Bewusstseinskontrolle öffentlich geworden.

Sicher ist, dass die Erde in den letzten 20 Jahren vor der Außenwelt unbemerkt in ein elektronisches Zuchthaus verwandelt worden ist, wo es möglich ist, durch elektromagnetischen Wellen, die wahlweise über Rundfunk, Fernsehen, Mobiltelefonen, selbst über Stromleitungen übertragen werden können, den menschlichen Geist auf beliebige Weise aus jedem Winkel der Erde heraus zu manipulieren. Das Schlimme daran ist aber, die betroffenen Personen bekommen von alldem nichts mit, da die Informationen direkt in das Unterbewusstsein geleitet werden.

Elektronische Gedankenkontrolle kann jahrelang unbemerkt bleiben, sie kann nervig sein, die persönliche Freiheit einschränken oder komplett auflösen und im schlimmsten Fall sogar lebensgefährlich werden. Forschungen zur Menschen- und Gedankenkontrolle werden, wie wir ja bereits erfahren haben, bereits seit Jahrzehnten betrieben, die Technik wird dabei zunehmend moderner und ist für die Betroffenen oft kaum noch erkennbar. Vor allem aber wird sie von der Gesellschaft noch immer nicht ernst genug genommen. Stattdessen werden Menschen, die glauben, dass sie betroffen sind, als Psychopathen oder Verschwörungstheoretiker stigmatisiert.

Doch das tatsächliche Ausmaß der Menschen- und Gedankenkontrolle ist in Wirklichkeit viel erschreckender, als man sich das in seinen schlimmsten Alpträumen vorstellen kann. Die Anstrengungen haben tatsächlich in den zurückliegenden 10 Jahren rund um den Globus wahre Quantensprüngen gemacht. Die Bewusstseinskontrolle mit Hilfe technischer Frequenzen wird von Betroffenen meistens unterschiedlich wahrgenommen, die Symptome sind dabei nur schwer einzuordnen. Sie reichen von diffusen Angststörungen über eine Häufung auffälliger Ereignisse bis hin zu psychosozialen Störungen, die Betroffene in die Isolation drängen.

Bei der Bewusstseinskontrolle wird zwischen zwei Arten unterschieden. Gang Stalking und electronic harassment, elektronische Belästigungs-Folter durch elektronische Einflussnahme auf Personen aus der Entfernung. Diese spezielle Form der Kontrolle bzw. Einflussnahme hat sich in den zurückliegenden 10 Jahren geradezu verzehnfacht.

Bei den hier durchgeführten Angriffen handelt es sich in keiner Weise nur um eine harmlose Belästigung, sondern es handelt sich vielmehr schon um einen gezielten Terrorakt, nämlich um sogenannte elektronische Folter – wobei zum Teil sogar elektronische Spitzentechnologie zum Einsatz gelangt, die in der Öffentlichkeit bisher weitgehend unbekannt ist. Die hier zum Einsatz gebrachte Technologie basiert auf einem elektromagnetischen Skalarwellenspektrum. Dazu zählen Mikrowellen ebenso wie Ultraschall oder Laser, die mühelos durch Häuser und Wohnungen dringen können, ohne dabei sichtbare Spuren zu hinterlassen. Sie sind zudem geräusch- und geruchlos und werden von den betroffenen Personen selten oder nie wirklich wahrgenommen. Jedoch durchleben Betroffene oft eine jahrzehntelange Odyssee, ohne dabei von Ärzten oder Psychologen ernst genommen zu werden. Viele von ihnen landen am Ende in der Psychiatrie oder begehen im schlimmsten Fall Suizid, da sie nicht imstande sind, die Qualen der Folter noch länger zu erdulden.

Ziel von Mind Control ist in erster Linie die Kontrolle und die Manipulation von Gedanken, Gefühlen sowie das Verhalten Einzelner oder ganzer Gruppen durch Straßentheater (Gang Stalking), außerdem Gefühle mit bestimmten Worten und Farben zu verknüpfen sowie eine Illusion von Schuld zu erzeugen. Auch das Gedankenlesen in Echtzeit, das Löschen von Gedanken und Erinnerungen, die Störung des Kurzzeitgedächtnisses sowie das Induzieren und Manipulieren von Träumen gehört bereits heute zu den perfiden Techniken von Mind Control.

Aber auch die soziale Kontrolle ist ein nicht unwesentlicher Bestandteil dieses Systems. Dazu zählen unter anderem das Fälschen von Beweisen sowie das Streuen von Gerüchten bei der Verbrechensprävention. In den meisten Fällen handelt es sich in diesem Fall um den Vorwurf eines Sexualverbrechens, ohne dass der Betroffene eine Chance erhält, seine Unschuld zu beweisen oder sich selbst zu verteidigen. Auch eine plötzliche Arbeitslosigkeit oder der Verlust von Freunden auf Grund von gestreuten Gerüchten zählen zu perfiden Methoden von Mind Control. Ziel ist es, die betroffene Person in eine soziale Isolation zu treiben.

Des Weiteren kommt es zur Erzeugung von psychischen Symptomen, etwa das Hören von Stimmen, sozialauffälligem Verhalten, was schließlich zu einer psychiatrischen Behandlung mit Einweisung in eine geschlossene Einrichtung führen kann. Es gehört auch das Erzeugen von Symptomen eines Drogenmissbrauchs mittlerweile zur gängigen Praxis, da auch diese die Reputation der Person zerstören. Oft werden diese Methoden bei Personen angewendet, die in der Öffentlichkeit arbeiten und einem bestimmten Projekt oder Vorhaben im Weg stehen. Etwa Politiker, die Waffengeschäfte oder andere gefährliche Wahrheiten an die Öffentlichkeit bringen wollen oder Ärzte, die sich dem Kartell aus Pharmaunternehmen widersetzen und bestimmte alternative Heilmethoden anwenden und diese auch in der Öffentlichkeit publik machen, werden nicht selten durch diese Art von Manipulation aus dem Weg geräumt.

Sollten sich dennoch Ungereimtheiten ergeben und Journalisten oder Weggefährten der Person hellhörig werden und Zweifel äußern, werden sie in der Regel als Verschwörungstheoretiker diskreditiert und der Lächerlichkeit preisgegeben. Wir erinnern uns: In der jüngsten Vergangenheit gab es zahlreiche Politiker, die sich plötzlich und wie aus heiterem Himmel dem Vorwurf des Drogenkonsums oder des Besitzes kinderpornografischer

Schriften ausgesetzt sahen, ohne dass sie auch nur die geringste Chance hatten, diese Vorwürfe wirksam zu entkräften, da auch die Mainstreammedien einen nicht ganz unwesentlichen Beitrag geleistet haben, die Reputation der Person in der Öffentlichkeit komplett zu zerstören.

Die elektronische Beeinflussung von Menschen wird seit vielen Jahren in den Vereinigten Staaten und auch in Europa praktiziert. Zu den Betroffenen zählen, wie schon erwähnt, vorrangig Menschen, die in politischen oder wirtschaftlichen Bereichen arbeiten, aber auch mehr und mehr Personen, die eher durchschnittliche und untypische Lebensläufe haben. Viele dieser Geschädigten haben also weder politische noch sonstige wirtschaftliche Karrieren hinter sich. Sie sind eben nur ganz normale, durchschnittliche Bürger, die vielleicht nur durch eine Verkettung unglücklicher Umstände zu Opfern geworden sind.

Anhand der oben geschilderten Beispiele dürfte an dieser Stelle nun jedem klar werden, dass durchaus die Möglichkeit besteht, dass auch an James Penniston und seinen Kameraden Bewusstseinsmanipulationen durchgeführt wurden. Allerdings gehe ich in diesem Fall von der Annahme aus, dass es sich bei Penniston und seinen Kameraden eher um „Versuchskaninchen" gehandelt hat, die nach dem Zufallsprinzip ausgewählt wurden.

Wie wir bereits in den vorangegangenen Kapiteln erfahren haben, geht man wohl nicht falsch in der Annahme, dass die Geheimdienste, vor allem in den USA, bei ihren verdeckten Operationen zur Tarnung gerne den Anschein erwecken, dass Außerirdische im Spiel waren. Denn jeder, der der Öffentlichkeit berichtet, Außerirdischen begegnet zu sein, wirkt natürlich in der Regel auf seine Umwelt unglaubwürdig und lächerlich. Und noch ein weiterer wichtiger Aspekt kommt hinzu: Geheimdienste und Regierung können in diesem Fall natürlich jede Verantwortung für das Handeln Außerirdischer ablehnen. Eine elegante Lösung also, um von den wahren Hintergründen einer geheimen Operation abzulenken.

Dass das US Militär gerne unter der außerirdischen Flagge operiert, beweist auch der folgende Vorfall, an dem wiederum ein dreieckiger Flugkörper beteiligt war: Am 19. Juli 1984 fuhr ein Computerprogrammierer namens Bill auf der I-84 im Grenzgebiet zwischen New York und dem Bundesstaat Connecticut. Von dort aus bog er auf die Route 52 ab. Gegen 23:00 Uhr fiel ihm ein Schwarzes Dreieck am Himmel auf, das zu landen schien und wieder abhob. Nachdem er zuhause angekommen war, stellte Bill fest, dass ihm Zeit fehlte, außerdem hatte er körperliche Beschwerden. Er nahm Kontakt mit dem Ufo-Forscher und Autor Philip Imbrogno auf. Dieser empfahl ihm schließlich eine Hypnose-Regression vornehmen zu lassen, wobei schließlich eine klassische Entführung durch Greys festgestellt wurde, inklusive medizinischer Untersuchung natürlich.

Merkwürdig erschien Bill allerdings die Tatsache, dass auf dieser stark frequentierten Route kein weiteres Auto zur angegebenen Zeit unterwegs war. Auch Imbrogno machte diese Tatsache stutzig und er ließ, im Bemühen der Wahrheit auf die Spur zu kommen, nicht locker. Im Laufe der Recherchen zu seinem Buch „Contact of the 5th kind" stellte der UFO-Forscher weitere Untersuchungen an. Imbrogno stieß unter anderem auf einen Autofahrer, der ebenfalls die Route 52 benutzen wollte, jedoch von drei Männern in Bauarbeitermontur daran gehindert wurde, die eine Sperre errichtet hatten und mit Leuchtstäben den Verkehr umleiteten. Imbrogno fand auch heraus, dass zur fraglichen Zeit keine Behörde oder Autobahnmeisterei eine Sperre errichtet hatte. Deshalb ging der Autor in seinem Buch auch davon aus, dass militärische Kreise hinter der Entführung und den medizinischen Untersuchungen steckten, wie etwa bei den streng geheimen Projekten MK-Ultra und MK-Ufo. Diese von der CIA in den 1960er Jahren ins Leben gerufenen geheimen Militärprogramme hatten zum Ziel, den perfekten Soldaten zu züchten.

Die Experimente wurden, wie der vorliegende Fall deutlich zeigt, am Ende auch auf die Zivilbevölkerung übertragen, ohne dass diese jemals darüber in Kenntnis gesetzt wurde. Ziel war es, einen Attentäter zu schaffen, der jeden Befehl ohne nachzufragen und ohne zu zögern ausführen sollte. Noch heute leiden viele Menschen an den Spätfolgen dieser höchst unmoralischen Experimente um die Kontrolle der Gedanken zu erreichen.

Fassen wir zusammen: UFOs waren also schon zu allen Zeiten und bei allen Geheimoperationen involviert, an denen Regierung und Militär der Vereinigten Staaten beteiligt waren. Und sie sind es zum Teil auch heute noch. UFOs sind also ein wunderbares, ja nicht zu sagen perfektes Tarninstrument der Geheimdienste. Und welche Behörde untersucht schon einen Entführungsfall ernsthaft, wenn das Opfer angibt, von Außerirdischen entführt worden zu sein? Keine Strafverfolgungsbehörde der Welt würde irgendjemandem eine solche Geschichte abkaufen, geschweige ein Ermittlungsverfahren aufnehmen. In Anbetracht dieser Tatsache, sollte jede Entführungsgeschichte durch vermeintliche Außerirdische unter völlig neuen Gesichtspunkten betrachtet werden. Wurde hier vielleicht über mehr als fünf Jahrzehnte der mit Abstand größte Skandal aller Zeiten geschickt und auf geradezu perfide Weise inszeniert und bis heute geheim gehalten und vertuscht? Wenn ja, dann wurden hier wissentlich Versuche an unschuldigen Menschen vorgenommen, die nicht die leiseste Chance hatten, sich zu wehren. Und jeder Psychiater hielt die Geschichten dieser Menschen für so absurd, dass er nicht einmal ansatzweise daran gedacht hat, sie auch nur zum Teil zu glauben, geschweige sie zu untersuchen.

Für die gesamte Psychiatrie handelte es sich hier bloß um Geschichten. Geschichten, die nur einem kranken Hirn entsprungen sein konnten, einem LSD-Patienten vielleicht, der sich mal wieder auf einen Trip geschickt hat. Wenn aber auch nur ein Teil davon stimmt, was sich hier offenbart, dann könnte über die US Regierung eine Welle von Entschädigungszahlungen in Milliardenhöhe hereinbrechen. Denn jeder einzelne Entführungsfall, der durch vermeintlich Außerirdische begangen wurde, müsste praktisch neu aufgerollt und von einer unabhängigen Kommission neutral untersucht werden. Doch dazu wird es wahrscheinlich nie kommen. Denn die Verantwortlichen haben schließlich ihre Hausaufgaben gründlich erledigt. Wurde also bewusst die Außerirdischen-These, nach jenem besagten UFO-Crash in Roswell im Jahre 1947, vom US-Militär ins Leben gerufen? War George Adamski nur ein Bauernopfer der CIA? Wurde da vielleicht schon ein Drehbuch geschrieben, war jedes einzelne Detail bereits generalmaßstabsmäßig ausgearbeitet? Vielleicht.

Doch sollte an dieser Stelle eine Frage gestattet sein: Von wem wurde, und wird zum Teil auch heute noch, dieser Mummenschanz finanziert? Wer war und ist so bereitwillig, sein Portemonnaie zu öffnen und diesen vielleicht größten Skandal aller Zeiten zu finanzieren? Bisher ist nur bekannt, dass die Familie Rockefeller viel Geld in die Forschung des Harvard-Psychiaters Dr. John Mack gesteckt hat, der zahlreiche Bücher in der Vergangenheit veröffentlichte, die sich alle mit Entführungen durch Aliens befassen. Mack stufte die Entführungen immer als real ein und die Opfer als glaubwürdige Zeugen. Alles, was sie gegenüber Mack unter Hypnose aussagten, hielt dieser auch für tatsächlich erlebt. Zwischen den Jahren 1993 und 1995 wurden laut BBC-Recherchen durch die Familie Rockefeller an John Macks Center for Psychology and Social Change in Massachusetts Spenden in Höhe von 500.000 US Dollar überwiesen. Rockefeller bezahlte außerdem mindestens zwei Treffen der Starlight Coalition, die sich aus ehemaligen Geheimdienst- und Militäroffizieren zusammengesetzt haben soll, welche sich für UFOs interessieren.

Welche Ziele also verfolgten die Geheimdienste, das Pentagon und vor allem welche Rolle spielten die Rockefellers in diesem Stück? Gehen wir zunächst einmal von der Tatsache aus, dass es hier in erster Linie um Menschenversuche ging und um die Frage, auf welchem Weg man sich die „Versuchskaninchen“ besorgen kann, ohne dass dabei der Verdacht auf irgendeine Einrichtung oder Behörde fällt. Angehörige des Militärs hätte man vielleicht noch leicht ködern können, sie sind ja quasi Leibeigene der Regierung und unterstehen somit einem direkten Kommando, doch das reichte den Verantwortlichen offenbar nicht. Nein, sie wollten auch weite Teile der Zivilbevölkerung für ihre perfiden Projekte und Versuche heranziehen. Frauen, Männer, Junge, Alte und auch Kinder. Doch wie sollte man an all diese Menschen gelangen, ohne dabei aufzufallen? Etwa durch einen Aufruf innerhalb der Bevölkerung zur freiwilligen Teilnahme? Dem wäre sicherlich niemand gefolgt, selbst bei Zahlung eines hohen Honorars nicht.

Also musste ein anderer Plan her. Entführung? Ja! Aber wie? Wie entführt man Menschen, ohne dabei Spuren zu hinterlassen? Mag sein, dass irgendein Spaßvogel einmal aus einer Laune heraus gesagt hat, das kann nur jemand machen, der nicht von dieser Erde ist. Und wie so oft im Leben, steckt hinter jeder launigen Äußerung nicht selten auch ein Funken Wahrheit. Und manchmal sogar ein Plan. In diesem Fall ein ziemlich genialer sogar! Entführung unter außerirdischer Flagge, auf diese Idee muss man erst einmal kommen! Ein Drehbuch, das kein Science-Fiction-Autor hätte besser schreiben können. Doch anscheinend arbeiten auch in den Denkfabriken der Geheimdienste zuweilen geniale Köpfe, die ihr Geld wert sind.

Wenn das alles wirklich zutrifft, was ich vermute, dann wurden also für diese Art von Untersuchungen, die ich oben bereits beschrieben habe, nicht nur Militärangehörige in großem Stil missbraucht, sondern auch Zivilisten. Ich erinnere in diesem Zusammenhang nur an so prominente Opfer wie Betty und Barney Hill. Wurden alle diese Personen zu unschuldigen Opfern, die rein zufällig zur falschen Zeit am falschen Ort waren? Wurden sie zu Opfern medizinischer Tests, wurde ihr Gedächtnis so manipuliert, dass sie Bilder, Lebewesen und Räume sahen, unter Hypnose versteht sich, die gar nicht existierten? Wurden ihnen diese Bilder vielleicht mit Hilfe von Chips implantiert? Wenn ja, dann wäre dies in der Tat der größte Skandal in der Geschichte der Menschheit! Doch welche Rolle nehmen dabei bekannte Psychologen, wie etwa Bud Hopkins, ein? Waren die am Ende auch nur das Werkzeug von Organisationen, die nicht vor Tod und Teufel zurückschrecken? Oder waren sie am Ende gar Eingeweihte, Mittäter, die sich fleißig und ungeniert am großen Kuchen mit bedient haben, kassiert haben, der breiten, interessierten Öffentlichkeit in Büchern Spukgeschichten verkauft haben, die jeder Beschreibung spotten?

Die Familie Rockefeller gehört, neben den Rothschilds, zu den reichsten Menschen der Erde. Ihr Vermögen ist kaum überschaubar. 50.000 US Dollar ist für die ein Klacks, Peanuts, die man aus der Portokasse mal so ganz nebenbei zahlt. Doch selbst der reichste Milliardär zahlt nicht für irgendeine Sache, von der er am Ende keinen Nutzen hat. Im Gegenteil, das sind geizige Leute, die nur dann ihren Geldbeutel öffnen, wenn unterm Strich etwas zurückfließt, wenn eine Win-Win-Situation entsteht. Den Gutmenschen gibt es nur in der Phantasie, der existiert im wirklichen Leben nicht – und wenn doch, dann wird er vom Rest der Bevölkerung für einen kindischen Idioten gehalten, verspottet, ausgelacht und an den öffentlichen Pranger gestellt. Den nimmt am Ende niemand mehr ernst.

Also, welche Absichten verfolgten die Rockefellers im Rahmen ihrer mildtätigen Unterstützung John Macks? Zahlten sie am Ende vielleicht auch die Zeche für das Mind-Control-Programm, für all diese schrecklichen Versuche an unschuldigen Menschen? Vielleicht steckt mehr dahinter, vielleicht auch nur wieder eine dieser haltlosen Verschwörungstheorien. Doch am Ende stecken, wie schon so oft erwähnt, in jeder Verschwörungstheorie auch mindestens 80 Prozent Wahrheit. Selbst der intelligenteste Verschwörungstheoretiker ist nicht in der Lage, so eine Geschichte mal eben über Nacht aus dem Hut zu zaubern. Folgt man dem Pfad der Verschwörungstheoretiker, so ist immer wieder die Rede davon, dass die Familien Rockefeller und Rothschild im Begriff sind, eine neue Weltordnung aufzubauen, eine Welt, in der sie die gesamte Bevölkerung mit all ihrem Kapitel unter Kontrolle haben wollen. Steckt darin also der tatsächliche, der wahre Grund von Mind Control?

Doch an dieser Stelle noch einmal zurück zu den Geschehnissen in Rendlesham: Nehmen wir also einmal an, Georgina Bruni wusste von diesen Geheimprojekten, sie wusste von der Art und Weise der Manipulation, der Gedankenkontrolle, die vielleicht sogar an Bord des vermeintlich gelandeten Raumschiffs stattfand. Sie wurde eingeweiht, weil James Penniston ausgepackt hatte, sein Schweigen gebrochen und der Autorin die ganze

Wahrheit auf den Tisch geknallt hatte. Dann war genau das die Wahrheit, die Georgina Bruni den Menschen unmöglich sagen konnte. Nein, sie konnte es einfach nicht. Viel zu schrecklich wäre sie zu jener Zeit für weite Teile der Menschheit gewesen und natürlich zu gefährlich für die Autorin. Eine Wahrheit also, die man den Menschen da draußen unmöglich erzählen konnte. Eine Wahrheit, die das Weltbild der gesamten Bevölkerung ins Wanken gebracht hatte. Eine Wahrheit, die ebenso schmerzlich gewesen wäre, wie die Tatsache, dass die Erde von Außerirdischen besucht wird. Es ist die Wahrheit, die noch heute im Verborgenen schlummert.

Aber sind die Menschen heute weniger sensibel als noch vor mehr als 30 Jahren? Ich denke nicht, obwohl sich das Weltbild erheblich verändert hat, und Menschen heute Dinge für normal und alltäglich halten, wo man vor 30 Jahren noch ungeniert den Kopf geschüttelt hätte. Aber die Tatsache, dass die Menschheit durch Mind Control manipuliert wird, glaubt selbst heute, in einer Zeit, in der mittlerweile eben alles möglich sein kann, nur ein schwindend geringer Teil der Bevölkerung – jene Menschen, die ihren angeborenen, gesunden Verstand benutzen und sich nicht von manipulierten Geschichten aus der Tagespresse täuschen lassen. Es sind die Menschen, die die Wahrheit suchen und die diese wünschen, weil nur die Wahrheit die Macht hat, das Böse in der Welt zu besiegen.

Trotz allem ist die Tatsache nicht zu leugnen, dass sich alles um uns herum über Nacht in einem rasanten Tempo, quasi im Zeitraffer, verändert hat. Unser gesamtes Leben. Vieles, was den Menschen vor 30 Jahren noch das Blut in seinen Adern hätte gefrieren lassen, lässt die Menschheit heute buchstäblich eiskalt. Diese Dinge perlen ab, wie der Regen von der Funktionskleidung. Es mag also in der Tat so sein, dass der Mensch heute weniger sensibel auf Nachrichten dieser Art reagiert, als noch vor 30 Jahren. Mag auch sein, dass die Menschheit heute an der Schwelle der Wahrheit steht und diese auch ohne zu murren und ohne dabei Schnappatmung zu bekommen schlucken würde. Doch eine Frage bleibt dabei zugegebener Maßen unbeantwortet: Sind Menschen, die diese Wahrheit ohne Gänsehaut aufnehmen gefühlskalt, also ohne jede Spur von Empathie oder sind sie selbst schon manipuliert?

Vielleicht verdrängen viele Menschen die Wahrheiten auch nur. So wie Menschen im Dritten Reich die Euthanasie nicht wahrhaben wollten, weggesehen haben. Bloß nichts sagen! Ganz nach dem Motto: Damit will ich nichts zu tun haben. Denn schließlich galt damals schon und gilt auch heute noch der Grundsatz: So etwas gibt es nicht von staatlicher Seite, da schaut niemand weg, das sind alles reine Verschwörungstheorien. Da sind nur gute Menschen in der Politik am Werk. Die wollen doch nur unser Bestes. Um es auf den Punkt zu bringen: Die politisch korrekte Gesellschaft hat sich für solche Themen nicht zu interessieren. Sie ist schließlich dressiert genug, die Augen zu schließen, den Mund zu halten und nur das zu glauben und auszusprechen, was ihr von oberer Stelle erlaubt wird.

Im Dritten Reich wurden die Menschen, die genauer hinsahen und den Mund aufmachten, beiseite geräumt. Heute werden Schwätzer und politisch unkorrekte Bürger an den „Medienpranger" gekettet, in der Mainstreampresse und im Internet verunglimpft und mit übelsten Verleumdungen mund- und gesellschaftstot geschlagen. Doch im schlimmsten Fall werden auch heute noch Menschen aus dem Weg geräumt, die bestimmten Organisationen und Regierungen bei ihrem Wirken und Handeln im Weg stehen.

Immer wieder liest man davon in den Zeitungen, dass sogar prominente Politiker, Regierungsgrößen, die in ihrem Handeln im Laufe ihrer politischen Karriere zu unbequem geworden und der Wahrheit nicht aus dem Weg gegangen sind, sich ihr nicht in den Weg gestellt haben, auf mysteriöse Weise ums Leben kamen. Wie und auf welch grausame Weise haben wir ja bereits erfahren.

Die Mainstreammedien arbeiten heute mehr denn je der übergeordneten Elite und geheimen Interessenvertretern in die Hand. Sie unterliegen einer übergeordneten Kontrolle und in Anbetracht dieser Tatsache ist es natürlich umso schwerer, die Wahrheit in die Welt zu tragen.

In der Causa Rendlesham könnte das bedeuten, dass Georgina Bruni ganz sicher mehr wusste, als sie ihren Lesern verriet oder verraten konnte. Es ist deshalb durchaus denkbar, dass auch sie von höherer Stelle unter Druck gesetzt wurde und den Außerirdischen Mythos aufrechterhalten musste, um von den tatsächlichen Vorgängen in dem beschaulichen Küstenstädtchen Woodbridge abzulenken. Vielleicht gab sie wirklich deshalb ihrem Buch den Titel „Man kann es den Menschen nicht sagen“. Manchmal verstecken sich ja hinter Buch- und Filmtitel auch geheime Botschaften. Das heißt in solch einem Fall, dass man um die Ecke denken und zwischen den Zeilen lesen können muss. Ein Titel also, der viel Raum für Spekulationen und Interpretationen bietet.

Doch die Wahrheit lässt sich nicht immer unter Verschluss halten. Irgendwann kommt sie immer ans Licht. Das ist einfach ein Naturgesetz. Jetzt, nach mehr als 35 Jahren, sieht es so aus, als ob nun auch die Wahrheit aus Rendlesham Forest ihren Weg in die Freiheit sucht. Der Vorhang scheint sich zumindest ein wenig zu heben. Oder steckt am Ende auch hier wieder nur ein geschickter Schachzug der Armee und der Geheimdienste dahinter, die die Rendlesham-Akte damit noch unglaubwürdiger, noch geheimnisvoller machen wollen? Das würde in diesem Fall bedeuten, eine alte Verschwörungstheorie gegen eine neue auszutauschen.

Kapitel 14

Neues aus Rendlesham?

Auf den ersten Blick jedenfalls klingen die Informationen zunächst einmal nicht sonderlich spannend. Nur so viel ist bekannt, dass, laut Aussage von Charles Halt, auch Radarlotsen vom Tower etwas gesehen haben sollen. Halt wörtlich:

„*Ich habe die Bestätigung, dass die Radarlotsen ein Objekt gesehen haben, das ihren Zuständigkeitsbereich von 60 Meilen innerhalb von zwei oder drei Sekunden durchquert hat, mit tausend Meilen pro Stunde. Es kam dann zurück in ihren Bereich und stoppte nahe des Bentwater-Towers, sie sahen es und beobachteten, wie es im Wald verschwand, wo wir waren.*“

Auch auf dem nahegelegenen Flugplatz Wattisham wollen Fluglotsen etwas entdeckt haben, das sie als unbekannt bezeichnen und was sie nahe dem Rendlesham Forest wieder aus dem Blick verloren hatten. Dass die Militärangehörigen wirklich etwas gesehen hatten, davon geht auch der UFO-Forscher John Hanson aus. Er sagte gegenüber der BBC, dass er Charles Halt noch immer für einen verlässlichen Zeugen hält und dass es einen gezielten Versuch gab, die Wahrheit zu verschleiern. Hanson sieht die Aussage der Fluglotsen als einen Beweis dafür, dass es sich bei der Sichtung nicht, wie von der damaligen Regierung behauptet, um eine Verwechslung mit einem Meteor oder Leuchtturm handelte.

Nur bleibt weiterhin fraglich, ob es sich bei den fremden Besuchern auch tatsächlich um Außerirdische handelte. Zahlreiche Beobachter gehen nämlich mittlerweile davon aus, dass das, was Penniston und seine Leute in jener fraglichen Nacht sahen, ein geheimes Testflugzeug der USA war – jenes Objekt vielleicht, das 10 Jahre später auch in Belgien und in zahlreichen anderen Ländern, sogar in Russland, für Aufsehen gesorgt hat. Offizielle Beweise hierfür liegen zwar noch nicht vor, allerdings wird bereits hinter vorgehaltener Hand getuschelt, dass da etwas im Busche war, was nicht an die Öffentlichkeit gelangen durfte und das es das wohl auch heute noch nicht darf.

Es ist ein ungeschriebenes Gesetz, dass es umso schwieriger wird ein Geheimnis unter Verschluss zu halten, je mehr Mitwisser es gibt. Und so scheint es auch in dieser Causa zu sein. Tatsächlich nämlich begann der ganze Spuk in dieser Region schon viel früher. Die ersten Schwarzen Dreiecke wurden bereits zwischen Oktober und Dezember 1979 in der Region Woodbridge gesehen. Interessant dürfte in diesem Zusammenhang sein, dass diese Beobachtungen nicht nur von der örtlichen Bevölkerung gemacht wurden. Auch Militärangehörige auf der US amerikanischen Woodbridge-AFB haben diese Objekte gesehen. Ganz ungeniert sollen sie dort unterwegs gewesen sein, heißt es in einem inoffiziellen Bericht. Und weiter heißt es in diesem Papier: Auch Landungen auf der AFB soll es gegeben haben. Doch in diesem genannten Fall war von sogenannten „Strange Crafts“ die Rede, also seltsamen Objekten, aber nicht davon, dass es Außerirdische waren.

Fassen wir zusammen: Ein Jahr vor dem eigentlichen UFO-Zwischenfall in Rendlesham kam es dort schon zu Begegnungen mit eben diesen beschriebenen, dreieckigen Objekten. Zufall? Wohl kaum! Spätestens als die in der Region bekannte UFO-Forscherin Brenda Budler und ihr Partner Chris Pennington Wind von der ganzen Sache bekamen und sich auf Spurensuche begaben, wurde die Sache wohl auch dem US-Militär zu heiß. Man befürchtete, dass irgendjemand vom Personal nicht die Klappe halten könnte und Informationen herausgibt, die nicht für fremde Ohren bestimmt sind, viel schlimmer noch, dass vielleicht sogar Fotos an die Öffentlichkeit gelangen, für die man nur schwer eine Erklärung finden könnte. Immerhin wusste man ja nicht, ob irgendein Militärangehöriger oder jemand aus der Bevölkerung auf den Auslöser seiner Kamera gedrückt hatte. Handlungsbedarf war also dringend erforderlich.

Aber was sollte man diesen neugierigen Schnüfflern erzählen? Irgendeine abenteuerliche Geschichte musste also her, eine, die so abstrus klingt, dass sie am Ende wieder wahr ist und dass sie auch der Dümmste glaubt. Also griff man auch in diesem Fall wieder in die alte und mittlerweile begehrte Trickkiste und zauberte über Nacht ein zweites Roswell aus dem Hut. Noch einmal mussten die Außerirdischen herhalten, diesmal also sollen sie im Königreich England Mutter Erde besucht haben und sie hatten sogar direkten Kontakt mit Militärangehörigen.

Am 2. Januar 1981 meldete sich bei Chris Pennington ein gewisser Steve Roberts, ein ziemlich obskurer Informant der AFB. Er erzählte etwas von einem UFO-Crash und der Kommunikation mit Aliens. Einen Tag später war er auf Nimmerwiedersehen verschwunden, zurück in die Vereinigten Staaten, seine Spur verlor sich, niemand wusste, um wen es sich da genau gehandelt hatte. Ein Phantom also, dessen Identität ganz offensichtlich so falsch war wie sein Name.

Doch es kommt noch besser. Bereits am 29. Dezember 1980 tauchten auf der britischen Luftwaffenbasis Watton in Norfolk CIA-Agenten auf und verlangten die Herausgabe der Radarplots der vergangenen Tage – dabei nahmen sie natürlich kein Blatt vor den Mund und verkündeten frank und frei, dass es einen UFO-Zwischenfall im nahegelegenen Woodbridge gegeben habe und sie deshalb unverzüglich alle gesammelten Daten benötigten. Die Sache entwickelte sich bald zu einem politischen und diplomatischen Tauziehen. Immerhin befanden sich die US-Agenten auf britischem Territorium und genossen somit keine Hausrechte. Das heißt also, die Anfrage hätte schriftlich über den regulären Dienstweg eingereicht werden müssen und außerdem machten sie sich mit ihrer munteren Geschwätzigkeit so ganz nebenbei auch noch des Geheimnisverrats schuldig – es sei denn, man war von höherer Stelle auch in diesem Fall daran interessiert, Gerüchte in die Welt zu streuen, so wie bei der kopflosen und übereilten Pressekonferenz in Roswell, als aller Welt Glauben gemacht werden sollte, dass Außerirdische gelandet seien.

Also darf man auch in diesem Fall getrost davon ausgehen, dass der gesamte Rendlesham Zwischenfall nichts weiter als eine gut oder schlecht inszenierte Show des US Militärs war, oder wer auch immer wirklich hinter der ganzen Sache steckt, um von der Existenz exotischer Fluggeräte abzulenken. (Quelle: Haunted Skies 8 S.223ff&S.243ff)

Ein ähnlicher Vorfall in der Nähe einer US- Militärbasis ereignete sich im Juli 1984 in Deutschland. Schauplatz war diesmal der NATO-Stützpunkt Ramstein in Rheinland Pfalz. Über dem Wohnwagenpark der Schausteller eines nahegelegenen Volksfestes erschien nachts plötzlich ein grelles Licht, das von einem riesigen, dreieckigen Flugobjekt ausging. Das Objekt schoss mit irrwitziger Geschwindigkeit in den Nachthimmel. Kurze Zeit später trafen Vertreter der US Militärpolizei ein und befragten die anwesenden Schausteller, ob sie etwas Ungewöhnliches beobachtet hätten – wenn ja, sei dies ein gewöhnliches Flugzeug der US Air Force gewesen. Was wollte das US Militär in diesem Fall vertuschen? Offensichtlich ist das Dreieck vom Stützpunkt Ramstein gestartet und offensichtlich bewusst in den Nachtstunden, um nicht von unerwünschten neugierigen Blicken dabei beobachtet zu werden.

Rendlesham bleibt also weiter spannend. Mit an Sicherheit grenzender Wahrscheinlichkeit werden auch in Zukunft weitere neue Informationen zu diesem Fall auftauchen. Es werden weitere Zeugen ihr Schweigen brechen und darüber sprechen. Nur, was die Medien daraus machen, bleibt fraglich. Allerdings möchte ich an dieser Stelle auch darauf hinweisen, dass jede noch so kleine Information mit äußerster Skepsis betrachtet und auch zwischen den Zeilen gelesen werden muss. Es besteht nämlich durchaus die Möglichkeit, dass auch in diesem Fall bewusste Falschmeldungen, also sogenannte „Fake News“ in Umlauf gebracht werden. Ziel dieser Falschmeldungen ist es, zum einen die Seriosität der Quelle in Frage zu stellen, zum anderen das Thema noch unglaubwürdiger und abstruser zu gestalten.

Im Fall Rendlesham weist in der Tat einiges darauf hin, dass es sich bei den gesichteten Objekten um ein Antischwerkraft-Luftfahrzeug der USA gehandelt hat. Im Internet trägt es den Namen TR 3B ASTRA. Ob es sich bei dieser Bezeichnung um die offizielle handelt, kann ich weder bestätigen noch bestreiten. Im Grunde genommen spielt das auch eine eher untergeordnete Rolle. Fest steht in jedem Fall, dass dieses Luftfahrzeug für einen Großteil aller UFO-Sichtungen der zurückliegenden 30 Jahre verantwortlich ist. Erfahren Sie im kommenden Kapitel, auf welch ungewöhnliche Weise sich die Dreiecke in der Vergangenheit der Öffentlichkeit gezeigt haben und urteilen Sie selbst.

Abb. 36: TR-3B ASTRA (https://i.ytimg.com/vi/xv2LrmBpI0A/maxresdefault.jpg)

Kapitel 15

Wenn nicht sein kann, was nichts sein darf

Was also ist da seit mehr als 20 Jahren auf der ganzen Welt unterwegs, von dessen Existenz die Welt nichts erfahren darf? Durchforstet man das Internet, stößt man auf Anhieb auf zahlreiche gute Amateurfilme, die Schwarze Dreiecke bei Tag wie bei Nacht bei allen erdenklichen Manövern zeigen. So findet man auch ein Filmchen, welches ein Schwarzes Dreieck, mit an allen drei Ecken angeordneten, starken Scheinwerfern zeigt, welches einen schmalen, roten, gebündelten Lichtstrahl zur Erde sendet, der offensichtlich auf dem Boden etwas absucht. Der Film entstand in Großbritannien und wurde von einem Police Officer aufgenommen.

Also durchaus seriös, sollte man meinen. Schaut man sich den drei Minutenstreifen mehrmals hintereinander an, kann man beim besten Willen keinen Trick oder irgendeine andere Manipulation dahinter erkennen. Der Film scheint also echt zu sein. Kritiker vermuten natürlich auch in diesem Fall so allerlei Unheil und wollen eine trickreiche Computeranimation dahinter erkannt haben. Denn schließlich kann nun beim besten Willen nicht sein, was nicht sein darf. Für eingefleischte Kritiker und Skeptiker lässt sich eben alles fälschen. Soll das etwa heißen, es gibt keine beweissicheren Videos und Bilder mehr? Vielleicht. Doch ganz so skeptisch sollte man die Sache nun auch wieder nicht sehen. Zwar lässt sich heute so gut wie alles in kürzester Zeit am heimischen Computer mit ein paar Handgriffen selber herstellen. Doch ganz so einfach ist das glücklicherweise nun auch wieder nicht. Ein geschultes Auge kann sehr wohl eine echte Kulisse von einer computeranimierten unterscheiden, etwa in der Entfernung des Objekts im Größenverhältnis zur Landschaft und wenn das nicht reicht mit Hilfe der Wärme- und Falschfarbenanalysetechnik.

Die geheimnisvollen Dreiecke werden, wie schon mehrfach geschrieben, auf der ganzen Welt gesichtet. Vor allem aber in den Vereinigten Staaten und meistens in Begleitung von Hubschraubern oder Kampfjets, sogar KC-135 Tankflugzeuge hat man schon in Begleitung dieser Objekte gesichtet. Etwa im August 1989, also wenige Wochen vor der großen Sichtungswelle in Belgien, über der Galveston Bay. Also nahe der britischen Küste.

Beobachter beschreiben die Objekte als groß und nahezu geräuschlos, höchstens ein schwaches Brummen sei zu hören, heißt es in den zahlreichen Zeugenaussagen. Die Objekte schweben laut Angaben der Zeugen geradezu majestätisch oder verharren für lange Zeit auf der Stelle. Die wohl prominenteste Aufnahme hierzu ist auf einem YouTube-Video zu finden. Laut Aussage des Herstellers dieser Aufnahme entstand der Film während der Nachtstunden mit Hilfe einer Nachtsichtkamera über Paris. Mehrere Minuten verharrt der dreieckige Flugkörper nahezu bewegungslos auf der Stelle. Dann dreht er sich mehrmals um die eigene Achse und verschwindet in einer Art Plasmaball. Deutlich zu erkennen sind zwei nach innen gekehrte Leitwerke in der Mitte vom Heck, was also den Rückschluss auf irdische Technologie zulässt.

In der Tat scheint es sich bei diesem Objekt um neuartige Technologie zu handeln, möglicherweise um dieselbe, die in Belgien und England im Einsatz war. Möglich ist auch, dass es sich bei dem Video um die Aufnahme eines Militärangehörigen handelt, der das Manöver von offizieller Seite gefilmt hat. Wie das Video dann ins Netz gelangt ist, ist bis heute nicht geklärt. Möglicherweise wurde es vom Urheber sogar persönlich veröffentlicht. Dass es sich bei dem Film um ein offizielles Dokument handelt, beweist auch die Tatsache, dass es um eine Aufnahme mit Nachtsichtkamera geht. Wer hat schließlich immer eine Nachtsichtkamera in der Hosentasche, um eine derartig einmalige und seltene Aufnahme festzuhalten? Nachtsichtgeräte sind eine höchst kostspielige Angelegenheit. Außerdem scheint die Aufnahme mit einem extrem starken Teleobjektiv entstanden zu sein.

Was für eine Technik ist hier im Einsatz, von der die Weltöffentlichkeit nichts erfahren darf, die so geheim ist, dass selbst Militärangehörigen, wie im Fall Woodbridge, mit Drogen und Drohungen unter Druck gesetzt werden? Warum wird die Öffentlichkeit mit geradezu abenteuerlichen Märchen gefüttert? Warum werden immer wieder Filme, wie der oben erwähnte über Paris, im Internet als Fälschungen gewertet? Aber noch viel beunruhigender ist für mich die Tatsache, dass die Dreiecke offensichtlich auch an Entführungen beteiligt waren oder es noch immer sind, wie in dem vorangegangenen Kapitel von mir beschriebenen Fall aus Texas.

Nicht ohne Grund wird der Vorfall im Rendlesham Forest mittlerweile von zahlreichen UFO-Forschern als das europäische Roswell betrachtet. Auch aus Roswell sind die Fakten erst im Laufe der Zeit geradezu scheibchenweise an die Öffentlichkeit gelangt. Immer wieder gelangten vermeintlich neue Beweise ans Licht, die kurze Zeit später aber wieder von offizieller Seite dementiert wurden, sodass am Ende kein Mensch mehr genau wusste, was Tatsache und was Erfindung ist. Geschweige welche Wahrheit denn nun hinter all den Vorkommnissen da draußen wirklich steckt. Die Geheimdienste haben hier wirklich ganze Arbeit geleistet, um keinen Funken Glaubwürdigkeit hinter den Geschehnissen zu lassen. Geheimdiensttaktik eben, die auf jener bereits beschriebenen Verschwörungstheorie aufbaut.

Hier wird bestimmt, was Volkes Ohr hören darf und was nicht. Geheimdienste und Medien sind also die Wahrheitsmacher. Sie sind die Institutionen, die Macht über das Wissen der Bevölkerung haben. Eine erschreckende Erkenntnis sollte man meinen. Doch die Realität sieht nun mal so aus. Und daran wird sich auch in Zukunft so schnell nichts ändern. Politiker und Geheimdienste bedienen sich gerne der Medien. Durch sie und nur allein durch sie ist es möglich, Verschwörungstheorien überhaupt in den Kreislauf der Bevölkerung zu bringen. Am Ende ist es dann meistens so, dass die erste Information, die also als vermeintliche Verschwörungstheorie in Umlauf gebracht worden ist, die tatsächliche Wahrheit enthält. Wie heißt es doch so schön? Das Gegenteil von allem ist wahr! Dabei ist doch die Wahrheit das kostbarste Gut überhaupt.

Das Ziel jeder aufgebauten Verschwörungstheorie ist aber, dass die Bevölkerung vor lauter Wahrheiten nicht mehr weiß, was denn nun tatsächlich die Wahrheit ist. Die Menschen stochern im Nebel, werden geblendet, manipuliert und getäuscht. So wie in Grimms Märchen „Der Wolf und die sieben Geißlein". Das ist schließlich so gewollt von den Verschwörungsmachern. Auch der folgende Fall gilt noch heute im Mainstream als ein Paradebeispiel einer Verschwörungstheorie. Lesen und urteilen Sie selbst. Am Rande möchte ich allerdings noch darauf hinweisen, dass aus diesem Kapitel eindeutig hervorgeht, wer am Ende die Verschwörungstheorie verbreitet.

Abb. 37: Verschwörungstheorien (https://image.jimcdn.com/app/cms/image/transf/none/path/s3b50bd41b7c85e07/image/ia7a4dedd96d77802/version/1428763905/image.png)

Kapitel 16

Wenn ein schwarzer Ritter zum Spion wird

Einer Legende nach sagt man, dass die Erde seit mehr als 13.000 Jahren von einem unheimlichen, schwarzen Satelliten umkreist wird, der den martialischen Namen „Black Knight“, zu Deutsch „Schwarzer Ritter“, trägt.

Abb. 38: Der schwarze Satellit Black Knight

(https://i2.wp.com/earthmysterynews.com/wp-content/uploads/2016/06/Screen-Shot-2016-06-22-at-10.00.01-PM.png?fit=619%2C395)

Dieser hat in der Vergangenheit schon viele Theorien über sich ergehen lassen müssen. Sogar Nikola Tesla soll im Jahre 1899 im US Bundesstaat Colorado Signale von diesem unheimlichen Objekt empfangen haben. 1954 schließlich soll der künstliche Trabant erstmals von Astronomen durch ein

Teleskop gesichtet worden sein. Ins Rollen gebracht hat die Diskussion aber erst der US-amerikanische UFO-Forscher Donald E. Keyhoe. Dieser hatte nämlich in den 1950er Jahren das Gerücht in Umlauf gebracht, dass die Erde von zwei künstlichen Objekten umkreist würde.

Wir alle wissen mittlerweile nur zu gut, dass Keyhoe für viele schräge UFO-Storys verantwortlich ist, einschließlich seines Erstlingswerks „Flying Saucer from outer Space" (Fliegende Untertassen aus dem Weltraum). Was mich an der Aussage Keyhoes wundert, dass er von zwei Objekten spricht. Wo also ist der andere Satellit geblieben? Um den ganzen Unsinn zu verstehen, muss man wissen, dass Keyhoe in den 1950er Jahren das Pentagon hinter sich hatte. Und nicht nur das! Er war der Einpeitscher der Außerirdischen-These, gleich in der ersten Reihe. Er flutete den Blätterwald ständig mit neuen Abenteuergeschichten, heute würde man sie „Fake News" nennen, um die Welt Glauben zu machen, dass die Erde seit Millionen von Jahren unter galaktischer Beobachtung und Kontrolle steht.

Welcher Sinn hinter all diesem Unsinn steckt, habe ich an dieser Stelle bereits oft genug erwähnt. Es war eben die Zeit des Kalten Krieges. Das Wettrüsten zwischen Ost und West konzentrierte sich bald nicht mehr nur auf ein Gleichgewicht der Rüstung am Boden und in der Luft, nein, nun hieß es für beide Supermächte, auch den Weltraum zu erobern. Jeder wusste, welches Potential das All beinhaltet. In vorderster Linie stand natürlich die Spionage. Die Geheimdienste beider Supermächte waren sich längst im Klaren darüber, dass vom Orbit aus, mit der nötigen Infrastruktur, bisher ungeahnte Möglichkeiten der Spionage offen standen.

Zurück zu Keyhoes Aussage. Woher bezog Keyhoe sein Wissen? Woher wusste er, dass die Erde von zwei Satelliten umkreist wird? Immerhin gehörte Keyhoe niemals zu den engen Beratern im Pentagon – zumindest offiziell nicht. Allerdings ist es mittlerweile eine gesicherte Tatsache, dass all die Geschichten, die Keyhoe in seinen Zeitungsaufsätzen und Büchern verbreitete, in enger Ansprache und mit Unterstützung des Pentagon entstanden sind. Um die Sache auf einen gemeinsamen Nenner und auf den berühmten Punkt zu bringen: Sämtliche geheime Technologie, die seit Ende der 1940er Jahre in den USA entwickelt wurde, stammt somit nicht von der Erde, sondern von einer fremden Intelligenz. Das zumindest vermittelt uns seit mehr als 60 Jahren die pseudowissenschaftliche UFO-Literatur. Und das wird sie auch weiter tun. Denn geheime Technik, die immer mal wieder am Himmel für jedermann sichtbar werden kann, kann nur mit Hilfe einer entsprechenden Legende geschützt und vor der Öffentlichkeit geheim gehalten werden. Das ist Geheimdienststrategie, und keine Verschwörungstheorie.

Abb. 39: Die Traumfabrik Hollywood zeigt uns in Science Fiktion-Filmen wo die Reise hingeht (http://americandream.comeniusopeningdoors.eu/Images/Hollywood%20sign.jpg)

Donald E. Keyhoe hatte also tatsächlich den richtigen Riecher, als er die Erde über Nacht von Außerirdischen erobern ließ. Nicht nur, dass er der Traumfabrik Hollywood mit seinen Ideen auf die Sprünge half, auch die Phantasie der Menschen auf der Erde erlebte zu jener Zeit ungeahnte Höhenflüge – in teils abstrakte Parallelwelten. Und so ganz nebenbei wurde, weit abgeriegelt vor den neugierigen Blicken der Öffentlichkeit, im Wüstenstaub von Nevada, auf der Area 51, Rüstungstechnologie vom Feinsten entwickelt.

Blättern wir an dieser Stelle einmal das Buch der Geschichte zurück auf das Jahr 1957. Genau in jenem Jahr wurde in Kasachstan, in der ehemaligen Sowjetunion, „Sputnik“ in die unendlichen Weiten des Alls entsandt. Der erste Satellit! Das sagen uns zumindest die Geschichtsbücher. Das heißt im Klartext: Was vorher im All umherschwirrte, kann nur von irgendwo außerhalb der Erde gekommen sein. Und es bedeutet aber auch, niemand konnte bis dato gewusst haben, dass eine Technik dieser Art überhaupt möglich ist, dass man einen künstlichen Trabanten quasi ins All hängen kann, um Funksignale zu empfangen und zu senden. Aber Donald E. Keyhoe wusste das bereits im Jahre 1954. Er wusste, dass die Erde von zwei künstlichen Satelliten umkreist wird, die dazu bereits imstande waren. Kann es also nicht vielleicht möglich sein, dass die USA bereits zu Beginn der 1950er Jahre eine Technik dieser Art entwickelt hatten, etwa unter der Führungsleitung von Wernher von Braun? Natürlich mussten die USA jederzeit damit rechnen, dass die Sache irgendwann auffliegt, dass ein Astronom irgendwo auf der Welt das Ding im All durch sein Teleskop entdeckt. Und natürlich musste auch die passende Geschichte dazu in der Schublade bereit liegen. Was, wenn tatsächlich alles anders ist?

Wir alle wissen, dass die Zeitgeschichte löchrig ist. Fakten und Wissen werden von politischen Gremien bestimmt und geschrieben. Aber wer sagt uns, dass all diese Zahlen und Fakten, die wir heute in den Geschichtsbüchern lesen, auch tatsächlich so stimmen? In einem meiner letzten Beiträge habe ich von Hergé „Tim und Struppi – Schritte auf dem Mond“ erzählt. Und ich habe auch die Frage gestellt, woher der belgische Zeichner diese Details (Raumanzüge und Mondauto) wusste. Hergé hat die Szenen vom Mond haargenau so gezeichnet und beschrieben, wie sie sich mehr als 10 Jahre später tatsächlich zugetragen haben. Nach meiner persönlichen Einschätzung waren die USA, und vielleicht auch die ehemalige Sowjetunion, in der Raumfahrt viel weiter, als uns bisher bekannt ist. Und vielleicht war die Apollo11-Besatzung überhaupt nicht die erste Mannschaft auf dem Mond. Zumindest aber möchte ich an dieser Stelle behaupten, dass Sputnik nicht der erste Satellit im All gewesen ist.

Gehen wir einmal von der Tatsache aus, dass das stimmt, was ich hier behaupte. Dann zumindest macht Keyhoes Aussage, dass die Erde von zwei Objekten umkreist wird, einen ganz anderen Sinn. Keyhoe war also ein Eingeweihter. Und er war für mich in gewisser Weise Geheimdienstsprecher und Verschwörungstheoretiker in einer Person. Sollte es sich in diesem Fall um einen geheimen Spionagesatelliten handeln, und davon gehe ich mal aus, wäre das Pentagon unweigerlich in Erklärungsnot geraten, wenn keine passende Story parat gewesen wäre. Oder, wie in diesem Fall, Keyhoe einer rein offiziellen Enthüllung nicht zuvor gekommen wäre. Es ist also kein Zufall, dass Donald E. Keyhoe ausgerechnet in den 1950er Jahren wie ein Phönix aus der Asche aufgestiegen ist und den USA und der gesamten Welt erklärt hat: Wir sind nicht allein im All!

Die letzte offizielle Erklärung zum „Schwarzen Ritter" ist für mich in der Tat die amüsanteste. Wie die NASA erklärte, soll es sich bei dem künstlichen Trabanten um die Wärmeisolierung des Space Shuttles „Endeavour" handeln, die 1998 verloren gegangen sein soll. Wie aber ein Objekt, das erst in jüngster Zeit in den Orbit entlassen worden ist, bereits in den 1950er Jahren in den Focus von Astronomen geraten konnte, dafür lieferte die NASA bisher keine passende Erklärung.

Auch wenn es sich bei diesem Satelliten um geheime US-amerikanische Technik handelt, bleiben in der Tat zahlreiche Fragen offen und ungeklärt. Zunächst einmal die Frage, wo der von Donald E. Keyhoe zitierte zweite Satellit geblieben ist. Wurde er inzwischen im Rahmen einer geheimen Operation wieder „abgebaut" oder ist er vielleicht von einem Meteorit zerstört worden? Haben ihn die Russen unschädlich gemacht? Fragen, aber keine Antworten. Stattdessen eine Verschwörungstheorie nach der nächsten.

Denn das mit den Satelliten ist ja bekanntlich immer so eine Sache. Zahlreiche Satelliten, die im Laufe der Geschichte ins All entlassen worden sind, ob von den Russen oder Amerikanern, sind ja nicht immer für eine friedliche Nutzung bestimmt gewesen. Viele dieser künstlichen Trabanten sind reine Kriegswaffen. Mit ihnen kann man ganze Städte und Landstriche mit einem Schlag vernichten. Möglich machen dies mittlerweile hochmoderne Strahlenwaffen, mit denen man vom All aus punktgenau Ziele auf der Erde zerstören kann. Auch ist es mittlerweile möglich, künstliche Erdbeben und Tsunamis auszulösen. Wer diese Waffe in den Händen hält, braucht keine Atombombe mehr.

Sicherlich werden Sie jetzt verstehen, warum dieses Thema so heikel ist und vor allem, warum so viele Verschwörungstheorien in den zurückliegenden 60 Jahren konstruiert worden sind.

Abb. 40: Hauptquartier der NSA in Fort Meade, Maryland (https://upload.wikimedia.org/wikipedia/commons/8/84/National_Security_Agency_headquarters%2C_Fort_Meade%2C_Maryland.jpg)

Wir alle wissen, Edward Snowden war jahrelang für die NSA tätig, bevor er mit zahlreichen schockierenden Enthüllungen an die Weltöffentlichkeit trat und den Schleier hinter einer einzigartigen Unterdrückungs-Maschinerie lichtete. Viele Agenten aus der NSA scheinen ihm mittlerweile Folge zu leisten und geben ebenfalls bisher unterdrücktes Wissen nach außen. Wissen, dass der Menschheit helfen soll, die Welt und ihre Naturgesetze besser verstehen zu können. Aber auch ein Wissen, das die Menschheit vor weiteren Kriegen und Zerstörung bewahren soll. Kriege sind schließlich für einen Großteil der Elite unerlässlich. Kriege dienen der Waffen- und Rüstungsindustrie und machthungrigen Politikern, um souveränen Staaten ihren Willen aufzuzwingen und die Globalisierung auf der Welt voranzutreiben. Ein Spiel, das ein nahezu unüberschaubares Heer an Verlierern sowie Elend und Armut produziert. Wer vor all diesen Wahrheiten heute noch seine Augen verschließt, verschließt sie am Ende auch vor sich selbst. Wer hingegen seine Augen öffnet, öffnet sie auch für das Wissen. Ein Wissen, das bisher nur die Mächtigen dieser Welt kennen, das sie seit Jahrzehnten beherrschen und vor den Augen der Weltöffentlichkeit im Verborgenen halten. Und ich bin mir sicher, dass sich hinter einem Großteil dieses Wissens auch das Geheimnis der Schwarzen Dreiecke verbirgt.

Wir haben ja in den vorangegangenen Kapiteln bereits erfahren, welche Technik seit mehr als 70 Jahren auf der Erde möglich ist. Es ist die Technik der Elektrogravitation. Und wer sich einmal näher mit den technischen Parametern dieser Dreiecke beschäftigt hat, wird festgestellt haben, dass diese Fluggeräte zu ungeahnten Flugmanövern fähig sind. Sehr gut kann man dies auf Filmaufnahmen erkennen. Dies vorliegende Buch beschäftigt sich in erster Linie mit diesen Flugmaschinen. Aber um die Entstehung und die Geschichte zu verstehen, muss ich in einigen Punkten sehr weit ausholen. Denn bis der Stand dieser Technik, zu Beginn der 1990er Jahre, erreicht war, hieß es einen langen und mühsamen Weg zu beschreiten. Zahlreiche Prototypen waren erforderlich, die Öffentlichkeit musste weitestgehend abgeschirmt werden. Deshalb fand auch ein Großteil der Flüge vornehmlich in den Nachtstunden statt und eine passende Story für die Öffentlichkeit war notwendig.

Viele werden vielleicht jetzt den komplexen Zusammenhang zwischen der Glocke, den Haunebu-Flugscheiben und Roswell erst richtig begreifen. All diese Ereignisse und technischen Errungenschaften führten schließlich zum Bau der Schwarzen Dreiecke, die in den Netzmedien die Bezeichnung TR 3B ASTRA tragen. Erstmals traten sie gegen Ende der 1980er über Belgien in den Blickpunkt der Öffentlichkeit. Doch die Mainstreammedien schlachteten dieses Ereignis als großen Scherzartikel aus. Sie arrangierten selbsternannte UFO-Forscher, die sich bereitwillig ihren Fragen stellten und mehr als hanebüchene Antworten gaben, um das Thema so lächerlich wie nur möglich erscheinen zu lassen.

Wie wir ja in nahezu allen bisherigen Kapiteln erfahren haben, gehören UFOs im Mainstream in das Reich der Verschwörungstheorien. Immer wieder ist dieser Begriff gefallen, doch kaum jemand weiß wirklich etwas damit anzufangen. Zugegeben, auch ich habe noch als Jugendlicher lange überlegen müssen, was denn eigentlich eine Verschwörungstheorie ist. Gibt es die überhaupt, habe ich mich gefragt. Bevor der Begriff überhaupt salonfähig wurde, war eine Verschwörungstheorie nichts weiter als ein Gerücht. Und an einem Gerücht kann etwas dran sein oder nicht. Ein Gerücht kann aber auch genauso gut eine Vermutung, ein Verdacht sein. Aber selbst dann handelt es sich noch lange nicht um eine Verschwörungstheorie. Was aber nun wirklich eine Verschwörungstheorie ist, das erfahren sie im folgenden Kapitel.

Kapitel 17

Die Verschwörungsmacher

Verschwörungen gab es schon immer und sie wird es auch in Zukunft geben, werden jetzt sich einige von Ihnen, liebe Leser, sagen. Doch Sie täuschen sich. Echte Verschwörungen gibt es in Wahrheit überhaupt nicht. Und das werde ich anhand einiger spektakulärer Fälle versuchen zu beweisen. Wenn beispielsweise lange Zeit der berühmte Mantel des Schweigens über eine Sache gehalten wird, ist das schließlich noch lange keine Verschwörung. Man will die Sache eben nur vor den Augen der breiten Öffentlichkeit verborgen halten. Aber der Tatbestand einer Verschwörung ist damit noch nicht erfüllt.

Selbst ein Tötungsdelikt eines berühmten Staatsmannes wie John F. Kennedy durch die Geheimdienst CIA ist noch keine Verschwörung. Hier wurden lediglich die Spuren in eine andere Richtung vor den Augen der Öffentlichkeit gelenkt. Hier wurde die Wahrheit verschwiegen, aber das Verschweigen der Wahrheit ist nun mal keine Verschwörung. Es ist mittlerweile sogar gängige Praxis in der Politik und Wirtschaft geworden. Und leider ist es mittlerweile auch zu einer gängigen Praxis unserer Massenmedien und Politiker geworden, unangenehme Wahrheiten als Verschwörungstheorie der Öffentlichkeit zu verkaufen, natürlich mit dem Ziel, dass nicht mehr darüber geredet wird. Über Verschwörungstheorien wird geschwiegen, bestenfalls am Stammtisch parliert, wo sich Gleichgesinnte auf ein allabendliches Bierchen treffen.

In der breiten Öffentlichkeit werden Verschwörungstheorien hingegen immer mit Halbwissen in Verbindung gebracht. Und halbwissend sein heißt schließlich immer noch, es nicht genau zu wissen. Und mit Halbwissen will sich in unserer heutigen, allzeit kompetenten und politisch korrekten Gesellschaft niemand abgeben, denn man gilt schnell als Idiot.

Und damit sind wir wieder bei unserer Eingangsfrage: Was ist überhaupt eine Verschwörungstheorie? Ganz so einfach zu erklären ist das nicht. Im Grunde genommen kann sich jedes beliebige Thema und jede Begebenheit zu einer Verschwörungstheorie entwickeln, die mit dem beliebten Satz „Ich habe gehört, dass …“ beginnt. „Ich habe gehört“ heißt ja noch lange nicht „ich weiß“ und was man nicht weiß gehört schließlich in das Reich der Spekulation. Und damit wäre eigentlich schon der Begriff Verschwörungstheorie erklärt. Alles, was dem Reich der Spekulation zuzuordnen ist, ist im weitest gehenden Sinne schon eine Verschwörungstheorie. Aber ganz so einfach ist es dann doch nicht. Etwas nicht genau zu wissen, heißt ja noch lange nicht, dass gleichzeitig auch eine Verschwörung hinter dem steckt, was man glaubt zu wissen oder was man irgendwo aufgeschnappt hat.

Eine sogenannte Verschwörung entwickelt sich im Grunde genommen wie eine Lawine, die erst nur ein kleines unscheinbares Häufchen Schnee ist und aus dem sich im Laufe seines raschen Abgangs ins Tal eine mächtige Schneewand entwickelt, welche eine ungeheure Zerstörungskraft entwickelt. Ein anderes Beispiel: Als Kind spielte ich gerne „Stille Post“ in der Schule. Man gibt eine wichtige Information an einen Banknachbarn weiter, der hört das wegen des Flüsterns nicht richtig und gibt die Information mit einer weiteren, eher spekulativen Information weiter, woraus sich am Ende der langen Bankreihe ein völlig falscher Zusammenhang aus der ursprünglichen Information ergibt. Ähnlich verhält es sich auch mit Gerüchten, die ja im Laufe der Zeit auch eine gewisse Eigendynamik entwickeln. Man hat etwas gehört, spinnt etwas Neues hinzu und am Ende weiß niemand mehr so recht, was der eigentliche Inhalt des Gesagten war. Verschwörungstheorien können also durchaus auch aus Gerüchten entstehen. Jedoch haftete sowohl an Gerüchten wie auch an Verschwörungstheorien immer der Beigeschmack der Wahrheit. Frei nach dem Motto: Es könnte so sein, muss aber nicht. Aber, wie ich ja bereits eingangs erwähnt habe, handelt es sich im klassischen Sinne auch dann noch nicht um eine Verschwörungstheorie.

Allerdings hat sich im Laufe der Jahre der Umgang mit sogenannten Verschwörungstheorien und Gerüchten ein wenig geändert. Sowohl die Elite der Politik wie auch die Medienvertreter verwenden den Begriff Verschwörungstheorie mittlerweile als Waffe gegen jedes noch so beliebige unbequeme Thema unserer Zeit. Unbeliebte Wahrheiten, die nicht an das Licht der Öffentlichkeit gehören, werden in gewisser Weise mit dem Begriff Verschwörungstheorie etikettiert und geradezu erschlagen, sodass es niemand mehr wagt, darüber zu sprechen, weil ja niemand ein Verschwörungstheoretiker sein will. Über eine Tatsache indes sollte sich aber jeder im Klaren sein, der vielleicht zu schnell den Begriff Verschwörung in den Mund nimmt: Eine Verschwörung bleibt meistens immer in den Köpfen der Menschen wie Honig kleben. Ob das der Kennedymord ist oder die Mondlandung, die nach Meinung zahlreicher Kritiker in den Hollywood-Filmstudios entstanden sein soll – noch heute spricht die Welt darüber und selbst bei Leuten, die von sich behaupten, keinen Pfifferling auf eine Verschwörungstheorie zu geben, hadern zuweilen doch mit dem Gedanken, vielleicht ist ja doch was dran an der Sache, auch wenn sie es nie in ihrem Leben zugeben würden. Und oft sind es sogar die Menschen, die immer von sich behaupten, Gerüchten nie zu folgen, die insgeheim daran glauben.

Dass die Verschwörung zu einer Art Wunderwaffe gegen unliebsame Kritiker geworden ist, beweist einmal mehr die Tatsache, dass sie mittlerweile sogar schon gegen Abweichler in der Wissenschaft zum Einsatz kommt. Dabei ist es eine sehr profane Art, Kritiker mundtot zu machen, die sogenannte wissenschaftliche Beschäftigung mit den Verschwörungen. Das hat unter anderem erst kürzlich die University of Kent praktiziert. Dazu war in der Daily Mail zu lesen:

„Glauben Sie an Verschwörungstheorien? Sie sind wahrscheinlich ein Narzisst: Menschen, die an der Mondlandung zweifeln, sind eher egoistisch und aufmerksamkeitssuchend.“

Natürlich lassen die Wissenschaftler der University of Kent bei ihrer Feststellung außer Acht, dass es mittlerweile auch eine ganze Reihe an belegbaren Verschwörungstheorien gibt, von der der Großteil der Bevölkerung noch immer keine Kenntnis hat. Hier eine kleine Auswahl:

1932: Die Tuskegee Syphilis Studie, bei der 200 Farbige als Testpersonen auf das Schlimmste missbraucht wurden, um die Symptome und Folgen der Krankheit studieren zu können.

1950: Wurden über der Metropole San Francisco von der US Navy Bakterien versprüht, um zu erforschen, wie eine US-amerikanische Großstadt auf einen biologischen Angriff reagieren würde.

1955: Die CIA testet ein Bakterium aus den Beständen der US Army über der Stadt Tampa. Ziel dieser Aktion war zu testen, wie schnell die Bevölkerung mit biologischen Stoffen infiziert werden kann.

1956: Das US Militär setzt mit Gelbfieber infizierte Mosquitos über Savannah in Georgia und Avon Parkin in Florida frei. Anschließend untersuchten Armeeangehörige, getarnt als Mitarbeiter der Gesundheitsbehörde, die Opfer auf mögliche Folgen.

1965: In einer Haftanstalt in Holmesburg werden an Gefangenen Tests mit Dioxin durchgeführt – also jene toxische Komponente von Agent Orange, die später im Vietnamkrieg eingesetzt wurde. Die Häftlinge werden somit später Teil einer Studie über die Entstehung von Krebs, was durchaus die Annahme zulässt, dass Mediziner über die karzinogene Wirkung von Agent Orange bereits im Vorfeld Bescheid wussten.

1966: Die US Armee versprüht in der New Yorker U-Bahn eine Variante des Bacillus subtilis. Davon sind mehr als eine Millionen Zivilisten betroffen. Die Bakterien wurden in Glühbirnen gefüllt, die von Armeeangehörigen in Lüftungsgittern fallen gelassen wurden.

1990: In Los Angeles erhalten mehr als 1.500 sechs Monate alte, schwarze und hispanische Babys eine experimentelle Masern-Impfung, die in den Vereinigten Staaten nie freigegeben wurde. Die hierfür zuständige US Behörde CDC gab später in einer Erklärung zu, dass die Eltern der betroffenen Babys nicht darüber informiert wurden, dass es sich bei der Impfung um ein geheimes Experiment handelt.

1994: Dr. Garth Nicolson vom MD Anderson Center in Houston findet heraus, dass zahlreiche Veteranen der irakischen Operation „Desert Storm" mit einem veränderten Stamm des Mycoplasma incognitus infiziert sind. Diese Mikrobe wird üblicherweise bei der Herstellung biologischer Waffen verwendet. Eingebaut in dessen Molekülstruktur sind 40 Prozent der Proteinhülle des HIV-Virus, was durchaus den Rückschluss zulässt, dass diese Mikrobe von Menschenhand hergestellt wurde und somit keinen natürlichen Ursprung hat.

Diese acht Fälle sind nur ein Beweis dafür, dass es durchaus belegbare Fälle in der Vergangenheit gab, in denen die Regierung der Vereinigten Staaten in Verbrechen verwickelt war und die noch heute bei zahlreichen Menschen als reine Verschwörungstheorie gelten. Bei diesen genannten acht Fällen handelt es sich um Taten der Regierung der Vereinigten Staaten, die die Bevölkerung bis heute nicht kennt und über die die Menschen so und dieser Form wohl auch nie etwas über die öffentlich-rechtlichen Kanäle erfahren werden, weil sie es nicht sollen.

Und würde doch einmal ein Bericht darüber in irgendeiner Zeitung auftauchen, wird wohl ein Großteil der Bevölkerung dies bestenfalls für eine Verschwörung halten: Weil eben nicht sein kann, was nichts sein darf! Und in diesem Fall würde es wohl auch kaum jemand für möglich halten, dass offizielle Regierungsvertreter zu solchen Taten in der Lage waren. Psychologen sind sich mittlerweile einig, würde man die Bevölkerung ein paar Tage mit all den Fakten vertraut machen, die man historisch belegen kann, wie etwa die acht oben aufgeführten Fälle, dann würden die Menschen die Welt nie mehr so sehen wie zuvor.

Es liegt also durchaus in der Natur des Menschen, nur die Dinge zu sehen, die er sehen will, um sich auf diese Weise sein Weltbild zu erhalten und sich vor möglichen Ängsten zu schützen. Das, was der Mensch nicht sehen will – und dazu gehören eben alle unschönen Dinge unseres Alltags – die sieht er nicht, die blendet er aus und schickt sie in das Reich der Verschwörungstheorien. Das ist ähnlich wie die Reaktion des menschlichen Hirns auf ein traumatisches Erlebnis, das auf eben diese Weise ebenfalls ausgeblendet wird, sodass der Betroffene sich an das schreckliche Geschehen nicht mehr oder nur noch bruchstückhaft erinnern kann. Die Wahrheit ist also in vielen Fällen für unsere Psyche zu grausam, als das man sich ihr als Durchschnittsmensch stellen möchte.

Die Frage, die da am Ende bleibt, lautet in diesem Fall: Was ist eigentlich die Wahrheit? Ist die Wahrheit das, was wir sehen wollen oder wie wir etwas sehen wollen oder das, was uns die politische Elite über die Medien erzählen? Ich denke, die Wahrheit wird immer das bleiben, was wir als unser subjektives Weltbild bezeichnen und da sehen wir nur das, was wir auch wirklich sehen wollen und nicht das, was uns irgendeine Elite glaubhaft machen will. Und wie wir die Welt wahrnehmen, hängt doch wohl im Wesentlichen von unserem eigenen Weltbild ab. Somit kann es eigentlich keine objektive Wahrheit, also eine für alle gleichermaßen gültige Wahrheit geben.

Die Wahrheit lässt sich also auf vielfältige Weise auslegen. Was für den einen wahr ist, muss also für den anderen noch lange nicht die Wahrheit sein, das muss aber zwangsläufig nicht heißen, dass diese betreffende Person unter einer verminderten Wahrnehmung leidet, nur weil sie gewisse Tatsachen nicht oder noch nicht anerkennen will. Vielleicht passt ja die Wahrheit nur momentan noch nicht in das Weltbild dieser betreffenden Person, was sich in wenigen Jahren vielleicht schon wieder ändert. In diesem Fall könnte man dann von einer vorübergehenden Wahrnehmungsstörung reden.

Doch wie sieht es mit der Wahrnehmung einer ganzen Gesellschaft aus. Hier gilt vielmehr das, worauf sich die Gesellschaft in den letzten 100 Jahren geeinigt hat. Dass sich das Weltbild in vielerlei Hinsicht immer wieder in einzelnen Punkten geändert hat, beweisen uns ja zahlreiche Fälle in der zurückliegenden Geschichte. Immer wieder sind Gerüchte wie Pilze aus dem Boden geschossen, haben sich wie ein Lauffeuer rund um den Erdball in die Köpfe der Menschen gefressen und nisten zum Teil noch heute dort. Ob das nun die vermeintlich getürkte Mondlandung ist, der Mord an Kennedy oder Diana – all diese Fälle beweisen uns, dass da etwas nicht mit rechten Dingen zugegangen sein muss, weil ja schließlich kein gesunder Geist auf die Idee käme, derartige Gerüchte in die Welt zu setzen.

Die erste Frage, die uns hierbei beschäftigt, ist doch, wer streut diese Gerüchte? Cui bono, wem nützt es? Wer also hätte ein Vorteil davon, eine über viele Jahrzehnte aufrecht erhaltene Lüge weiter am Leben zu erhalten und sämtliche Kritiker und Zweifler in die „ewigen Jagdgründe" zu schicken?

Vieles deutet mittlerweile darauf hin, dass wir es in vielen Fällen mit einer Operation nach dem Muster psychologischer Kriegsführung, oder besser gesagt um umgekehrte Psychologie, zu tun haben, die in der Tat große Unterstützung von Geheimdiensten, Regierungen und Konzernen erfordert, um alle, die sich kritisch mit bestimmten Ereignissen, wie etwa dem 11. September, auseinandersetzen, zu diskreditieren, indem man behauptet, dass diese auch solchen Unfug glaubten, wie, dass die Erde eine Scheibe sei. Der Trick an dieser Methode ist, dass man den kritisch hinterfragenden Menschen ein schlechtes Gewissen macht. Und jeder Mensch, der von außen kritisiert wird, reagiert ja bekanntlich zunächst einmal empfindlich auf die Kritik, um nicht zu sagen, er schämt sich für sein „dummes Vorurteil".

Mit der sogenannten Erde-Scheibe-Methode sollen vor allem potenziell kritisch eingestellte Menschen, die vielleicht zum ersten Mal mit unterdrückten Informationen in Kontakt kommen, abgeschreckt werden, weil sie befürchten müssen, sich vor Anderen lächerlich zu machen. Kritiker sehen hierin ein ideales Mittel zur Gedankenkontrolle, das vom Tavistock-Institut oder von der CIA ausgeheckt worden sein könnte, um kritisches Denken durch die Leitmedien im Orwellschen Sinne automatisch als Gedankenverbrechen einzustufen.

Der Mensch sieht eben die Welt so, wie er sie sehen will und wie es für ihn am bequemsten ist. Unbequeme Zeitgeister und hinterfragende Menschen haben also in unserer heutigen, auf Fleiß und Konsum gebürsteten Gesellschaft keinen Platz mehr. Denkfabriken auf der ganzen Welt haben in den zurückliegenden 30 Jahren immer perfidere Methoden entwickelt, um den Menschen Meinungen, Gedanken und das Verhalten in der Gesellschaft im Allgemeinen anzutrainieren. Das beginnt zum Teil schon im Kindergarten und setzt sich im Laufe der Entwicklung in der Schule und im späteren Beruf fort.

Wenn Kinder zu neugierig und wissbegierig sind, werden sie von der Nanni gemaßregelt, Kinder, die später in der Schule unbequeme Fragen stellen und nicht gesellschaftskonform denken, werden als Außenseiter behandelt, bekommen schlechte Noten und Beurteilungen und das setzt sich schließlich auch im Berufsleben wie ein roter Faden fort.

Heute gehört es sich, dass man sich der gegenwärtigen Gesellschaftsform anzupassen hat. Somit liegt es also durchaus im Zeitgeist der Moderne, dass Mann und Frau unbequemen Fragen und Gedanken aus dem Weg gehen. Man sieht eben nur das, was man sehen will und auch soll und vor allem nur das, was man auch versteht oder glaubt zu verstehen. Sich um irgendeine Sache großartig Gedanken zu machen, gehört heute längst nicht mehr zu den Aufgaben des Menschen. Der Mensch in Zeiten des neoliberalen Kapitalismus hat schließlich nur noch zu funktionieren, sich Gedanken zu machen, gehört nicht zu seinen Aufgaben.

Der moderne und aufgeklärte Mensch von heute geht, wenn er auf der Suche nach Antworten ist, ins Internet. Wer es aber ganz bequem haben will und wer sich vor allem gesellschaftskonform und politisch korrekt verhalten will, verlässt sich weiterhin auf die öffentlich-rechtlichen Medien. Hier erhält der Antwortsuchende ein bequem vorgefasstes Meinungsbild, das zwar nicht unbedingt der hundertprozentigen Wahrheit entsprechen muss, aber immerhin hat es einen Vorteil, dass er sich keine weiteren Gedanken mehr machen braucht. Zweifellos haben dadurch die Regierungseliten ein leichtes Spiel, der Bevölkerung den Narrenspiegel vor die Nase zu halten. Auf diese Weise werden dann Niedriglöhne oder Angriffskriege unter falscher Flagge mit fadenscheinigen Begründungen im Volk durchgeboxt, um nur ein paar Beispiele zu nennen.

Verschwörungstheorien zur Mondlandung haben nur wenig damit zu tun, die unwiderlegbare Realität der Hegemonie und ihre hinterhältige, verschwörerische Natur zu verstehen und vor allem zu erkennen. Die Geschichte und das Wirken der Rockefellers, Carnegies und der anderen Industriemagnaten in den Vereinigten Staaten, die die korrupten, gesteuerten akademischen Institute wie die University of Chicago gegründet haben, sind nur ein Beleg dafür. Auch haben sie nichts mit den erst kürzlich bekannt gewordenen Tatsachen zu tun, die zeigen, dass Halliburton Geschäfte und spezielle Verträge zugeschanzt wurden oder dass die USA Gaddafi stürzten, um den Petrodollar zu schützen.

Die auch heute noch wohl berühmteste Verschwörungstheorie ist die von Pearl Harbor. Theorien zum Angriff auf Pearl Harbor ziehen nämlich mittlerweile in Zweifel, dass der Angriff der Japaner auf die US Flotte, am 7. Dezember 1941, die Vereinigten Staaten wirklich völlig überraschte. Die US-Regierung und weite Teile des US Militärs hatten sehr wohl rechtzeitig Kenntnis darüber bekommen, dass ein Anschlag kurz bevor stand. Und sie haben nichts dagegen unternommen, um auf diesem Weg die Zustimmung der kriegsunwilligen Öffentlichkeit für den Kriegseintritt gegen die Achsenmächte herbeizuführen. Der Angriff wird noch heute als entscheidender Wendepunkt angesehen, weil er der Initiator für den Kriegseintritt der Vereinigten Staaten am 8. Dezember 1941 war. Als Indizien für eine Verschwörung der US Regierung und ihres Militärs gilt unter anderem ein gemeinsames Manöver der US Navy und der US Army zur Verteidigung Hawaiis im Jahre 1932. Dieses soll nach geheimen Aussagen den 1941 erfolgten japanischen Angriff in fast allen bekannten Details vorweggenommen haben.

Admiral Harry E. Yarnell, Kommandeur der angreifenden Streitkräfte, setzte die ihm zugeteilten Flugzeugträger Saratoga und Lexington nicht nach orthodoxer Militärdoktrin als Unterstützung für seine langsamen Schlachtschiffe ein, sondern schickte sie mit Höchstgeschwindigkeit der Schlachtflotte voraus. In schlechtem Wetter gelang es ihnen, unbemerkt eine Angriffsposition vor Hawaii einzunehmen. Am 7. Februar griffen sie zuerst die Flugplätze und danach die im Hafen liegenden Kriegsschiffe an. Die renommierte New York Times berichtete damals, dass es den Verteidigern selbst 24 Stunden nach dem Angriff nicht gelungen war, die angreifenden Flugzeugträger zu lokalisieren. Auch japanische Medien berichteten über das Manöver, somit dürfte die Ähnlichkeit der Angriffe kein Zufall gewesen sein und dies gilt als Indiz dafür, dass die japanischen Planer das Manöver kannten.

Auffällig ist auch ein Tagebucheintrag des damaligen US-Kriegsministers Henry Stimson vom 25. November 1941 über eine Unterredung mit dem damaligen Präsidenten der Vereinigten Staaten, Theodor Roosevelt. Darin heißt es unter anderem wörtlich:

„Die Frage war, wie man sie in eine Position manövrieren könnte, in der sie den ersten Schuss abgeben würden, ohne dass uns zu viel passiert ... es wäre wünschenswert, sicherzustellen, dass die Japaner dies wären (die den

ersten Schuss abgeben, sodass niemand auch nur geringsten Zweifel haben könnte, wer der Aggressor war.“

Die Professoren Charles Beard und Harry Barnes gehörten zwischen 1920 und 1940 zu den angesehensten Historikern der Vereinigten Staaten, als sie aber die offizielle Regierungsversion über Pearl Harbor ablehnten und anzweifelten, denunzierte man sie in der Öffentlichkeit als Irre und entfernte sie umgehend aus dem Lehrbetrieb.

Pearl Harbor reiht sich somit in die Liste von Verschwörungen der Regierungen ein, ob Operation Himmler, der Reichstagsbrand, der Tonkin Zwischenfall, Operation Northwoods oder der 11. September – all diese Operationen hatten im Nachgang immer Kriege und Konflikte ausgelöst. Jedem einzelnen Bürger sollte also bewusst sein, dass es da draußen eine Welt der Geopolitik, der geoökonomischen Kriegsführung und eine Welt der grenzenlosen Macht gibt. Und es bedarf durchaus ein paar mehr Forscher der University of Kent, um diese belegbaren Tatsachen im Dunst der Verschwörungstheoriekeule zu verstecken.

Und noch eine Tatsache sollte jedem klar sein: Niemand, der seinen gesunden Menschenverstand benutzt und eine Sache, die ihm ungereimt vorkommt genauer hinterfragt und soziale Ungerechtigkeit in der Öffentlichkeit anspricht, ist ein Narzisst und erst Recht kein Nazi. Es ist langsam an der Zeit, dass wir uns alle der tatsächlichen Realität unserer Welt stellen und dass es die Struktur unserer Gesellschaft, der Regierungen und Unternehmen ist, dass Menschen Verschwörungen eingehen. Denn nur über die Psychologie der Masse lassen sich jene gesteckten Ziele der Regierenden umsetzen und steuern.

Das wusste schon der ehemalige Reichspropagandaminister Joseph Goebbels. Quasi über Nacht wurde er mit jenem Zitat schlagartig berühmt:

„Wenn man eine große Lüge erzählt und sie oft genug wiederholt, dann werden die Leute sie am Ende glauben. Man kann die Lüge solange behaupten, wie es dem Staat gelingt, die Menschen von den politischen, wirtschaftlichen und militärischen Konsequenzen der Lüge abzuschirmen. Deshalb ist es von lebenswichtiger Bedeutung für den Staat, seine gesamte Macht für die Unterdrückung abweichender Meinungen einzusetzen. Die Wahrheit ist der Todfeind der Lüge, und daher ist Wahrheit der größte Feind des Staates."

Selbst heute noch, nach mehr als 70 Jahren, lassen diese Worte uns einen kalten Schauer den Rücken herunterlaufen und erzeugen eine beängstigende Gänsehautstimmung. Es besteht also kein Zweifel daran, dass sich die Mechanismen der Propaganda und Beeinflussung der Masse in den zurückliegenden 20 Jahren sogar noch weiter verstärkt haben. Edward Bernays, der Vater der Propaganda, erkannte dies sehr richtig und sagte:

„Wenn wir den Mechanismus und die Motive der Gruppen-Psyche kennen, dann ist es uns möglich, die Massen gemäß unserem Willen zu kontrollieren und zu lenken, ohne dass sie davon Kenntnis nehmen."

Propaganda, Massenanpassung und Kontrolle sind also jahrhundertealte Taktiken und Mechanismen, mit denen ausgesprochen effizient gearbeitet wird, um die Masse im Griff zu halten und das geistige Niveau der Bevölkerung herunterzuschrauben.

Erst wenn der Mensch anfängt, sich über die wahre Natur der Umstände klar zu werden, wird er erkennen, dass er langsam anfangen muss, der stetig ansteigenden Welle des absoluten Wahnsinns gegenzusteuern und das Kontrollsystem, das sich um ihn herum aufgebaut hat, bloßzustellen und zu Fall zu bringen. Das System, indem sich die Menschheit derzeit befindet, ist voll von Verschwörungstheorien, die von den Massenmedien unterstützt werden. Das heißt, die Masse lebt in einer Welt, die aus lauter Lügen besteht. Alles um sie herum ist rundweg fingiert, Feindbilder werden indiziert und eine falsche Weltanschauung dargestellt. Alles in dieser inszenierten Welt, die auf einem ausgeklügelten Drehbuch aufbaut, ist falsch – mit einem minimal ausgerichteten Maß an Realität.

Nehmen wir nur einmal die Kriege, die in den zurückliegenden 30 Jahren geführt worden sind. Sie wurden allesamt inszeniert, indem ein Feindbild, aufgebaut auf Verschwörungstheorien, künstlich erschaffen wurde, um die irrsinnige Logik und Begründung eines Angriffs zu rechtfertigen. Wikileaks-Gründer Julian Assange sagte einmal dazu:

„Praktisch jeder Krieg, der in den vergangenen 50 Jahren angefangen wurde, war das Resultat einer Medienlüge. Die Medien hätten ihn stoppen können, wenn sie tief genug gesucht hätten; wenn sie nicht einfach die Regierungs-Propaganda wiedergegeben hätten."

Dass ein Großteil der Bevölkerung diese Form von Hinterhältigkeit nicht sehen will, ist unbegreiflich. Historische Ereignisse sind voll von Beweisen, man muss nur genau hinsehen und lernen zu begreifen, dass die Geschichte nicht so verlaufen ist, wie uns hinlänglich erzählt wird. Sie ist voll von Fehlern und Propaganda. Vielleicht liegt auch darin der Grund, weswegen auf geradezu fanatische Weise versucht wird, das geistige Niveau der nachkommenden Gesellschaft noch weiter herunterzuschrauben, in Form von Verstandesmanipulation, die zum Teil bereits schon im Kindergarten beginnt.

Viele Leser werden sich vielleicht an dieser Stelle die Frage stellen, was das Themenspektrum mit den geheimnisvollen Dreiecken am Himmel zu tun hat. Sehr viel sogar! Denn erst wer die Hintergründe von Propaganda und Massenmanipulation versteht, versteht auch den tiefen Sinn hinter der Verschleierung modernster Technik, die bewusst der Öffentlichkeit seit mehr als 50 Jahren vorenthalten wird. Die geheimnisvollen Dreiecke über Belgien sind nämlich nur eins von vielen hundert Puzzleteilen, die am Ende das Bild einer völlig anderen Welt ergeben. Eine Welt, die sich der Durchschnittsbürger nicht einmal ansatzweise vorstellen kann, weil sie einfach für den normalen Verstand zu abstrus und bizarr erscheint, als dass sie real sein könnte.

Der Durchschnittsbürger ist seit mehr als 50 Jahren in einer Matrix gefangen, die ihm nur das zeigt, was er sehen soll. Was darüber hinaus geschieht, bekommt er, wenn überhaupt, nur in kurzen und kleinen Appetitshäppchen geboten. Er darf gewissermaßen mal eben kurz einen kleinen Blick hinter dem Vorhang erhaschen. Aber was er dort zu sehen bekommt, ist nicht einmal ein Bruchteil der Wahrheit, auch dahinter verbergen sich noch immer 60 Prozent Lüge, sodass er noch lange nicht weiß, was Wahrheit und Lüge ist. Und das bezieht sich auch auf die Militärtechnik von morgen, die bereits längst im Einsatz ist.

Kapitel 18

Die Wahrheit liegt irgendwo weit draußen

Am 23. März 1983 verkündete die US-Regierung unter der Präsidentschaft Ronald Reagans offiziell das Strategic-Defense-Initiative-Programm, kurz SDI. Hierzu gehörten eine ganze Reihe umfangreicher Forschungs- und Entwicklungsprojekte im Bereich modernster land-, see-, luft- und weltraumgestützter Waffensysteme. Die Leitung hatte das Department of Defense. Bis 1988 investierte die US-Regierung rund 29 Milliarden US-Dollar in das Vorhaben. Welche Projekte hier aber wirklich entwickelt wurden, davon erfuhr die Öffentlichkeit nur wenig bis gar nichts.

Das meiste davon war streng geheim, deshalb sprachen Kritiker schon bald von einem „Star-Wars-Programm". Ein „Schwarzes Programm", für das sich bald niemand mehr in der Öffentlichkeit zu interessieren schien. So schnell wie es in den Mainstreammedien Einzug hielt, verschwand es auch auf nimmer Wiedersehen. Keine Zeitung schrieb mehr auch nur eine Zeile darüber. Viele dieser Projekte, die hinter gut verschlossenen Türen im Laufe der Geschichte entwickelten wurden, dürften der Öffentlichkeit also bis heute verborgen sein. Mittlerweile aber scheint es Löcher in der Geheimhaltungspolitik der USA zu geben, sodass viele Informationen, meistens allerdings über dunkle Kanäle im Netz, nach außen dringen.

Eng vertraute Mitarbeiter, teils sogar aus Regierungskreisen, machen plötzlich den Mund auf und beginnen munter drauflos zu plaudern. Allerdings ohne dabei ihre eigene Identität nach außen Preis zu geben. Und genau das lässt bei Kritikern und Verschwörungstheoretikern wieder die Alarmglocken läuten. Plötzlich sieht alles nach Verschwörung aus, die Geschichten bekommen einen bitteren Beigeschmack und werden von einem Großteil der Bevölkerung nicht mehr geglaubt. Die Zeugen werden in der Öffentlichkeit mundtot gemacht, sie werden diskreditiert, ihre Reputation wird beschmutzt oder ihnen wird im schlimmsten Fall nach dem Leben getrachtet, sodass sie am Ende sämtliche Informationen wieder zurückziehen oder sie selbst als verrückte Hirngespinste hinstellen.

Doch mittlerweile wurde laut Aussage eines geheimen Regierungsvertreters so viel bekannt, dass die Entwicklung der Stealth-Technologie im Rahmen von SDI einen hohen Stellenwert einnahm. Stealth-Technologie findet sich gegenwärtig in nahezu allen aktuellen Kampfflugzeuggenerationen wieder und ist somit keine neue Technik mehr. Was bisher nur wenigen bekannt sein dürfte, ist die Tatsache, dass es bereits zwei Arten von Stealth-Technologie gibt. Die bisher seit langem bekannte bezieht sich lediglich auf die Konstruktion und Beschichtung der Oberfläche, die das Flugzeug für das Radar unsichtbar erscheinen lässt, die andere, bisher weitgehend unbekannte Technologie, handelt von der elektronischen und visuellen Unsichtbarkeit des Fluggeräts. Wo aber wird diese Technologie entwickelt und welcher Hersteller steckt dahinter?

Eine mögliche Erklärung könnte also tatsächlich in Nevada zu finden sein. Insider aus Militär- und Geheimdienstkreisen wissen nur zu gut, dass in der Vergangenheit zahlreiche Projekte am Groom Lake getestet wurden, die für seltsame Flugaktivitäten rund um die Area in Frage kommen könnten. Zum größten und wohl wichtigsten Projekt der US-Rüstungsgeschichte gehört das Projekt „Aurora“. Viele Jahre wurde nicht nur darüber spekuliert, ob die Bezeichnung „Aurora“ für einen bestimmten Flugzeugtyp steht oder gleich für ein ganzes Projekt. Am Ende wurde auch noch die Frage diskutiert, ob „Aurora“ überhaupt existiert. Aus eingeweihten Kreisen heißt es aber mittlerweile, dass es sich dabei um ein streng geheimes Luft- und Raumfahrt-Entwicklungsprogramm handelt, das ebenfalls, im Rahmen von SDI, gemeinsam mit dem National Reconnaissance Office, der NSA und dem CIA finanziert wurde.

Erwähnt wird in diesem Zusammenhang auch die Existenz einer, in diesem Buch bereits mehrfach erwähnten, dreieckigen Aufklärungs-Plattform unter der Bezeichnung TR-3B ASTRA (**A**dvanced **S**tealth **T**echnology **R**econ **A**ircraft), die ebenfalls aus SDI Mitteln im Rahmen der „Black Budget Projekte“ finanziert worden sein soll. TR-3B sei ein absolutes High-Tech-Fluggerät, dessen Technik sich niemand so recht vorstellen kann, der das Ding nie mit eigenen Augen gesehen hat, heißt es da.

Und Experten haben auch keine Zweifel mehr daran, dass es sich bei der TR-3B auch um jenes Fluggerät handelt, das zu Beginn der 1990er Jahre massenweise über Europa und Russland aufgetaucht ist, unter anderem eben auch in Belgien. Die Informationen sickerten scheibchenweise aus Kreisen der NSA durch, die ebenfalls zu den Nutzern der TR-3B gehören. Wie es weiter heißt, soll der erste offizielle Einsatz der TR-3B während der Militäroffensive „Desert Storm“ im Irak stattgefunden haben. Hier soll mit Hilfe der TR-3B die gesamte Kommunikations-Technik der irakischen Armee ausgeschaltet worden sein, bevor B-52 Bomber Bagdad unter Beschuss nahmen. Angehörige der US Army, die das Geschehen vor Ort gefilmt haben, soll unter Strafandrohung sogar die Kamera abgenommen worden sein. Niemand sollte also über das sprechen, was er gesehen hatte.

Inoffiziell heißt es, dass es sich bei der TR-3B, angetrieben von einem Helium3-Plasma-Reaktor, um eine Aufklärungsplattform handelt, was sich auch aus der Abkürzung TR (Tactical Reconnaicance) ableiten lässt. Doch die TR-3B soll mehr sein als nur ein Aufklärer. Vielmehr soll es sich um eine Kombination aus Aufklärer und Kämpfer handeln, also die modernste Kriegswaffe für Militär und Geheimdienste überhaupt. Das Non-plus-Ultra in Sachen Kriegswaffentechnologie also.

Eine Technik, die atemberaubend und unvorstellbar sei, eine Technik, die nicht von dieser Welt stammen kann – so jedenfalls dürften Außenstehende das Ganze beurteilen. Ausgestattet mit einem Terahertz-Scanner, sei es der TR-3B mittlerweile sogar möglich, auch in Gebäude zu schauen. Die Technik eines Terahertz-Scanners ist im Prinzip simpel und basiert im Wesentlichen auf der Funktion eines sogenannten Nackt-Scanners, wie er mittlerweile schon seit geraumer Zeit an fast allen großen US-amerikanischen Flughäfen eingesetzt wird; eine Technik, die ebenfalls im Rahmen eines „Black Budget-Programms“ entwickelt und finanziert wurde.

Eine Technologie also, die es nach dem offiziellen Stand der Technik so noch nicht geben dürfte, doch in Amerikas geheimen Laboratorien rund um die Area 51 wohl schon. Denn hier scheinen offenbar andere Gesetze zu herrschen. Gesetze, die der Welt da draußen vielleicht für immer verborgen bleiben werden. Kein Wunder also, dass Militär- und Regierungsstellen alles dafür tun, dieses dunkle Geheimnis für sich zu behalten. Mit Drohungen, Schikanen und gezielten Desinformationen, versuchen sie die Wahrheit zu vertuschen. Doch am Ende lassen sich nicht alle so leicht einschüchtern. Aber die, die reden, müssen oft um ihr Leben und um das Leben ihrer Angehörigen fürchten. Sie haben einfach nur Angst. Der Arm von Militär und Regierung ist lang und mächtig und legt sich wie ein dunkler Schatten über das Leben der Whistleblower.

Und sollten doch einmal geheime Informationen nach außen dringen, werden sie schnell durch gezielte Desinformation diskreditiert. Informanten werden mundtot gemacht oder kommen bei einem Autounfall ums Leben, begehen zum Erstaunen ihrer Angehörigen Selbstmord oder erliegen einer mysteriösen Erkrankung. Und gelangen einmal Filme via YouTube an die Öffentlichkeit, findet sich garantiert schnell irgendein Spaßvogel, der, vielleicht sogar gegen viel Geld, behauptet, den Streifen am heimischen Computer selbst zusammengebastelt zu haben. Oder, wie im Fall der Belgien-Sichtungen, eine Styroporplatte an die Decke gehängt zu haben – und fertig war das UFO! Das aber nicht alle Sichtungen so leicht wegzudiskutieren sind, beweist allein die Tatsache, dass immer mehr Filme von Soldaten, die mit Handy aufgenommen worden sind, im Netz auftauchen und dreieckige Flugobjekte am Himmel zeigen, die offensichtlich mit Laserstrahlen feindliche Stellungen beschießen, welche anschließend in Rauch und Asche aufgehen. Alien-Technologie, die offenbar schon so gut wie an jedem

Kriegsschauplatz der Welt, auf denen US-Truppen agieren, Alltag geworden ist.

Als vor mehr als 70 Jahren zum ersten Mal der Höhenaufklärer Lockheed U-2 von der Area 51 in den Himmel emporstieg, war es noch leicht, seine Identität geheim zu halten. Seine Existenz wurde abgestritten und wenn jemand etwas am blankgeputzten Himmel über Nevada oder dem angrenzenden Kalifornien silbern aufblitzen sah, dann war es eben ein unbekanntes Flugobjekt, eine von zahlreichen UFO-Sichtungen in den 1950er Jahren über den USA eben. Erst ein Abschuss über der Sowjetunion entzauberte den fliegenden Spion quasi über Nacht. Spätestens von dem Tag an wusste die gesamte Weltöffentlichkeit, welche Technik die USA im Einsatz haben, um die Kontrolle über den gesamten Erdball zu erlangen. Selbst der entlegenste Winkel in den kommunistischen Staaten konnten mit der U-2 problemlos aus mehr als 25.000 Metern Höhe kontrolliert werden. Die Sowjetunion war somit fortan kein Geheimnis mehr in Washington. Weder Truppenaufmärsche noch geheime Raketenstellungen blieben vor den Augen der CIA verborgen. Meistens waren es CIA-Agenten, fliegende Spione also, die im Cockpit der U-2 saßen, um nahe der Weltraumgrenze ihrer Agententätigkeit nachzugehen.

Zu Beginn der 1960er Jahren waren es dann ungewöhnlich Knallgeräusche, die sich explosionsartig um den gesamten Erdball ausbreiteten. Lange Zeit waren sie ein Rätsel, man vermutete zwar, dass es sich um einen Überschallknall handeln könnte, doch war weit und breit kein Flugzeug zu hören, geschweige eins zu sehen, was bei Kampfflugzeugen, die die Schallmauer durchbrechen, eigentlich üblich wäre. Also, was steckte dahinter? Erst zu Beginn der 1970er Jahre gab die US-Regierung zu, dass sie bereits seit mehr als 10 Jahren im Besitz eines Mach-3 schnellen Höhenaufklärers vom Typ SR-71 verfüge, der ebenfalls nahe des Orbits operieren konnte, was natürlich erklärte, weshalb sich der Überschallknall über eine so weite Entfernung ausbreiten konnte und das sonst üblicherweise nachfolgende Fluggeräusch nicht zu hören war. Die SR-71, intern als TR-2B geführt, wurde, wie bereits schon die U-2, ebenfalls von Kelly Johnson in den Lockheed Skunk Works auf der Area 51 entwickelt und erst gegen Ende der 1980er plötzlich und unerwartet außer Dienst gestellt. Welche Gründe steckten hinter der plötzlichen Ausmusterung der SR-71, die in Militärkreisen den Beinahmen „Schwarzer Blitz“ trug?

Die später von offizieller Seite genannten Gründe waren vielfältig. Von zu hohen Kosten war da die Rede, ein anderes Mal hieß es, dass Satelliten aus dem Orbit die Arbeit der SR-71 übernommen hätten, doch der tatsächliche Grund dürfte ein anderer sein, nämlich die geheimnisvolle TR-3B ASTRA. Als Ende der 1980er Jahre zum ersten Mal zwei dreieckige Flugkörper für mehrere Stunde über Belgien waghalsige Luftmanöver vollführten, war klar, dass da etwas ausgesprochen Revolutionäres im Einsatz war. Kein UFO vom anderen Stern und kein Ultraleichtflieger waren für die Sichtung in den späten Abendstunden verantwortlich, sondern Amerikas neuester High-Tech-Aufklärer, der nun erstmals mit einem Antigravitationssystem ausgestattet war und von nun an auch für Stunden auf der Stelle operieren konnte, wenn es die Situation erforderte. Mit seiner kaum vorstellbaren Technik ist es möglich, in Gebäude zu sehen, feindliche Ziele mit Atomlaserkanonen zu bekämpfen, selbst Telefon- und Funkgespräche können von Bord dieses Wundervogels abgehört und mitgeschnitten werden.

Mittlerweile wird darüber spekuliert, von welchem Hersteller die TR-3B produziert wird. In vielerlei Hinsicht verdichten sich die Beweise, dass auch in diesem Fall Lockheed als möglicher Hersteller in Frage kommt. Zwei Zeugen beobachteten bei Owego im Bundestaat New York am 2. August 2011 über dem Gelände der Lockheed Martin Werke ein klassisches Dreieck mit drei weißen Lichtern an den Ecken und einem roten in der Mitte im Schwebeflug. Anschließend soll das Objekt Richtung Hickory Park davongeflogen sein. Laut Aussage der Zeugen war es völlig lautlos.

Eine andere, viel frühere Spur führt in die kalifornische Millionenmetropole San Diego, der achtgrößten Stadt der Vereinigten Staaten. Hier befindet sich der Firmensitz der im Jahre 1934 gegründeten Ryan Aeronautical Company. Berühmtheit erlangte das Unternehmen unter anderem durch das legendäre Flugzeug „Spirit of St. Louis“, mit der Charles Lindbergh 1927 den Atlantik überquerte. Später konzentrierte sich das Unternehmen mehr und mehr auf den Bau von Rüstungstechnik, unter anderem auch auf die Herstellung unbemannter Aufklärungsflugzeuge und Drohnen. Die Technik wurde im Laufe der Jahre immer komplexer und kaum ein Außenstehender hatte auch nur die leiseste Ahnung, was hinter den Mauern der Company wirklich geschieht. Zahlreiche Projekte, die hier entstanden, unterlagen strengster Geheimhaltung und tun dies noch heute. Zu den Abnehmern von Ryan Aeronautical zählen bevorzugt das US-Militär und die Geheimdienste der Vereinigten Staaten.

Den ganz großen Coup schien dem Ingenieure Robert W. Winters und seinen Mitstreiter George R. Cota gegen Mitte der 1970er gelungen zu sein. Sie entwickelten laut vorliegender Patentschrift ein Dreieck mit extrem hoher Luftüberlegenheit und nahezu hundertprozentiger Unsichtbarkeit für Augen und Radar. Das Patent US 4019699 A wurde am 26. April 1977 erteilt und enthält neben einer genauen technischen Zeichnung folgende Beschreibung:

„Das Flugzeug hat eine sehr geringe Beobachtbarkeit sowohl visuell als auch für Radar und akustische Ortungsgeräte. Das Flugzeug verfügt über wenig Kanten und Flächen in Form eines Delta-Flügels, wobei die Kanten gerade oder am Scheitel abgerundet sind. Alle Oberflächen sind im Rahmen aerodynamischer Anforderungen flach, die gesamte Oberfläche des Flugzeugs ist mit minimaler Unterbrechung elektrisch leitfähig. Die Antriebsart wird durch die Flügel vom Radar abgeschirmt.“

Der Entwurf von Winters und Cota ähnelt in vielen Punkten der beschriebenen TR-3B. Ob es sich aber tatsächlich bei diesem Modell um die sogenannte TR-3B oder noch um das Vorgängermodell TR-3A handelt, ist nicht bewiesen. Möglicherweise ist es ein Vorgängermodell oder eines, das nie in die Serienproduktion ging, was auf Grund der frappierenden Ähnlichkeit mit den gesichteten Dreiecken aber eher unwahrscheinlich wäre.

Eine dritte mögliche Spur führt nach Seattle. Wie eingeweihte Leser vielleicht wissen werden, befindet sich hier der Firmensitz von Boeing. Von der Organisation Ufocasebook war zu erfahren, dass sich bereits 1993 über Seattle eine seltsame Begegnung mit einem Schwarzen Dreieck ereignet hatte, die in vielen Punkten Parallelen mit Sichtungen über Europa hatte – etwa das Aussehen des Objektes und auch das Flugverhalten stimmten in zahlreichen Punkten mit den Objekten über Belgien überein. Interessant ist der Vorfall allein schon deshalb, weil er sich in nahezu unmittelbarer Nähe zu den Boeing-Werken ereignet hat.

Die Sichtung fand laut vorliegender Zeugenaussage im November statt, an einen bestimmten Tag konnte sich der Zeuge allerdings nicht mehr erinnern. Nur die Uhrzeit wusste der Zeuge noch ganz genau. Laut Aussage spielte sich der Vorfall gegen 21:30 Uhr ab. Der Zeuge musste wegen eines Verkehrsunfalls auf dem Highway die Autobahn verlassen und auf eine Landstraße ausweichen, die in die unmittelbare Nähe zum Werksgelände der Boeing Aircraft Facility führte. Bereits während der Fahrt viel dem Zeugen ein seltsames, rotes Licht in extrem niedriger Flughöhe auf. Er schätzte die Entfernung auf circa eine halbe Meile. Zunächst dachte er auf Grund der niedrige Höhe und langsamen Geschwindigkeit an einen Hubschrauber, doch bald schon verwarf er diesen Gedanken, da absolut kein Geräusch, das auf einen Hubschrauber hindeuten könnte, zu hören war. Von der Neugier gepackt, fuhr der Augenzeuge an den rechten Fahrbahnrand heran und verließ das Auto, um sich das seltsame Licht aus der Nähe genauer anzusehen.

Das unbekannte Objekt stand nun genau über dem Zeugen, der die Flughöhe auf etwa 500 Fuß schätzte. Er erkannte drei rote Lichter, die zu einem gewaltigen Schwarzen Dreieck gehörten, dass laut Aussage in etwa die Größe eines Footballfeldes hatte. Der Zeuge vermutete, dass das Objekt direkt über einem Hangar stand und anschließend mit etwa 5 Meilen die Stunde lautlos und gemächlich davon schwebte.

Der Fall wird aber noch interessanter. Die Ex-Frau des Zeugen arbeitete zu jener Zeit als Kellnerin in einem Lokal, das gerne von Boeing-Mitarbeitern in der Mittagspause besucht wurde. Einer der Mitarbeiter berichtete der Kellnerin in einem Gespräch am Rande, dass in einer unterirdischen Anlage große, dreieckige Flugkörper gebaut würden. Interessant dürfte auch die Tatsache sein, dass in der Vergangenheit immer wieder Zeugen, die im Raum Seattle beheimatet sind, über Sichtungen dieser seltsamen Dreiecke berichteten.

Die Beschreibungen der Zeugen waren nahezu übereinstimmend. Doch oftmals beschrieben diese Zeugen die Objekten auch als suspekt, was heißen soll, dass die Objekte mal als materiell und mal als Projektion wahrgenommen wurden, was den Rückschluss zulässt, dass die Oberfläche der Objekte mit einer raffinierten Tarnschicht, etwa einer Polymerhaut überzogen sein könnte, die die Eigenschaft einer Filmleinwand besitzt, auf der alles Mögliche abgebildete werden kann. In der Nacht den Sternenhimmel, am Tag das Blau des Himmels, ein Verkehrsflugzeug und wer weiß was noch so alles. Alles ist heute mit moderner Technik möglich. Geht nicht, gibt´s nicht mehr!

Erinnern wir uns doch an die oben beschriebene Patentschrift der Ingenieure Winter und Cota. Darin heißt es: Das Fluggerät hat eine sehr geringe Beobachtbarkeit, sowohl visuell als auch für das Radar. Das würde also bedeuten, dass es sich hier schon um die modernste Form der Tarnkappentechnologie handelt. Eine Technik, die der breiten Öffentlichkeit in dieser Form und zu jener Zeit, immerhin schrieben wir das Jahr 1977, wenig bekannt gewesen sein dürfte. Wie aber funktioniert diese Technik?

Sich für den Feind unsichtbar machen, war schon bei allen großen Konflikten der Wunsch jeder Streitmacht; besonders beim Einsatz der ersten Bomberverbände während des Ersten Weltkriegs und später während des Pazifikkriegs gegen Japan. Nicht immer konnten Überraschungsangriffe aus dem Verborgenen geflogen werden, da es zu jener Zeit noch nicht möglich war, sich für das feindliche Radar und Auge unsichtbar zu machen. Wie sollte das schließlich gehen? Selbst auf rund 10.000 Metern Höhe waren die Angriffsverbände für das feindliche Radar noch sichtbar, denn bis zur hundertprozentig ausgereiften Tarnkappentechnik war es zu jener Zeit noch ein weiter Weg, obwohl schon seit Beginn der Radartechnik im Zweiten Weltkrieg immer wieder Versuche unternommen wurden, Flugzeuge für das Radar unsichtbar zu machen.

Das erste radarabsorbierende Material aus Kohlestaub und Titanoxid im Bereich um 2 GHz wurde übrigens 1936 in den Niederlanden entwickelt. Während des Zweiten Weltkrieges arbeiteten schließlich auch Deutschland und die USA fieberhaft an sogenannten Absorbermaterialien, um ihre Luftflotte für das Radar weitgehend unsichtbar zu machen. Übrigens war bereits der Nurflügler Horten H-IX für das Radar nahezu unsichtbar.

Radarabsorbierende Materialien, sogenannte RAMs, haben zum Ziel, den Radarquerschnitt weiter zu verkleinern, als dies allein durch die Formgebung des Flugzeugs möglich ist. So können durch RAMs beispielsweise Radarquerschnitte erzielt werden, die in etwa die der Größe von Vögeln oder gar Insekten entsprechen. Mit diesen radarabsorbierenden Materialien und durch besondere geometrische Formgebung und Oberflächenbeschaffenheit ist es also möglich, dass das Flugzeug für das gegnerische Radar nur auf kurzer Distanz erfasst werden kann. Die ersten Tarnkappenflugzeuge wurden übrigens in den Vereinigten Staaten entwickelt und eingesetzt.

Das modernste und bekannteste Modell dieser Klasse ist gegenwärtig noch immer die von Northrop entwickelte und gebaute B-2. Doch wie macht man sich für das Auge unsichtbar? 1940 beauftragte das „National Defense Research Committee“ der Vereinigten Staaten zahlreiche Physiker mit Forschungsarbeiten an der Unsichtbarkeit. Sie sollten herausfinden, ob elektromagnetische Felder in der Lage sind, Licht derart zu krümmen, das ein Luftspiegelungs-Effekt, also ein Fata-Morgana-Effekt, eintritt. Berechnungsgrundlage war in diesem Fall ein Schiff. Zu jener Zeit allerdings blieben die Forschungen ohne ein praktisches Ergebnis. Erst in jüngster Zeit ist es US Physikern gelungen, durch sogenannte Metamaterialien elektromagnetische Wellen in spezieller Weise zu brechen, um sie um einen Gegenstand herumzulenken. Dabei bauten die Forscher einen Ring aus Tarnkappenmaterial, in dem kleine Dinge tatsächlich nicht zu sehen sind. Bisher funktionierte dieses Experiment allerdings nicht mit sichtbarem Licht, sondern nur mit Mikrowellen, wie sie etwa von Radargeräten oder Satelliten verwendet werden.

In einem Radarbild erscheint an der Position des Gegenstandes dann nur ein leerer Raum. Was aber ist nun die hundertprozentige, visuelle Tarnkappentechnologie, die den Gegenstand auch für das Auge unsichtbar macht? Nun, wie bereits oben beschrieben, kann mit spezieller Oberflächenbeschichtung das Objekt bereits unsichtbar gemacht werden, indem Gegenstände, wie Flugzeuge oder der Himmel, gegenständlich auf die Beschichtung, sprich auf das Objekt, projiziert werden. Doch es gibt mittlerweile noch eine weitere Option: die Antigravitation. In der Schulwissenschaft gilt die Antigravitation noch heute als nicht existent.

Auch das im vorangegangenen Kapitel beschriebene, dreieckige Fluggerät über Paris zeigt identische Eigenschaften. Dieses verschwand in einer Lichtkugel und wurde anschließend für den Beobachter und seine Kamera unsichtbar. Wissenschaftler wollen herausgefunden haben, dass sich rund um das Fluggerät im Antischwerkraftmodus ein umhüllendes Feld aufbaut, das auch als Kokon bezeichnet wird. In diesen Kokon können Lichtwellen zwar eindringen, die Besatzung eines Fluggeräts im sogenannten Antischwerkraftmodus kann also während des Fluges seine Umgebung sehen, reflektiertes Licht kann den Kokon jedoch nicht mehr verlassen, da es im Antigravitationsmodus absorbiert wird, sodass das Objekt für den Beobachter am Boden unsichtbar bleibt. Damit steht also zweifelsfrei fest, dass Antigravitation nicht *irgendeine* Tarnkappentechnologie ist, sondern *die* Tarnkappentechnologie.

Das bedeutet auch, dass die Konstruktion irdischer Fluggeräte, die im Antigravitationsmodus operieren und damit auch perfekt getarnt sind, schon technisch möglich ist, doch die Entwicklung findet hinter verschlossenen Türen statt. Die Öffentlichkeit bekommt von alledem nichts mit. Sie wird bewusst belogen und getäuscht, da es sich um eine geheime Wissenschaft handelt, die in der Regel durch Tarnfirmen oder Spezialabteilungen großer Rüstungskonzerne, wie Lockheed Martin oder Boeing, schon seit mehr als 30 Jahren emsig vorangetrieben und auch in aller Öffentlichkeit und vor den Augen eines staunenden Publikums getestet wird.

Doch was soll man dem staunenden Publikum sagen, wenn es unbequeme Fragen stellt? Dass da eine neuartige Antriebstechnologie getestet wird, die Kriegswaffe von Morgen oder versucht man es am Ende nicht doch lieber mit einem Märchen, mit Fabelwesen aus der Unterwelt oder eben mit Außerirdischen, die seit Jahrmillionen die Erde besuchen und dies seit mehr als 70 Jahren wieder besonders intensiv tun, um sich über den aktuellen Stand unserer Technik zu informieren?

Spionage unter der Flagge Außerirdischer scheint insbesondere in den Vereinigten Staaten in den zurückliegenden 50 Jahren ein ausgesprochen probates Mittel gewesen zu sein. Fluggeräte, die sich in der Testphase befanden, wurden umgehend als UFOs klassifiziert. Auch jene Objekte, die der Bevölkerung immensen Schaden zufügten, wurden als Besucher einer anderen Zivilisation zugeordnet. Wir erinnern uns noch einmal an den Fall Betty Cash. Auffällig an diesen Testflügen war und ist die Tatsache, dass die Objekte immer von Hubschraubern oder Kampfflugzeugen begleitet werden, um im Falle eines Absturzes das Gebiet sofort ausfindig zu machen und zur Hochsicherheitszone erklären zu können. Erklärt man nun der staunenden Öffentlichkeit, dass es sich bei einem Strahlenunfall, wie im Fall Betty Cash, nicht um irdische, sondern um außerirdische Technologie gehandelt hat, schlägt man gewissermaßen zwei Fliegen mit einer Klappe. Zum einen verschweigt man der Bevölkerung den tatsächlichen Stand der Wissenschaft im Fall neuer Antriebstechnologie, zum anderen umgeht der Staat die Zahlung hoher Schadenersatzforderungen.

Auch im Fall der TR-3B ist es, wie aus gut informierten Quellen zu erfahren, immer wieder zu folgenreichen Abstürzen, vor allem in den Vereinigten Staaten, gekommen. Augenzeugen, die vor Ort des Geschehens waren, berichteten über ein robustes Auftreten der Sicherheitskräfte, die das Absturzgebiet in einem Radius von mehreren Meilen komplett abgeriegelt hatten. Die Zeugen berichteten weiterhin von massiver Einschüchterung. Ihnen wurde mit Gefängnisstrafe bis hin zur Erschießung gedroht, sollten sie irgendetwas über den Vorfall an die Öffentlichkeit tragen. Ähnlich verhält es sich auch bei Besuchern, die sich der Area 51 ungebeten zu weit nähern. Auch ihnen wird von den Sicherheitskräften vor Ort, die in der Regel in weißen Jeeps unterwegs sind, nicht selten mit hohen Gefängnisstrafen gedroht.

Es ist also offensichtlich, dass sich neben uns eine irdische Parallelwelt befindet, in der andere Gesetzmäßigkeiten vorherrschen, die für einen Großteil der Bevölkerung nur schwer vorstellbar ist. Sicher ist aber auch, dass sich der Vorhang mehr und mehr hebt und die Geheimnisse sich nun endlich der Öffentlichkeit präsentieren und auch, dass die Technologie bestimmter Geheimprojekte aus dem militärischen Bereich, etwa der TR-3B, seit langem schon der breiten Öffentlichkeit zur Verfügung steht. Etwa die Lasertechnologie in Form von CD-Playern oder die Bildschirme von Smartphones und Geldautomaten, die auf Hautkontakt reagieren, dies alles ist Technik, die in der TR-3B erprobt und erstmals zur Anwendung kam.

Doch die Frage, die an dieser Stelle sicherlich jeden Leser beschäftigen mag, ist die Frage, welches Antriebssystem hier zugrunde liegt. Nach meinen vorliegenden Informationen schwebt die TR-3B auf einem Magnetfeld und verfügt außerdem über die Möglichkeit, ein starkes EM (Elektro-

Magnet)- Feld zu erzeugen. Das Gleiten auf einem EM-Feld ist das einfache Prinzip eines Supraleiters auf niedrigem Niveau. Das Fliegen mit einem starken EM-Feld ist das Fliegen in höheren Dimensionen und Atmosphärenschichten. Es ist also möglich, mit einem starken EM-Feld ohne Probleme bis zum Ende der Magnetspule der Erde zu fliegen. In diesem Fall lässt man sich quasi auf der Magnetspule tragen.

Der Antrieb der TR-3B ist sehr anfällig und beruht auf einem MFD, einem sogenannten Magnetic Field Disrupter, der in den 1980er Jahren entwickelt wurde und das Aussehen eines Fusionsringspeichers hat. Er besteht aus einer Spule, die verdichtetes Quecksilbergas in einer hohen Frequenz gegeneinander strömen lässt, um auf diese Weise zwei gegeneinander strömende EM-Felder zu erzeugen. Diese entstehen, wenn Gase sehr stark komprimiert werden und Magnetfelder stark rotieren. Denn bei stark rotierenden Feldern entsteht ein Gravitationseffekt. Mann schwebt quasi auf einer Magnetfeldlinie. Offiziell gibt es die Magnetfeld-Technologie noch nicht.

Sie wurde von den Sandia Laboratorys entwickelt. Zur Funktionsweise ist zu sagen, dass das mit Quecksilber gespeiste Plasma mit 250.000 Atmosphären und einer Temperatur von umgerechnet Minus 123,15 Grad Celsius unter Druck gesetzt und, ähnlich einer Zentrifuge, geschleudert wird. Daraus resultiert ein supraleitendes Plasma mit 50.000 Umdrehungen pro Minute, das ein magnetisches Feld generiert, welches die Schwerkraft um 89 Prozent zu reduzieren vermag. Ein starkes EM-Feld ermöglicht es, sich von der Erdgravitation zu lösen. Bei einem starken EM-Feld ist der Körper nämlich träge. Er schwebt sozusagen in der Luft und hat keinen Antrieb irgendwo hin zu fliegen. Der Effekt ist ähnlich, wie bei einem Supraleiter. Man muss also erst einmal eine Frequenz erzeugen, um zu einem anderen Magnetfeld zu springen. Die Erde hat viele Magnetfeldlinien und mit diesen Magnetfeldlinien arbeitet man. Die TR-3B fliegt quasi auf einem Puffer, indem sie nur diese Magnetfeldlinien benutzt.

Die Magnetfeldtechnologie sorgt für ein extrem geringes Gewicht, sodass die TR-3B in der Lage ist, jedes herkömmliche Flugzeug auszumanövrieren. Sie ist in der Lage, auf eine Flughöhe von 36.000 Metern zu steigen. Außerdem verfügt sie über drei Multimode-Triebwerke, die eine Höchstgeschwindigkeit von Mach 9 erreichen können. Die Triebwerke werden von einem atomaren Thermal-Raketenmotor angetrieben, der Wasserstoff bzw. Methan in Verbindung mit Sauerstoff verwendet. Als möglicher Hersteller kommt der Triebwerkhersteller Rockwell in Frage.

Wenn man einen TR-3B mit hochgefahrenem EM-Feld sieht, ist das Fluggerät sehr stark am Leuchten und Flimmern. Wenn sie sich schließlich im Zick Zack-Modus bewegt, dann springt sie von einem Magnetfeld zum anderen. Dadurch ist es möglich, eine sehr hohe Geschwindigkeit zu erreichen. Das kann durchaus bis zu Mach 10 sein, ohne einen Überschallknall zu erzeugen. Diese Beobachtungen machten übrigens auch F-16 Piloten in Belgien. Darüber hinaus ist es auch möglich, auf einer EM-Feldlinie langsam zu gleiten. Interessant ist in diesem Zusammenhang auch die Tatsache, dass in den 1990er Jahren bereits die ersten Fusionstriebwerke mit Helium 3 entwickelt wurden und in der gegenwärtig benutzten Generation zum Einsatz kommen.

Die TR-3B wird unter anderem von der Tactical Reconnaissance Agency (TRA) eingesetzt. Eine kleine Gruppe von nur rund sieben Mitgliedern und vielen Mitarbeitern, die 1953/54 gegründet wurde und der NSA überstellt ist. Die Mitarbeiter wissen nicht, worum es im Einzelnen geht. Die TRA achtet darauf, dass diese Technik nicht in andere Hände gelangt. Die Teile der TR-3B wurden von verschiedenen Firmen entwickelt und gebaut, ohne dass die Mitarbeiter der Firmen wussten, worum es bei diesem Projekt im Einzelnen geht, sodass keine detaillierten Informationen über das Projekt an dritte Personen weitergegeben werden konnten.

Das Vorgängermodell der TR-3B war übrigens die TR-3A Flying-Manta, allerdings verfügte diese noch nicht über einen MFD, sondern wurde noch mit Düsentriebwerken geflogen. Auch die erste TR-3 der B-Serie hatte anfangs noch Düsentriebwerke, die man auch hören konnte, allerdings hatte sie bereits den MFD an Bord, der im Flug zugeschaltet werden konnte. Diese Modelle waren allerdings noch unbemannt. In der B-Serie wurden schließlich die Triebwerke entfernt, nachdem man festgestellt hat, dass der MFD zuverlässig arbeitet. Die ersten MFDs waren allerdings noch sehr instabil, was zur Folge hatte, dass das Fliegen in den oberen Atmosphären-schichten nur sehr schwer möglich war, was eine hohe Absturzrate zur Folge hatte.

Bei der TR-3 der C-Serie, die etwa 1989/90 erschienen, die unter anderem auch über Belgien und Deutschland zu sehen waren, hatten schon ein recht stabiles Feld, waren allerdings unbemannt. Von insgesamt 16 Modellen sind nur acht abgestürzt. Das neueste, das D-Modell, soll bereits mit einem Mann Besatzung fliegen. Allerdings geht man bei dieser Modellreihe schon vom MFD weg und hin zu dem oben erwähnten Fusionsreaktor, der genug Energie liefert, um das EM-Feld nach außen zu leiten. Auf Grund des MFD war es nicht möglich, mit Besatzung zu fliegen, denn wenn der MFD startet, baut das Feld von innen nach außen auf, sodass sich die Besatzung in einem Strahlenfeld befindet. Auch auf das Material hatte der MFD negative Auswirkungen. Auf Grund des Hutchison-Effekts korrodiert das Metall und alterte sehr schnell.

Die Außenbeschichtung der TR-3 arbeitet weitgehend auf elektrischer Basis und dient dazu, Reflektionen von Radarstrahlen zu absorbieren, um unsichtbar zu sein. Die TR-3 ist von einer Polymerhülle mit reaktiver Beschichtung umgeben, die das Fluggerät auf dem Radar aussehen lassen kann, wie ein Kleinflugzeug, ein fliegender Zylinder oder ein falsches Radarbild, welches mehrere Flugzeuge zeigt.

In diesem Zusammenhang sei noch einmal darauf hingewiesen, dass der Plasmaantrieb in fast allen Punkten auf die Forschungsergebnisse auf der Testreihe der bereits beschriebenen Glocke basiert. Auch hier war ein

Quecksilberisomer im Verbund mit Thorium im Spiel, der Xerum 525 („Rotes Quecksilber") hoch beschleunigte, sodass ein extrem starkes Magnetfeld entstand. Alle Ergebnisse stammen aus den Forschungen von Dr. Walter Gerlach, einem Schüler von Albert Einstein. Einstein bezeichnete Gerlach bereits sehr früh als Genie. Übrigens nachzulesen in Gerlachs Buch „Der magnetische Moment des Silberatoms". Gerlach wurde später zum begehrtesten Forscher in den Vereinigten Staaten und war auch an dem Projekt „Paperclip" beteiligt, wie der polnische Journalist Witorsky herausfand. Operation Paperclip, auch bekannt unter der Bezeichnung Operation Overcast, war ein militärisches Geheimprojekt der Vereinigten Staaten, um nach Ende des Zweiten Weltkrieges deutsche Wissenschaftler und Techniker in die USA zu holen, um sich deren Können und Wissen zu sichern.

Zusammenfassend kann man sagen, dass da etwas sehr Revolutionäres am Himmel fliegt. Das ist eine unbestreitbare Tatsache. Die Beweise hierfür liefern ein halbes Dutzend, zum Teil qualitativ gute Videoaufnahmen, die beweisen, dass seit vielen Jahren ein geheimes Fluggerät im Einsatz ist, das bewusst und mit allen Mitteln von der Regierung der Vereinigten Staaten und seinen Geheimdiensten verschwiegen wird. Möglich, dass noch nicht einmal der Präsident über den Einsatz dieses Fluggerätes in Kenntnis gesetzt ist. Solche geheimen Kommandosachen unterliegen schließlich der höchsten Geheimhaltungsstufe, was bedeutet, dass selbst der Präsident oft nicht zum Kreis der Wissenden gehört.

Um an dieses Wissen zu gelangen, ist ein bestimmter Zugangscode nötig und dieser wird in der Regel nur an einen ausgewählten Kreis von Mitarbeitern des Projekts erteilt. Doch Video- und Fotoaufnahmen können nicht immer lügen. Und vor allem aber nicht das Auge von Menschen, die Zeuge einer Sichtung eben dieser Fluggeräte waren. Sie berichten in der Regel exakt nur das, was sie mit ihren eigenen Augen gesehen haben. Und dass es sich bei fast der Hälfte der Augenzeugen um Ordnungshüter oder Angehörige des Militärs handelt, macht die Sache umso komplizierter. Schließlich gehören sie schon auf Grund der Ausübung ihrer beruflichen Tätigkeit eher zu den glaubwürdigeren Zeugen. Zeugen, die nur das berichten, was sie auch wirklich gesehen haben, keine Phantasten oder Spinner, die sich nur in der Öffentlichkeit wichtigmachen wollen. Und ganz sicher gehören sie auch nicht zu der Gruppe von Personen, die wegen einer psychischen Erkrankung, wie etwa Schizophrenie, als glaubhafte Zeugen schlichtweg ausscheiden.

Doch die Frage, was da wirklich herumfliegt, spaltet die UFO-Forschung bis zum heutigen Tag. Zum einen liegen Sichtungen fliegender Dreiecke schon aus den 1950er Jahren vor und machen somit eine natürliche Erklärungen schwierig, zum anderen aber gibt es einfach zu viele Hinweise darauf, dass es sich um geheime militärische Objekte der Vereinigten Staaten handeln könnte.

Ein Beleg dafür könnte auch die Beobachtung zweier Augenzeugen, wenige Wochen vor der europäischen UFO-Welle im August 1989, sein. Die Zeugen sahen, wie ein riesiges Schwarzes Dreieck über der Nordsee in der Galveston Bay von einer Boeing KC-135 offensichtlich mit frischem Treibstoff versorgt wurde. Begleitet wurde das Duo von zwei F-111 Kampfjets. Immer wieder beobachten Zeugen, dass die Schwarzen Dreiecke von Hubschraubern und Kampfjets der Army eskortiert werden. Eine solche Beobachtung machte auch ein Augenzeuge aus Houston im US-Bundesstaat Texas am 15. August 2001. Der Zeuge sah von seinem Hinterhof, wie ein Schwarzes Dreieck geräuschlos im Tiefflug über einem Fluss unterwegs war.

Anschließend verschwand das Objekt in Richtung Johnson Space Center der NASA. Minuten später tauchte ein F-16 Jet der US Air Force auf und begleitete das Objekt. Das wirft natürlich in der UFO-Forschung immer wieder die Frage auf, ob es sich in diesen Fällen nicht doch um ganz irdische Technologie handelt. Ob sie nun TR-3B heißt oder am Ende doch eine ganz andere Bezeichnung trägt, dürfte wohl eine eher untergeordnete Rolle spielen. Fest stehen sollte jedenfalls, dass die US-Regierung schon seit Jahren an einer Technologie arbeitet, die dem derzeitigen offiziellen Stand der Technik um mehr als Jahrzehnte voraus ist und dass geheime Testbasen über die gesamte Fläche der USA und Europa verbreitet sind und bei Testflügen geheimer Projekte in der Vergangenheit immer wieder auch zahlreiche US-Bürger, nicht nur durch die physikalischen Wirkungen der Antriebstechnologie, sondern auch durch Versuche an Menschen, zu Schaden gekommen sind.

Das Ganze ist zwar auf den ersten Blick recht abenteuerlich und für viele Leser auch nur schwer nachvollziehbar – doch manchmal steckt gerade hinter den nach außen erscheinenden, unglaubwürdigen Meldungen und Geschichten die ganze, die schreckliche Wahrheit der Menschheit. Vieles, was uns erst jetzt offengelegt wird, ist nur ein ganz kleiner Teil der großen Wahrheit, die uns in den kommenden Jahren erreichen wird und diesmal nicht nur Schnappatmung auslöst, sondern uns buchstäblich das Blut in den Adern gefrieren lassen wird. Sicherlich wird nur ein schwindend geringer Teil der Bevölkerung bereit sein für die ganze, die alles umfassende Wahrheit. Doch es lohnt sich, ihr in die Augen zu sehen.

Die gesamte Geschichte der Menschheit baute in der Vergangenheit größtenteils auf einem riesigen Gerüst, bestehend aus Lügen und Unwahrheiten, auf. Menschen, ganze Generationen wurden belogen. Manchmal nur zu einem einzigen Zweck, dem perfiden Eigennutz bestimmter Sippen und Clans, Macht und Profitsucht. Nehmen wir nur das Beispiel Freie Energie. Ein ganzer Industriezweig würde heute nicht mehr existieren, würden wir uns die Freie Energie zu Nutze machen. Die gesamte Mineralöl und Gasindustrie würde vor dem kompletten Aus stehen. Klar, dass sich die herrschende Klasse dahinter dies nicht gefallen lässt.

Industrie und Politik bilden seit Jahrzehnten ein harmonisches Duo. Im Grunde genommen wird unsere Welt von einer Schattenregierung geführt und die Politiker, die uns auf der politischen Bühne erscheinen, müssen wir uns als Marionetten vorstellen, die von dieser Schattenregierung, dieser dunklen Macht, an den Fäden geführt werden. Eine Partei, die zum Wohle des Volkes regiert, gibt es nicht. Und würden Wahlen etwas ändern, wären sie längst verboten. Eine Hand wäscht also die andere – und der Dumme in diesem System ist die Bevölkerung und der gesamte Planet.

Ganze Völker sind in der jüngsten Vergangenheit ihrer Heimat beraubt worden. Vertrieben durch Krieg und Zerstörung. Diesen Menschen wurden gewissermaßen ihr Zuhause und ihre Existenzgrundlage unter den Füßen weggezogen. Aus nur einem einzigen Grund: Krieg! Krieg fördert bekanntlich das Wirtschaftswachstum. Die gesamte Rüstungsindustrie verdient sich an ihm eine goldene Nase. Und in jedem Krieg kommen bekanntlich immer die modernsten Waffen zum Einsatz. Wozu hat man sie schließlich gebaut? Bestimmt nicht dafür, dass sie bis zum Sankt Nimmerleinstag in irgendwelchen Hallen der Verrottung ausgesetzt werden. Man will schließlich zeigen, was man in der Hand hat. Staaten wollen ihren Muskeln spielen lassen und zeigen, dass sie Menpower besitzen und die Rüstungsindustrie will zeigen, zu welchen großartigen technischen Leistungen sie fähig ist, und so ganz nebenbei klingelt natürlich auch die Kasse.

Antigravitationstechnologie ist also kein Hirngespinst. In seinem Buch „Triangular UFOs“ beschreibt der Autor David Marler die Sichtung eines unbekannten, dreieckigen Flugkörpers im Jahre 1955 über der berühmten Wright-Patterson Air Force Base in Daytona. Augenzeugen haben dem Autor beschrieben, dass das Fluggerät imstande war zu schweben und recht unkonventionelle Flugmanöver zu unternehmen, was durchaus den Rückschluss zulässt, dass es sich um keinen konventionellen Antrieb gehandelt haben kann. Hat es sich in diesem Fall vielleicht schon um Antigravitationstechnologie gehandelt? Für viele mag das vielleicht ein wenig verwunderlich klingen – Antigravitationstechnologie Mitte der 1950er Jahre! Interessant dürften in diesem Zusammenhang die Aussagen des britischen UFO-Forschers Nick Redfern sein, der in seinem Buch „Die Pyramiden und das Pentagon“ einen Beitrag des britischen Magazins „Aero Digest“

aufgreift. Dem Magazin zufolge seien bereits 1956 Insiderinformationen aufgetaucht, die nahe legen, dass die britische Regierung an der Antigravitationsforschung arbeitet. Bereits sechs Monate nach Erscheinen des Magazins begann auch das General Physics Laboratory der Aeronautical Research Laboratories auf der Wright Patterson Air Force Base mit der Erforschung der Schwerkraft und der damit verbundenen Möglichkeit, sie zu manipulieren. Im Dezember des darauffolgenden Jahres schrieb die Zeitschrift „Product Engineering" in einem Artikel:

Die Luftwaffe fördert Forschungen zur Elektrogravitation, und zahlreiche Unternehmen und Einzelpersonen arbeiten an dem Problem."

Laut Aussage des Ex-Major der US Marine Corps, Donald E. Keyhoe, obliegen in den Vereinigten Staaten Schwerkraftforschungen und entsprechende Antriebe ausschließlich dem Militär, welches sich auch der strikten Geheimhaltung bediene. Diese Aussage lässt natürlich den Rückschluss zu, dass in den vergangenen 60 Jahren die Zahl der entwickelten Projekte stetig angestiegen sein dürfte. Eingespannt in diesen Entwicklungsprozess waren natürlich entsprechend sämtliche führende Flugzeughersteller für Rüstungsgüter sowie technische Laboratorien. Auffällig ist in diesem zeitlichen Zusammenhang auch die Tatsache, dass sich sowohl die USA als auch Großbritannien bereits kurz nach dem Zweiten Weltkrieg mit der Antigravitation beschäftigt haben, was natürlich den Gedanken nahe legt, dass entsprechende Information durchaus aus Deutschland gekommen sein könnten.

Modernste Techniken wie die TR-3B, bleiben wir ruhig bei dieser Bezeichnung, waren bereits bei Kriegen im Einsatz. Auch während des Irak- und Jugoslawienkrieges wurde dreieckige Flugkörper gesehen und teilweise von Militärangehörigen gefilmt. In Bagdad beispielsweise wurden sie zur Zerstörung der gesamten Kommunikation eingesetzt, bevor B-52-Bomber die Stadt unter Beschuss nahmen. Technik von Morgen, die bereits heute im Einsatz ist und die auf erschreckende Weise zeigt, wie wenig die

Menschen über die tatsächlichen Dinge auf der Erde Bescheid wissen. Eine Bevölkerung, die bewusst unwissend und dumm gehalten wird, für eine Elite, die das Sagen auf dieser Erde hat und für die der Rest der Menschheit nur Lemminge sind, die wie Versuchskaninchen im Käfig gehalten werden.

David Mark Koch, Sergeant bei der US Army, staunte am Morgen des 13. Juni 2006 nicht schlecht, als er in den Morgenhimmel über Bagdad sah. Über seinem Kopf thronte ein pechschwarzes, lautloses Dreieck von der vierfachen Größe eines Footballfeldes. Die Begegnung fand in der Irakischen Stadt Makasib statt. Interessant an dem Datum dürfte sein, dass sich für diesen Tag US Präsident George W. Bush angekündigt hatte. Neben Koch sahen auch 25 weitere Kameraden aus seiner Einheit das Schwarze Dreieck über Makasib. Koch und der Konvoi stoppten ihre Fahrzeuge und schauten mit einem AN/PVS-7 Nachtsichtgerät in den Himmel. Koch fiel sofort auf, dass die etwa vier bis fünf an den beiden Vorderkanten angebrachten Lichter keinen Halo (Lichtreflexion ähnlich einem Heiligenschein) erzeugten, was bei konventionellen Lichtquellen bei Nachtsichtgeräten sonst üblich ist. Koch und seine Kameraden waren sichtlich irritiert darüber, da der Luftraum auf Grund des Präsidentenbesuches an diesem Tag zur Hochsicherheitszone erklärt wurde und von patrouillierenden Hubschraubern kontrolliert wurde. Ein fremdes Objekt hätte sich, zumindest an diesem Tag, nicht im Luftraum aufhalten können.

Ein weiterer Vorfall im Irak ereignete sich am 15. Mai 2005 gegen 2:30 Uhr. Der Augenzeuge war in diesem Fall der Pilot eines UH-60A Hubschraubers. Während seines nächtlichen Streifenfluges bemerkte er ein unbekanntes, dreieckiges Fluggerät mit insgesamt fünf Lichtern, das sich mit hoher Geschwindigkeit bewegte. Der Pilot erfasste das Fluggerät auch mit Nachsichtgerät für gut fünf Minuten. Eine nachträgliche Überprüfung ergab, dass es sich um ein nicht bekanntes Fluggerät handelte.

Kapitel 19

Fenster zum Gestern und Morgen

24. Juli 1928, ein Dienstag. Eilig hastet der belgische Großfinanzier Alfred Loewenstein über den Londoner Flugplatz Croydon zu seiner dreimotorigen Fokker VII. Wenige Minuten später hebt das Flugzeug mit dem Ziel Brüssel ab. Als die Maschine ihre Reiseflughöhe von 3.600 Fuß erreicht hat, betritt Loewenstein die Bordtoilette. Als der Geschäftsmann nach 10 Minuten noch immer nicht herausgekommen ist, öffnet Loewensteins Sekretär die Tür. Zu seinem Erstaunen muss er feststellen, dass die Toilettenkabine leer ist. Von Loewenstein gibt es weit und breit keine Spur. Was ist hier geschehen? Wie kann es sein, dass sich Menschen und Gegenstände plötzlich in Nichts auflösen? Die Geschichte kennt viele Fälle, in denen vermisste Personen für immer verschollen bleiben. Niemand weiß wo sie hin sind, geschweige wo sie sich aufhalten. Sie sind also einfach weg.

Ein weiteres Beispiel: Zwischen den Jahren 1940 und 1950 verschwanden in der Nähe der amerikanischen Kleinstadt Mt. Glastonbury, im US-Bundesstaat Vermont, zahlreiche Menschen auf bislang ungeklärte Weise. Trotz einer großangelegten Suchaktion fehlt bis heute jede Spur von ihnen. Auch hier stand die Welt vor einem Rätsel. Schließt man nämlich alle natürlichen Möglichkeiten aus, bleibt am Ende nur eine Erklärung: Diese Menschen sind durch eine zufällige Laune der Natur im Strom der Zeit verschwunden und in eine andere, für unser Auge von außen nicht erkennbare Realität versetzt worden. Wissenschaftler der „Neuen Physik" schließen diese Möglichkeit mittlerweile nicht mehr aus. Zumindest theoretisch. Sie halten eine spontane Versetzung von Personen und Gegenstände also für optional. Wie das?

Ist es also wirklich möglich, dass ein Schritt dieser Menschen in eine vergangene oder zukünftige Zeitepoche oder in eine Parallelwelt führte? Noch sind sich Wissenschaftler uneins, was das Phänomen des plötzlichen Verschwindens auslöst. Möglicherweise verursacht eine ausgesprochen selten auftretende, physikalische Anomalie eine Öffnung im Raum-Zeit-Gefüge, in die Menschen und Gegenstände rein zufällig hineingesaugt werden können. Kräfte dieser Art sollen ja laut Aussage von PSI-Forschern auch im Bermuda Dreieck sowie im Drachen Dreieck, auch Teufelsmeer genannt, vor der Küste Japans, wirksam sein. Auffällig bei diesen Portalen sind nicht selten ein ungewöhnlicher Nebel oder seltsame Leuchterscheinungen. Auch seltsam geformten Wolken können zuweilen hierfür in Frage kommen.

So beobachteten Soldaten einer in Korea stationierten Eliteeinheit, wie ein Jagdflugzeug in ein wolkenförmiges Gebilde hineinflog und nicht mehr heraus kam. Auch der renommierte Buchautor Charles Berlitz berichtet in seinem Buch „Spurlos“ von einem ähnlichen Fall, der sich bei nahezu wolkenlosem Himmel in der Nähe des Luftwaffenstützpunkts Kindley auf den Bermudas ereignet haben soll.

Gegen 13:00 Uhr Ortszeit starteten dort fünf Jagdflugzeuge vom Typ Super Sabre zu einem Übungsflug. Etwa eine Meile von der Küste entfernt flogen sie auf eine große Wolke zu und verschwanden darin. Eine Maschine aus dem Verband blieb für immer verschollen. Auf dem Radarschirm wurde kein Absturz beobachtet. Und es wurde nie etwas gefunden, was auf den Absturz eines Flugzeugs hingedeutet hätte. Eigenartig ist, dass alle Piloten mit einem Kehlkopfmikrofon ausgestattet waren, um im Notfall mit den Piloten der anderen Maschinen in Kontakt treten zu können. Doch es kam weder zu einer Kontaktaufnahme zwischen den Piloten, noch wurde von der vermissten Maschine ein „Mayday“ abgesetzt. Auffällig an diesem Beispiel ist, dass Wolken beim abrupten Verschwinden von Flugzeugen zuweilen eine recht makabre Rolle einnehmen. Welches Geheimnis steckt hinter diesen Wolken?

Bisher hat sich die Wissenschaft nur sehr wenig mit Themen dieser Art beschäftigt, was durchaus nachvollziehbar ist. Wenn derart Unerklärliches geschieht, ist man natürlich zunächst einmal versucht, es aus seinem Bewusstsein zu verdrängen. Man sucht stattdessen nach einer natürlichen und für alle begreifbaren Erklärung. Schließlich gibt es für solche Phänomene in der Wissenschaft keine Fächer, in die man diese Geschehen ablegen könnte. Deshalb denke ich, dass es nun an der Zeit wäre, dass sich die moderne Wissenschaft damit auseinander setzen muss, auch mit der Tatsache, dass zuweilen Dinge geschehen, die nicht in unser gewohntes physikalisches Weltbild hineinpassen.

Geht man nun davon aus, dass all diese Fälle der Wahrheit entsprechen, sollte doch wohl die Frage lauten, welcher Mechanismus sich dahinter verbirgt, der diesen Geschehnissen zu Grunde liegt. Eine Tatsache steht hingegen fest, diese Vorkommnisse lassen sich beileibe nicht nach den konventionell-physikalischen Gesetzmäßigkeiten untersuchen und bewerten. Hier ist es wohl eher ratsam, auch unorthodoxe Theorien und Denkmuster in Betracht zu ziehen. Doch wie sollen diese bitteschön aussehen?

Das lautlose und plötzliche Auflösen von Materie, gleich welcher Art, lässt meiner Meinung nach den Rückschluss zu, dass das betroffene Objekt keineswegs zerstört wurde oder sich, wie man vielleicht denken mag, plötzlich in Luft aufgelöst hat. Nein, es ist lediglich aus unserer dreidimensionalen Welt entschwunden, eingetaucht in eine für unser Auge nicht sichtbare Realität. In der modernen Physik wird diese Realität auch als „Hyperraum" bezeichnet.

Dass es solche Hyperräume auch in unserer dreidimensionalen Welt gibt, scheint keine Seltenheit zu sein. Besonders deutlich wird dies anhand des folgenden Falls. Dieser liegt mittlerweile 63 Jahre zurück und trug sich in der rumänischen Kleinstadt Klausenburg zu. An einem sonnigen Sommertag sah der Diplom-Biologe Alexandru Sift plötzlich eine grell leuchtende Kugel vom Himmel herabfallen. Zunächst dachte er an einen Meteorit. Als er sich der vermuteten Einschlagsstelle, nahe einer Waldlichtung, näherte, musste er zu seiner eigenen Verwunderung feststellen, dass von dem Objekt nichts zu sehen war.

Während Sift mit seinem Stock vorsichtig einen Zweig beiseiteschieben wollte, wurden plötzlich dieser und ein Teil seiner Hand unsichtbar. Gleichzeitig verspürte er eine Erwärmung seiner Fußsohlen sowie einen unangenehm kalten Druck auf seinem gesamten Körper. Sichtlich erschrocken ergriff Sift augenblicklich die Flucht und rannte davon. Und er scheint Glück gehabt zu haben. Wäre er in diesem Moment auch nur einen Schritt weiter gegangen, hätte ihn womöglich das gleiche Schicksal, wie all die vielen anderen im Niemandsland zwischen den Dimensionen Vermissten, ereilt. Menschen, die ohne es zu wissen, in ihr Verderben liefen. Menschen, die nichtsahnend in ein Flugzeug stiegen und nie ihr Ziel erreichten und vielleicht noch heute im Nirgendwo umherirren oder gar in einer anderen Zeit verweilen.

Betrachtet man den hier beschrieben Fall einmal näher, bleibt im Grunde nur eine logische Erklärung übrig: Da Teile des Stocks und der Hand für einen Moment unsichtbar waren, könnte dies nur bedeuten, dass diese vorübergehend in eine höhere Dimension übergetreten sind. Also in einen Hyperraum. So paradox das auf Anhieb auch klingen mag, aber jede andere natürliche Erklärung wäre widersinnig.

Aber was ist der Hyperraum? Was haben wir darunter zu verstehen? Vereinfacht ausgedrückt ist der Hyperraum ein Durchgangsuniversum, in dem die Zeit, wie wir sie kennen, in eine Art Dornröschenschlaf gefallen ist. Die Zeit ist also, wenn man so will, stehen geblieben. Das heißt, für unsere Sinne ist der Hyperraum ein eher unvorstellbares Gebilde. Um den Hyperraum verstehen zu können, müssen wir uns zunächst mit den Schnittstellen zwischen unserer Welt und dem Hyperraum befassen. Diese Schnittstellen bezeichnet man in der Physik gerne auch als Wurmlöcher. Sie sind quasi ein Transittunnel zwischen unterschiedlich dimensionalen Universen.

Der renommierte Physiktheoretiker Professor John A. Wheeler bezeichnet diese Wurmlöcher auch als Mini Schwarze und Mini Weiße Löcher. Und der US-amerikanische Wissenschaftstheoretiker Bob Toben vertritt die Auffassung, dass Personen, die über ein hohes Bewusstseinspotential verfügen, in ihren Biogravitationsfeldern auf künstlichem Wege eben diese Löcher erzeugen können. Menschen mit diesen Fähigkeiten wären also seiner Meinung nach imstande, starke gravitative Krümmungen hervorzurufen, die zu erheblichen Verzerrungen in ihrer lokalen Raumzeit-Umgebung führen könnten.

Toben ist sich auch sicher, dass es auf diese Weise in den lokalen Zeitstrukturen der betreffenden Personen gegenüber der Realzeit zu Abweichungen käme, die sich als paranormale oder paraphysikalische Manifestation äußerten. Anhand dieses Modells könnten sich zumindest die personenbezogenen Fälle unerklärlichen Verschwindens erklären lassen. Folgt man dem Erklärungsmuster Wheelers und Tobens, müssen wir davon ausgehen, dass sich diese Mini-Löcher plötzlich aus dem unerwarteten Nichts überall auf der Welt vor unseren Augen auftun können. Allerdings scheint dies meiner Meinung nach nur auf bestimmte geographische Breitengrade zuzutreffen.

Die oben beschriebenen Fälle haben noch eine Gemeinsamkeit. Sie erinnern an Zeitreisen. Es gibt Berichte, dass in Montauk bereits Versuche unternommen wurden, durch die Zeit zu reisen. Doch wie funktioniert das überhaupt? Um Zeitreisen vorzunehmen, muss man zunächst einmal die Frequenz, bestehend aus photoradionischen Wellen und Quarks, verstehen. Es gibt nämlich viele Dimensionen der Frequenz. Die Zeit ist dabei lediglich eine Wahrnehmung der Frequenzerhöhung und die Wahrnehmung der Zeit durch eine Person ist ihre Erfahrung der Frequenz. Das heißt übersetzt: Je höher die Frequenz ist, desto schneller vergeht auch die Zeit.

Um die Zeit aber manipulieren zu können, muss man zunächst einmal verstehen, dass jede Zeit noch immer in der gleichen Zeit existiert. Anders ausgedrückt: innerhalb ihrer eigenen Frequenz. Das ist ähnlich wie bei einem Radiosender. Verdeutlichen wir uns das also anhand dieses Beispiels. Jeder Radiosender hat eine bestimmte Frequenz, die gerne auch Kanal genannt wird. Und nur auf dieser Frequenz lässt sich das gewünschte Programm empfangen. Nehmen wir nun als Beispiel Kanal 100 oder Kanal 90. Zwischen diesen einzelnen Kanälen existieren allerdings noch sogenannte

Mikro-Frequenzen, zum Beispiel 100,2 oder 90,3. Und selbst dazwischen gibt es noch kleinere Frequenzen, die ebenfalls einzelne Kanäle sind. Und jeder dieser einzelnen Kanäle arbeitet in mehreren Dimensionen.

Nehmen wir jetzt einmal an, wir haben vier Dimensionen der Frequenz, die sich koordiniert innerhalb einer bestimmten Zeit anordnen. Um jetzt körperlich in der Zeit rückwärts reisen zu können, etwa in das Jahr 1965, müssen wir zunächst einmal verstehen, dass das Jahr 1965 tatsächlich noch existiert. Es hat sich nicht etwa in Luft aufgelöst. Das was sich aufgelöst hat, ist lediglich unsere eigene Frequenz. Unsere Frequenz hat sich nämlich jenseits der Frequenz eines bestimmten Zeitanteils erhöht. Und während sich die Frequenz erhöht, tut dies auch die Wahrnehmung der Zeit.

Hier werden also sogenannte Variablen lediglich in der Zeitlinie verdrängt. Doch tatsächlich existieren sie weiter. Nämlich innerhalb von Mikro-Scheibchen zwischen jedem Rahmen der Frequenz, die sich erhöhen oder verringern lässt. Gegenwart, Zukunft und Vergangenheit existieren also alle zur gleichen Zeit in ein und derselben Blase, jedoch auf verschiedenen Frequenzen und jeweils innerhalb verschiedener Schichten, die vergleichbar sind mit den Häuten einer Zwiebel.

Um aber nun in der Zeit zurück oder nach vorne reisen zu können, ist ein Gerät nötig, das die Frequenz der Quarks im Körper des jeweiligen Probanden auf eine andere Frequenz ändern müsste, nämlich auf die Frequenz, die mit der Zeitfrequenz der individuell ausgewählten Zeit gleichschwingt. Dadurch wäre eine körperliche Zeitreise, etwa in das Jahr 1965, durchaus möglich, allerdings unter der Voraussetzung, dass der Frequenzbereich des Jahres 1965 bekannt ist. Hierbei ist die Schumann-Frequenz das Maß für die Gesamtfrequenz als Durchschnitt. Wer also in der Zeit rückwärts oder vorwärts reisen möchte, muss die Frequenz aller Quarks in seinem Körper ändern, sowie die Frequenz des Gerätes selbst, sonst bleibt er buchstäblich in der Zeit stecken.

Besteht also vielleicht sogar die Möglichkeit, dass die Natur selbst an bestimmten Orten, unter welchen Umständen auch immer, die Frequenzschwingung plötzlich ändert und auf diese Weise Personen und Gegenstände in eine andere Zeit befördert? Darüber nachzudenken lohnt in jedem Fall. Viele von Ihnen werden vielleicht das Gemälde „Le Blanc Seign“ des belgischen Malers René Magritte kennen. Das Gemälde zeigt einen Reiter hoch zu Ross im Galopp inmitten hoher Bäume. Der Kopf des Pferdes samt Vorderbeinen ist zum Körper hin an einer Stelle unterbrochen. Dieses Bild drückt auf geradezu ideale Weise den Gedanken aus, der uns bei den oben geschilderten Fällen in den Kopf kommt. Unsere schöne Welt hat Risse, in denen Menschen und Gegenstände spurlos verschwinden können. Bleiben Sie aufmerksam!

Kapitel 20

Was geschah wirklich in Montauk Point und Philadelphia?

Montauk Point ist ein kleines, verschlafenes Städtchen an der äußersten östlichen Spitze von Long Island. Hier befindet sich, auf dem ehemaligen Fort Hero, ein geheimnisvoller, verlassener Luftwaffenstützpunkt. Nach seiner offiziellen Schließung 1969 soll er aber bald schon wieder in Betrieb genommen worden sein. Die Gründe hierfür sind geheim. Noch heute wird viel spekuliert und geredet. Von offizieller Seite aber herrscht noch immer eisernes Schweigen. Vieles deutet darauf hin, dass hier heimliche Versuche zur Bewusstseinskontrolle durchgeführt wurden. Versuche an Menschen, an Tieren, auch an Kindern und Greisen. Manchen sagen sogar, dass die gesamte New Yorker Bevölkerung betroffen war. Sie alle waren Opfer eines außergewöhnlichen Forschungsprogramms mit dem Namen „Montauk-Projekt".

Viel wurde im Laufe der Geschichte über das Montauk-Projekt geschrieben. Jedem Autor aber sollte klar sein, dass es in den zahlreichen Berichten und Büchern durchaus auch widersprüchliche Aussagen gibt. Auch ich kann keinen handfesten Beweis dafür liefern, dass sich das Geschehen wirklich so zugetragen hat, wie es beschrieben wird. Zu den bedeutendsten Werken zählt „Das Montauk Projekt" des Autorenteams Preston Nichols und Peter Moon. Preston Nichols, Elektroingenieur und Erfinder, hat das Montauk-Projekt nahezu ein ganzes Jahrzehnt lang gründlich untersucht und fand heraus, dass kein Geringerer als er selbst der technische Leiter des Projekts war – so kurios das auch klingen mag. Nichols berichtet in seinem Werk, dass ihm durch eine Gehirnwäsche sein gesamtes Erinnerungsvermögen daran vollständig gelöscht wurde. Während der Recherche zu seinem Buch soll es mehrmals zu massiven Einschüchterungsversuchen seitens der Regierung der Vereinigten Staaten gekommen sein, die ihn zur

Aufgabe zwingen wollte. Doch Nichols gab nicht auf und blieb auf der Suche nach der Wahrheit.

Zugegeben: Auch ich war beim Lesen der Lektüre an verschiedenen Stellen skeptisch. Viele Passagen in dem Buch klingen eher nach einem billigen Science-Fiction-Roman als nach einem seriösen Sachbuch. Doch sollten wir uns der Tatsache bewusst sein, dass nahezu sämtliche Vorlagen einschlägiger Hollywood-Science-Fiction-Klassiker in der Regel auf wahren Tatsachen beruhen. Deshalb sollte man auch hinsichtlich dieses Werkes keine voreiligen Schlüsse ziehen und nicht den Inhalt von Anfang an als dummes Geschwätz abtun. Neu und interessant dürfte hingegen die Tatsache sein, dass es eine direkte Verbindung zwischen dem Montauk-Projekt und dem Philadelphia Experiment gibt.

Preston Nichols war, wie ich bereits erwähnte, laut eigenen Angaben Teil des Projektes. Später soll er sogar die Leitung des Rainbow-Projekts übernommen haben, das besser bekannt ist unter dem Namen „Philadelphia-Experiment". Das Experiment, an dem auch Nikola Tesla und Albert Einstein teilnahmen, hatte das Ziel, eine Technik zu entwickeln, welche die Ortung von Flugzeugen und Schiffen durch feindliches Radar unmöglich machen sollte. Ermöglicht werden sollte dies, indem man ein geschlossenes, elektromagnetisches Feld um ein Objekt herum aufbaut, welches feindliche Radarwellen um das Objekt herum lenkt, sodass ein auf diese Weise eingeschlossenes Objekt vom Feind durch das Radar nicht erkannt werden kann, also unsichtbar wird.

Aus diesem Experiment ging dann später auch die Tarnkappentechnologie hervor, die wir heute als Stealth-Technologie bezeichnen. Auf den Grundlagen von David Hilbert (Hilbert Space), Dr. Levinson (Levinson´sche Zeitgleichung), John Hutchinson sr. und Dr. Kurtenauer wurde ab 1933 im speziell dafür eingerichteten „Institut for Advanced Study" in der Princeton University mit den ersten Unsichtbarkeitsexperimenten an Schiffen und Flugzeugen begonnen. Bereits drei Jahre später wurde das Projekt ausgedehnt und Nikola Tesla zum Direktor ernannt. Mit seiner Hilfe gelangen gegen Ende 1936 die ersten Erfolge auf dem Gebiet der partiellen Unsichtbarkeit. 1940 schließlich wurde der erste große Testlauf im Hafen von Brooklyn durchgeführt, wo ein unbemanntes Schiff durch Feldbeschleunigung vor den Augen von Zeugen unsichtbar gemacht wurde. An diesem Projekt war sodann noch ein weiterer Wissenschaftler beteiligt: T. Townsend Brown, ein Genie auf dem Gebiet der Gravitationstechnologie.

Abb. 41: Das Philadelphia Experiment im Hafen mit der USS Eldridge

(http://media.tumblr.com/tumblr_lr960cTrdd1qi5ncj.png)

Die Tests verliefen zunächst zur völligen Zufriedenheit aller Anwesenden, sodass bald der Entschluss feststand, die Tests mit Besatzungsmitgliedern an Bord fortzusetzen. Allerdings hegte Nikola Tesla Bedenken und Zweifel im Hinblick auf die Tatsache, dass keine Erkenntnisse zu den möglichen Auswirkungen auf organisches Leben vorlägen. Doch seinen Zweifeln wurde keine Beachtung geschenkt. Tesla sabotierte daraufhin das Projekt 1942 und John von Neumann übernahm von da an die Leitung.

Noch im selben Jahr kam es im Hafen von Philadelphia mit der USS Eldridge zu jenem verhängnisvollen Philadelphia Experiment, über das bald darauf die ganze Welt sprechen sollte. Schon beim ersten Test kam es zu einem tragischen Unfall. Ein Techniker bekam einen Stromschlag und fiel für Monate ins Koma. Der zweite Versuch fand schließlich am 20. Juli 1943 statt. Duncan Cameron und sein Bruder Edward waren auf dem Schiff als Techniker zugegen. Das Schiff blieb vor den Augen der staunenden Zeugen für gut 15 Minuten unsichtbar. Diesmal mit Besatzungsmitgliedern an Bord, denen allesamt übel wurde, viele unter ihnen litten später für lange Zeit an Desorientierung und Geistesstörungen.

Der letzte und bedeutendste Test aber fand am 12. August 1943 statt. Zunächst sah es so aus, dass alles nach Plan verlief. Die am Dock anwesenden Beobachter konnten die Umrisse des unsichtbar gewordenen Schiffes gut erkennen, doch was dann geschah, war für alle Anwesenden unglaublich. Es gab einen blauen Blitz und das Schiff verschwand komplett. Als es wieder auftauchte, bot sich ein Bild des Schreckens. Der Radiomast und der Sender waren zerstört, die Matrosen teilweise mit den Wänden des Schiffes verschmolzen, da sich ihre Moleküle mit denen des Schiffes vermischt hatten. Andere liefen wie im Wahn umher. Das Rätselraten unter den beteiligten Wissenschaftlern war entsprechend groß.

Was lief schief? Duncan und Edward, die sich in einem abgeschirmten Raum befanden, erzählten später, dass am gleichen Tag, also am 12. August, 40 Jahre später, ein weiteres Experiment in Montauk auf Long Island stattfand und dass das Schiff durch einen Zeittunnel in einen Hyperraum gezogen wurde. Forscher fanden viel später heraus, dass die Erde und der Mensch einem Biorhythmus unterliegen, der seinen Höhepunkt alle 20 Jahre hat, und zwar immer am 12. August! Somit fiel also das Philadelphia Experiment mit dem Montauk-Projekt zusammen und ermöglichte, als zusätzliche Funktion durch die Verbindung mit dem Erdmagnetfeld, dass die USS Eldridge in einen Hyperraum gezogen wurde.

Fatalerweise gelang es den Cameron-Brüdern nicht, die Generatoren auszuschalten, da diese mit dem Montauk-Projekt verbunden waren. Die Brüder überlegten, was in dieser Situation das Beste wäre und fassten den Entschluss, über Bord zu springen. Doch anstatt im Hafenwasser landeten sie auf dem Trockendock im Hafen von Montauk am 12. August im Jahre 1983! Hier trafen sie auf den um 40 Jahre gealterten John von Neumann, der ihnen verwundert berichtete, dass er seit 40 Jahren auf sie warte. Von Neumann beichtete den beiden Brüdern, dass die Technik in Montauk ebenfalls nicht in der Lage gewesen sei, die Geräte auszuschalten und sie daher auf die USS Eldridge zurück müssten, um die gesamte Ausrüstung zu zerstören, was sie schließlich auch taten. Danach trennten sich die Wege der Brüder wieder. Duncan ging blieb im Jahr 1983, Edward erschien zusammen mit der USS Eldridge wieder in Philadelphia im Jahre 1943.

Der Führungsstab der US Navy zeigte sich nach diesem verheerenden Testverlauf zunächst irritiert, entschloss sich aber zu einem erneuten Versuch im Oktober 1943, diesmal allerdings ohne Besatzung. Wieder verschwand das Schiff für rund 20 Minuten vor den Augen der anwesenden Kommissionsmitglieder. Als das Schiff wieder sichtbar wurde, fehlten an Bord der USS Eldridge zahlreiche Ausrüstungsteile und der Kontrollraum war ein einziger Haufen brennender Schrott. Was war während der Zeit der Unsichtbarkeit geschehen? War jemand Fremdes an Bord, wohin wurden die Gegenstände teleportiert und vor allem, in welches Jahr? Das Rätselraten unter den Wissenschaftlern war ausgesprochen groß, doch niemand wagte eine Antwort auf die vielen brennenden Fragen zu geben. Eins war allerdings spätestens von diesem Zeitpunkt an klar: Die Führung der US Navy wollte das Projekt auf keinen Fall weiter verfolgen – im Gegensatz zur Geheimen Regierung.

Bereits ein Jahr später entstand das Phönix-Projekt, das zum Ziel hatte, die Geschehnisse in Philadelphia restlos aufzuklären. John von Neumann und sein gesamtes Team wurden in das Projekt eingebunden um zu klären, wo der mögliche Fehler in Bezug auf den menschlichen Faktor an Bord der USS Eldridge gelegen haben könnte. John von Neumann sah ein, dass es bei der restlosen Aufklärung unvermeidbar sei, sich mit der Metaphysik zu beschäftigen, da der physische, biologische wie auch der elektromagnetische Aufbau des Menschen an Bord der USS Eldridge beeinflusst worden war. Viele der an Bord befindlichen Matrosen hatten sich in ihrer Molekularstruktur bis zur Unendlichkeit verändert. In erster Linie aber wurde, nach Meinung von Neumanns, das Bewusstsein der Menschen an Bord in Mitleidenschaft gezogen.

Die Forschung nahm ganze 10 Jahre in Anspruch, bis man zu nahezu 100 Prozent beweisen konnte, dass jeder Mensch mit einem sogenannten Zeitbezugspunkt geboren wird, was auch beweist, dass der seelische Körper vom physischen getrennt zu sehen ist. Weiterhin gelangte das Forscherteam zu der Erkenntnis, dass die Seele das ist, was wir eigentlich sind. Das stützt im Wesentlichen auch die These namhafter Reinkarnationsforscher, die heute bereits die Auffassung vertreten, dass sich nach dem Tod die Seele vom Körper trennt und zu einem späteren Zeitpunkt in einen neuen physischen Körper wiedergeboren wird. Unser Verständnis als physisches und metaphysisches Wesen stützt sich also auf den Zeitbezugspunkt, der sich wiederum auf das elektromagnetische Feld der Erde bezieht. Dieser Zeitbezugspunkt dient dem Menschen also als grundlegender Orientierungspunkt für sein Verständnis für das Universum und seinen Abläufen, wie auch für unser lineares Empfinden.

Die Ergebnisse der Untersuchung führten schließlich zu der Tatsache, dass die Matrosen an Bord der USS Eldridge während des Experiments von ihrem Zeitbezugspunkt getrennt wurden, was schließlich zu einem Chaos im elektromagnetischen wie auch im seelischem Körper der Probanden führte. Das Team um John von Neumann kam im Rahmen des Phönix-Projekts schließlich zu dem Schluss, dass das Problem nur durch die Schaffung einer künstlichen Realität, also einer Art Tarnkappentechnologie, umgangen werden kann. Diese sich hieraus zu stellende Frage war also: Wie erschaffe ich eine, nennen wir es einmal „elektromagnetische Flasche“, um einen menschlichen Körper herum?

Da die Eliteeinheiten schon zu damaliger Zeit über riesige Computeranlagen verfügten, wurde die künstliche Realität mit der natürlichen Erdoberfläche und genügend Informationen bestückt, um letztendlich die Illusion eines fortlaufenden Zeitstroms zu erzeugen, und auf diesem Weg der Testperson einen gewissen Grad an Normalität zu suggerieren.

1967 gelangte das Phönix-Projekt zum Höhepunkt und wurde dem Kongress in einem abschließenden Bericht präsentiert. Die Kongress-Abgeordneten zeigten sich tief beeindruckt über die gewonnenen Ergebnisse – insbesondere aber im Hinblick auf die Tatsache, dass das menschliche Bewusstsein durch elektromagnetische Wellen auf diese Weise beeinflusst werden kann und das es nun möglich war, Maschinen zu produzieren, die in der Lage waren, das menschliche Denken zu manipulieren. Ein Großteil der Kongressabgeordneten war jedoch derart schockiert, dass sie das Projekt 1969 boykottierten. Doch bevor der Kongress das Projekt vollständig auflösen konnte, hatte ein Teil der Gruppe bereits ein großes Machtzentrum um sich herum aufgebaut. Unter den Teilnehmern der Gruppe befanden sich zahlreiche Eingeweihte der Geheimdienste und des Militärs, die einerseits von der Stealth-Technologie, andererseits aber auch von der Vorstellung fasziniert waren, dass es möglich war, Einfluss auf den menschlichen Geist zu nehmen.

Insbesondere die Militärführung zeigte sich begeistert von dieser Vorstellung. Sie erklärte sich zu einer Zusammenarbeit bereit und stellte ein altes Sage-Radar, zur Aussendung von 425-450 Megahertz zur Bewusstseinskontrolle, auf dem verlassenen Luftwaffenstützpunkt in Montauk zur Verfügung. Das Projekt wurde nun zu Projekt „Phönix II“ erklärt, Insider nannten es später das „Montauk-Projekt“. Finanziert wurde das Projekt zum einen mit 10 Milliarden US Dollar in Gold, die 1944 durch Sprengung eines Zuges mit Nazi-Gold ergattert wurden und durch die Unterstützung der Familie Krupp, die zu dieser Zeit bereits den ITT-Konzern kontrollierte. Das Montauk-Projekt wurde im Jahre 1971 mit der Inbetriebnahme des Sage-Radars aufgenommen.

Je nach Frequenz und Schwingungsdauer des Radars war es möglich, die Stimmung auf dem Testgelände nach Belieben zu verändern. Als Versuchskaninchen dienten zunächst Armee-Truppen. Später wurden auch die Einwohner von Long Island und dem New Yorker Umland in diese Tests einbezogen, ohne dass sie jemals davon Kenntnis erhielten. Es wurden im Laufe der Testreihen die verschiedensten Schwingungen und Impulse ausprobiert. Alle hierbei gesammelten Daten wurden akribische ausgewertet und dokumentiert.

Ziel war es, ein Gerät zu schaffen, das in der Lage sein sollte, bestimmte Impulse, Modulationen und Frequenzen auszusenden, deren Wirkung vorher festgelegt wurde. Bald schon war es sogar möglich, bestimmte Gedankenmuster zu kopieren. Somit stand dem gezielten Angriff auf das menschliche Gehirn nichts mehr im Weg.

Einen nicht ganz unerheblichen Anteil an dieser Arbeit leistete Preston Nichols, der spätere technische Leiter des Montauk-Projekts. Nichols arbeitete während seiner Forschung als Elektroingenieur zu Beginn der 1970er Jahre unter anderem auch mit Telepathen. Dabei entdeckte er rein zufällig eine Welle, ähnlich einer Funkwelle, mit deren Hilfe es möglich ist, Gedanken zu übertragen. Später bekam das Projekt-Team auch die Unterstützung vom ITT-Konzern, der eine Sensorentechnologie entwickelt hatte, mit der man aufzuzeichnen konnte, was Menschen denken. Eine Gedankenmaschine, die mittels einer Tesla-Spule in der Lage war, elektromagnetische Impulse des Gehirns aufzuzeichnen, um diese anschließend in riesigen Computeranlagen auszuwerten und sie auf einem Monitor wiederzugegeben.

Bereits Ende 1977 war der Entwicklungsstand soweit, dass es möglich war, bestimmte Gedankenformen mit einem sehr hohen Grad an Genauigkeit zu reproduzieren. Als Testpersonen dienten sowohl einzelne Personen wie auch ganze Menschengruppen, selbst Tiere wurden mit einbezogen.

1979 entdeckte das Forscherteam schließlich ein neues Phänomen. Diesmal sendete das Medium um 6:00 Uhr ein Gedankensignal aus. Allerdings erschien das Objekt nicht zu der angegeben Zeit, sondern erst einen halben Tag später aus dem Äther. Es hatte sich, nach Ansicht der Wissenschaftler, offensichtlich in der Zeit verschoben. Von diesem Moment an war klar, dass mediale Fähigkeiten zum Krümmen der Zeit verwendet werden konnten. Schließlich wurde auch offenbar, dass es möglich war, dass Montauk-Projekt durch eine bestimmte Antennenkonstruktion, mit der Bezeichnung Delta T, mit der Nullzeitfrequenz der Erde in Einklang zu bringen, um auf diese Weise einen Zeitkorridor zu jedem beliebigen Jahr in der Vergangenheit oder der Zukunft aufzubauen.

Später war es durch eine weitere technische Raffinesse nun auch möglich, ganze Zeittunnel in einen stabilen Zustand zu bringen und selbst Menschen hindurch zu schicken – ähnlich wie in Orson Wells „Zeitmaschine". Das war quasi der Beginn der Zeitreise in Montauk. Drei Jahre lang reisten Spezialteams von Montauk von der Vergangenheit in die Zukunft, filmten und recherchierten Geschehnisse in der Vergangenheit und verglichen sie mit den Geschichtsbüchern und nahezu jedes dieser Ereignisse wurde anschließend auf Mikrochip gespeichert.

Doch bis die Überbrückung der Zeitkorridore und die Reisen ihre nötige Perfektion erreicht hatten, waren natürlich zahlreiche Tests nötig und die kosteten eine große Zahl an Menschenopfern. Laut internen Aussagen der Beteiligten wurden bis zu 10.000 Menschen durch die Zeit geschickt, von denen nicht einmal 100 zurückkehrten. Sie blieben irgendwo in der Zeit stecken. Niemand weiß bis heute an welchen Orten und in welcher Zeit. Als Testpersonen griff man vornehmlich auf Obdachlose oder geistig behinderte Menschen zurück, später vermehrt auf blonde, blauäugige Jungen zwischen 10 und 16 Jahren.

Eine enge Verbindung soll nach unbestätigten Informationen auch zur Nazi-Connection bestanden haben, die einen großen Teil des Montauk-Projekts finanzierte. Ähnliche Tests wurden nämlich bereits schon im Dritten Reich durchgeführt. So wurden Menschen in der Vergangenheit getötet, um zu sehen, ob das Geschehen eventuell Veränderungen auf die Gegenwart haben könnte. Des Weiteren wurden Menschen entführt, Technologie aus der Zukunft geholt und ebenso diese aus der Gegenwart wieder in die Vergangenheit zurückgebracht. Später wurden sogar ganze Firmen gegründet, die sich mit der Produktion dieser Technologie befassten.

Am 12. August 1983 wurde das Projekt sabotiert, da es laut Aussage Prestons einigen Forschern zu heftig wurde. Die Hauptakteure des Projekts wurden in der Vergangenheit immer wieder verschiedensten Tests mit Wahrheitsserum, Hypnose, Rückführungen und Lügendetektor unterzogen, um herausfinden, ob sie die Wahrheit sagten. Das Ergebnis war für alle niederschmetternd.

Das Beschriebene ist wirklich geschehen, doch für den Großteil der Bevölkerung dürfte die unerwünschte Wahrheit nur eins sein: unfassbar oder eine Verschwörungstheorie. Und eine Tatsache wird spätestens jetzt deutlich. Jeder Science-Fiction-Roman oder Film enthält nahezu 99 Prozent Wahrheitsgehalt. Kein Autor hätte auch nur annähernd so viel Phantasie, sich so eine, auf den ersten Blick abstruse, Story auszudenken.

Zahlreiche Augenzeugen brechen mittlerweile ihr Schweigen und berichten von den grauenhaften Vorgängen in Montauk. Sie berichten von grausamen Experimenten, bei denen vorwiegend Kinder Opfer waren. Kinder aus der Unterschicht, Kinder von Prostituierten, Drogensüchtigen oder Alkoholikern aus allen Teilen der Erde, von überall, wo Chaos und Krieg herrschte und wo viele Menschen als vermisst gemeldet wurden. Hier fielen natürlich ein paar Kinder mehr oder weniger nicht weiter auf. Aber auch aus dem behüteten Kinderzimmer wurden noch in jüngster Vergangenheit immer wieder Kinder entführt und zu teils schmerzhaften medizinischen Untersuchungen an unwirtliche Orte gebracht.

Unter Hypnose berichteten die Kinder später, dass die Entführer Aliens waren. Sie erzählten von seltsamen medizinischen Instrumenten, die in ihre Nase, Ohr oder Genitalien eingeführt wurden. Doch nicht nur Kinder zählten zu den Entführungsopfern. Auch Erwachsene. Männer und Frauen, reich und arm. Die Klientel zog sich einmal quer durch die ganze Bevölkerungsschicht. Treffen konnte es jeden und an jeden Ort.

In vielen Fällen fanden die Entführungen unter falscher Flagge statt. In diesem Fall als Entführungen einer außerirdischen Zivilisation mit exotischen Raumfahrzeugen. Es liegt aber durchaus im Rahmen des Möglichen, dass es tatsächlich zu Entführungen durch außerirdische Intelligenzen gekommen sein könnte. Zahlreiche Berichte seriöser Wissenschaftler haben in der Vergangenheit immer wieder durchblicken lassen, dass die Erde von mehr als 50 verschiedenen Rassen besucht worden ist und dass seit spätestens Ende der 1940er Jahre ein Rahmenabkommen zwischen einigen Rassen und den Vereinigten Staaten existiert. Deshalb besteht durchaus auch die Möglichkeit, dass die USA seit mehr als 50 Jahren im Besitz außeririscher Technologie sind und die Regierung der Vereinigten Staaten im Gegenzug außerirdischen Rassen Operationsbasen, größtenteils unterirdisch, in Nevada und Arizona zur Verfügung stellt.

Berichte des britischen Auslandsgeheimdienstes MI6 belegen, dass sich in diesen Untergrundbasen zahlreiche der entführten Kinder befänden und für Experimente missbraucht würden. Sollten die Berichte des MI6 stimmen, würde das Unbegreifliche quasi über Nacht für die gesamte Menschheit zur grausamen Wahrheit.

Das Philadelphia-Experiment hat Impulse gesetzt. Es diente gewissermaßen der Grundlagenforschung für zahlreiche neue Projekte. Auch Projekte im Bereich Waffentechnologie. Waffen, die bereits seit mehr als Zwei Jahrzehnten weltweit im Einsatz sind. Die Rede ist hier von sogenannten Energiewaffen, die meiner Meinung nach auch für die Zerstörung des World Trade Centers am 11. September 2001 verantwortlich waren.

Wer sich das umfangreiche Filmmaterial über den 11. September auf You Tube einmal genauer ansieht, wird bald feststellen, dass da irgendetwas faul ist im Stadtteil Manhattan. Hundert Meter hohe Wolkenkratzer stürzen ein und nichts kommt da unten an. Wie geht denn das? Die Bilder sprengen einfach die Gesetze der Physik. Denn wir alle wissen doch, dank Isaac Newton: was von oben fällt, kommt aufgrund der Schwerkraft unten auch an. Doch in diesem Fall scheinen die Gesetze der Physik außer Kraft gesetzt worden zu sein.

Nichts von all dem Gerümpel und Schutt scheint da unten wirklich angekommen zu sein. Die beiden Türme scheinen sich in einer einzigen Wolke aus Staub einfach in Luft aufgelöst zu haben. 500.000 Tonnen Beton und Stahl pro Turm hätten im Normalfall halb Manhattan zugepflastert. Doch niemand an den Fernsehschirmen scheint sich nach der Ausstrahlung der Bilder Gedanken darüber gemacht zu haben. Weder in den USA selbst, noch in anderen Ländern der Welt. Jeder dachte, das wird schon stimmen, was die da sagen. Jeder hat die offizielle Version also wie ein Drops geschluckt.

Nur ein Paar schräge, schwarz verkohlte Gerippe ragen später wie ein gespenstisches Mahnmal aus dem Boden am Ground Zero in Manhattan. Mehr ist nicht übrig geblieben vom einst stolzen Wahrzeichen der Stadt. Selbst bei einer gezielten Sprengung wären weite Straßenzüge rund um den Einsturzort zerstört worden. Und noch etwas kommt hinzu: der Einsturz der Türme hätte ein kleines Erdbeben in der gesamten Region zur Folge gehabt. Doch dazu später mehr. Aber in diesem Fall erweckte das gebotene Szenario den Anschein als habe eine Kraft aus dem Verborgenen die Türme im Bruchteil mehrerer Sekunden quasi in Luft aufgelöst.

Der Autorin Judy Wood ist das schon damals aufgefallen. Immer wieder hat sie sich die Filme vom 11. September angeschaut. Vor- und zurückgespielt und sie hat gesehen: da kann doch etwas nicht stimmen.

Judy Woods hat sich also die Filme buchstäblich mit der Lupe angesehen und sie begann unbequeme Fragen zu stellen. Schließlich ist ihr da viel aufgefallen. Nicht nur die Sache mit dem fehlenden Schutt, auch viele andere eher unbedeutende Kleinigkeiten am Rande des Ground Zero waren da zu sehen, die einfach nicht ins Gesamtbild passen wollten.

Zum Beispiel die Autos, im Umkreis von mehreren Hundert Metern, die wie getoastet aussahen. Und dann ist da noch das Polizeiauto, das weit weg vom Einsturzort am Straßenrand parkte. Die Motorhaube und der seitliche vordere Teil waren wie abgeschmirgelt. So, als hätte jemand vor Ort Mal eben eine Schleifmaschine darüber gezogen. Ab die Fahrertür sah dann wieder völlig normal aus. Messerscharfer Übergang. Die Farbe war wieder typisch weiß und die blauen Streifen nebst Schriftzug NYC Police fehlten auch nicht. Alles im Originalzustand, wie es eben sein soll.

Über Eintausend Fahrzeuge wurden am 11. September rund um das WTC zerstört, gingen in Form einer Selbstentzündung plötzlich in Flammen auf, obwohl sie einige Hundert Meter vom Einsturzort geparkt waren. Doch es war nicht die Hitze, die dafür verantwortlich war. Schließlich blieben die Bäume im Umkreis unversehrt. Auch verstreut am Boden liegendes Papier brannte nicht. Auch wurden keine Menschen mit Brandverletzungen in die umliegenden Krankenhäuser eingeliefert. Seltsam ist nach Ansicht von Judy Wood auch die Tatsache, dass zum Teil nagelneue Fahrzeuge Rostschäden hatten, als seien es bereits Oldtimer, die mehr als vierzig Jahre auf dem Buckel hatten. Überhaupt spielte Rost rund um Ground-Zero eine große Rolle.

Da war zum Beispiel das Gebäude der Deutschen Bank. Es lag nur einen Steinwurf vom ehemaligen World Trade Center entfernt und es kam mit einem läppischen Fassadenschaden davon, sodass man sich bald dazu entschloss, es gründlich zu renovieren. Doch schon nach wenigen Monaten wurden dann die wahren Schäden sichtbar. Sie versteckten sich im Skelett. Es waren die Stahlträger, die drohten, sich in Luft aufzulösen. Statik-Experten stellten nämlich zu ihrem Erschrecken fest, dass der Stahl derart durchgerostet war, dass man annehmen konnte, dass Gebäude wurde noch vor der Jahrhundertwende gebaut und sei über Jahre extremsten Witterungsbedingungen ausgesetzt gewesen. Für den seltsamen Rostfraß hatten die Experten natürlich keine Erklärung. Sie standen vor einem Rätsel. Das Gebäude wurde schließlich aus Sicherheitsgründen komplett abgerissen.

Aber vielleicht gibt es ja für alle diese Ungereimtheiten des 11. September doch eine Erklärung. Nur, um die zu finden, muss man die Physik ein wenig auf den Kopf stellen oder besser gesagt, die tiefe Physik verstehen lernen. Wer schon einmal vom Hutchinson Effekt gehört hat, wird verstehen, dass Materialien unter bestimmten physikalischen Bedingungen seltsam reagieren.

Der Hutchinson Effekt ist in Wirklichkeit eine ganze Ansammlung von Phänomenen, die vom kanadischen Forscher John Hutchinson zufällig entdeckt wurden, als er im Jahre 1979 die Longitudinalwellen von Tesla studierte.

In einem Satz ausgedrückt: der Hutchinson Effekt ist das Resultat der Interferenz von Radiowellen in einem von Hochspannung umgebenen Raum. Zu beobachten sind dabei Effekte wie die Levitation (schweben) schwerer Objekte, die Verschmelzung von Metall mit Holz (auch beim Philadelphia Experiment zu beobachten), anomales Erhitzen von Metallen ohne Verbrennung umgebender Materialien sowie das spontane Zersplittern von Metallen, die sich innerlich auftrennen und seitlich verrutschen. Viele Kritiker weltweit glauben noch immer, dass das alles dummer Hokuspokus ist, doch Hutchinsons Versuche wurden sowohl auf Fotos als auch auf Film dokumentiert und von zahlreichen glaubwürdigen Wissenschaftlern und Ingenieuren als real bezeugt.

Tatsache ist in unserem Fall, dass sich mit den Hutchinson Effekten viele unerklärliche Phänomene rund um das World Trade Center erklären lassen, für die es keine anderen natürlichen Kausalerklärungen gibt. Fest steht in diesem Fall auch, dass hier sehr viel Energie im Spiel gewesen sein muss.

Energie, die wie aus dem Nichts kam und die die Funktion einer Abrissbirne hatte. Eine Energie, die offensichtlich so stark war, dass selbst Naturgewalten wie ein Hurrikan keine Chance hatte, ihr Unwesen in der Region zu treiben, wie Hurrikan Erin beispielsweise. Erin baute seine Kräfte bereits schon am 1. September 2011über dem offenen Atlantik auf.

Am 10 September 2011 hatte er bereits so viel Energie gesammelt, dass er zu einem Sturm der Kategorie 3 (etwa 200 km/h) auf der fünfstelligen Hurrikan Skala gestuft wurde. Laut den Wetterkarten nahm Erin direkten Kurs auf New York. Doch in den Wetternachrichten war nichts davon zu hören. Niemand sprach an den Tagen zuvor über Erin. Keine Unwetterwarnung. Keine präventive Evakuierung, wie sonst üblich. Lediglich der Flugwetterdienst gab eine vorsorgliche Warnung an die Piloten heraus. Wusste man vielleicht schon im Vorfeld, dass Erin New York an diesem Tag niemals erreichen würde? Doch woher?

Stattdessen stand New York an jenem 11.September 2011 ganz im Zeichen einer anderen, viel schlimmeren Katastrophe, einem schrecklichen Menetekel - gerichtet an die gesamte restliche Welt. Eine Kriegserklärung, die mit der rechten und linken Hand des Teufels geschrieben wurde und dessen Schmerzen wir noch heute in Form von Krieg und Terror überall auf der Welt spüren können.

Welche Kraft war an diesem besagten Tag so stark, dass sie sogar einen standfesten Hurrikan mit mehr als Zweihundert Kilometer in der Stunde einfach so wegpusten konnte. Woher aber kam diese Energie?

Vielleicht aus den Weiten des Universums. Oder war am Ende vielleicht „Schwarze Magie“ im Spiel, ein Voodoo-Zauber des Ku Klux Klans? Wäre doch schließlich möglich, wo Eliten auf der ganzen Welt gerne mit der „Schwarzen Magie“ spielen.

Von offizieller Stelle darf man in dieser Angelegenheit keine Antworten erwarten. Sie wird es nicht geben. Jedenfalls jetzt noch nicht. In einigen Jahren vielleicht, wenn man das darüber gewachsene Gras bereits mit der

Sense mähen kann. Doch die Kette der Beweise, dass die offizielle Version erstunken und erlogen ist, ist schon jetzt sehr lang und erdrückend. Nächster Beweis: In Alaska gibt es eine seismologische Messstation. Das sogenannte Magnet-O-Meter. Hier werden alle seismologischen Daten für die Vereinigten Staaten gesammelt. Also auch die von New York. Und nun muss man sich vorstellen, da stürzt so ein mehrere Hundert Stockwerke hohes Gebäude mit einer Masse von 500.000 Tonnen ein, was das für Ausschläge im Normalfall zur Folge hätte. Das wäre in der Tat ein kleines Erdbeben. Doch zur Zeit des Einsturzes der Türme wurden in New York City lediglich Oberflächenwellen registriert. Also kein nennenswertes Signal. Wie ist das zu erklären?

Das Wunder von New York war schließlich eine Gruppe von Feuerwehrleuten, die im vierten Stockwerk eines der eingestürzten Gebäude ohne einen einzigen Kratzer überlebt hat. Nicht etwa in irgendeinem Hohlraum, nein, im Treppenhaus. Wie geht das denn? Da stürzen Hundert Stockwerke über eine Gruppe von Menschen ein und die stehen irgendwo im Treppenhaus herum, das wie durch ein Wunder heile geblieben ist. Der Feuerwehrmann Mickey Cross vom New York Fire Departement kann bis heute nicht glauben, was er da an jenem fraglichen Tag erlebt hat. Sprachlos sagte er später in einer Talkshow:

„Über und unter uns war nichts mehr. Die 100 Stockwerke waren einfach weggefegt, wir aber lebten. Wo waren all die Trümmer. Stahl, Beton. Das erste, was wir sahen, als sich der Staub wieder verzogen hatte, war die Sonne."

Für Judy Wood und viele andere kritische Experten steht mittlerweile fest, dass weder die Flugzeuge noch irgendein Sprengstoff für den Einsturz verantwortlich waren. Hier war zweifellos eine Energiewaffe im Einsatz. Eine Waffe, die in der Lage ist, Energie zu leiten. Fassen wir zusammen: Hier kam: der fehlende Schutt, die mysteriöse Selbstentzündung von Autos in der Umgebung und das Fehlen seismologischer Signale in der Region. Das ist nur eine kleine Auswahl an Ungereimtheiten, für die es keine kausale

Erklärung gibt, wenn wir davon ausgehen, dass die Sache so abgelaufen ist, wie man uns von offizieller Seite erklärt.

Erklären lassen sich die mysteriösen Phänomene nur dann, wenn wir davon ausgehen, dass hier Hochtechnologie vor den Augen der Weltöffentlichkeit zum Einsatz kam.

Doch die Menschen da draußen vor den Bildschirmen haben dies offenbar nicht mitbekommen. Warum? Der Grund hierfür könnte sein, dass viele Menschen es vielleicht nicht wahrhaben wollen und blind die Augen vor der Wahrheit verschließen. Oder es ist die noch immer uneingeschränkte Obrigkeits-Hörigkeit. Die Hörigkeit gegenüber der Elite, die ja für die meisten Menschen noch immer die Männer mit der weißen Weste sind, also die, denen man alles ohne jede Einschränkung glauben kann was sie erzählen.

Doch die Wirklichkeit da draußen sieht ganz anders aus. Wenn die ganze Hochtechnologie, die es seit Jahrzehnten bereits gibt, bekannt wird, löst das einen gewaltigen Schock aus – zumindest bei einem Teil der Bevölkerung. Diese Menschen fühlen sich dann, als hätten sie mehr als tausend Jahre wie ein Murmeltier in einer Höhle geschlafen.

Schlaf ist das beste Mittel gegen Intelligenz und wahres Wissen. Für die Eliten jedenfalls. Das ist auch der Grund, warum die Eliten auf der ganzen Welt täglich die Dosis ihres Narkotikums erhöht, um dass der Tausendjährige Schlaf der Menschheit möglichst eine Weile noch so anhält. Doch die Wirkung des Narkotikums lässt allmählich nach. Die Eliten können die Dosis nicht einfach mehr so ohne weiteres erhöhen. Denn mittlerweile setzt in der Bevölkerung ein Gewöhnungseffekt ein, wie bei jedem anderen Medikament auch. Das Narkotikum unter dem Namen Mainstream-Medien muss also ausgetauscht werden.

Doch gegen was? Was kann da noch helfen? Homöopathie vielleicht oder gleich der Verbot der Alternativmedien, was ja offensichtlich bereits schon in der Diskussion ist. Aber wie wäre es zur Abwechslung Mal mit der

Wahrheit? Und die soll sogar ganz ohne Nebenwirkungen sein. „Der Schwarze Kanal (ehemaliges DDR Politfernsehen)“ in den Mainstream Medien kann also in Zukunft abgeschaltete werden.

Doch abschließend noch einmal zurück zu unserem Fall. Was bedeutet das hier konkret? Die Waffe, die hier zum Einsatz kam, übertrifft in jedem Fall jede uns bisher bekannte Technologie. Sie ist also High-Tech vom Feinsten und erklärt sogar die Atombombe für die Zukunft für obsolet. Das heißt: niemand muss heute mehr Atomwaffen abschießen, um Krieg zu führen, zu töten und ganze Landstriche auszurotten. Energiewaffen, wie diese hier, reichen hierfür völlig aus.

Sie vernichten chirurgisch und präzise. Energiewaffen können mittlerweile sogar via Satellit auf jeden Punkt der Erde gelenkt werden. Sie können aber auch von Schiffen oder Space Ships, wie der TR 3B, gezielt eingesetzt werden. Energiewaffen arbeiten mit freier Energie, weshalb sie auch gerne als Teslawaffe bezeichnet werden. Der Grund, weshalb man bis heute den Einsatz dieser Waffentechnologie geheim hält, liegt im Verschweigen der Möglichkeit, freie Energie im Alltag nutzen zu können. Denn wäre der Einsatz freier Energie bekannt, würde das die Welt von heute auf morgen verändern.

Kapitel 21

Vorstöße in das Universum

Der ehemalige US Präsident George W. Bush sagte einmal, die Amerikaner könnten die Wahrheit nicht vertragen. Welche Wahrheit? Die Wahrheit darüber, dass sie seit Jahr und Tag belogen werden? Die Wahrheit über den 11. September, mit denen die Neokonservativen seit 16 Jahren Kriegsverbrechen gegen Muslime rechtfertigen? Dass die Geschichte der Erde eine völlig andere ist, als sie uns seit hunderten von Jahren erzählt wird? Also, welche Wahrheit, bitteschön? Eins wissen wir nur allzu gut: Wer in den Vereinigten Staaten das Wort Wahrheit in den Mund nimmt, wird sehr schnell als Verschwörungstheoretiker diffamiert. Selbst anerkannte Wissenschaftler können es sich mittlerweile nicht mehr leisten, sich der Wahrheit mehr als 10 Schritte zu nähern, weil oft schon das Wort Wahrheit die Karriere beendet. Natürlich wissen die Regierenden das, deshalb können sie mit der Wahrheit auch umspringen, wie sie wollen.

Doch Tatsache ist, dass die Menschheit der Wahrheit noch nie so nahe war, wie in diesem Jahr. Es ist so, als öffnet sich vor unseren Augen gerade ein Portal, hinter dem die Antworten auf all unsere Fragen liegen. Somit steht das Jahr 2017 für mich ganz im Zeichen der Wahrheit. Das könnte auch die Wahrheit über die Existenz außerirdischen Lebens betreffen.

Sicherlich ist Ihnen in der Vergangenheit auch schon aufgefallen, dass sich die US Regierung und die NASA langsam dem Thema UFOs und außerirdisches Leben öffentlich zu nähern scheinen. Allerdings muss man schon ganz tief in den Mainstream eintauchen, um die Spuren sehen zu können. Denn sie sind winzig und manchmal nur mit der Lupe zu sehen. Und die Wahrheit liest sich auch hier wieder nur zwischen den Zeilen. Was mir im vergangenen Jahr besonders auffiel, war das fast schon unheimliche Interesse der Präsidentschaftskandidatin Hillary Clinton zu diesem Thema. In einem Interview mit der Zeitung „The Conway" vom 30. Dezember 2015, versprach Clinton, dass sie alles in ihrer Macht stehende tun werde, um sämtliche Fakten zum Thema UFOs an die Öffentlichkeit zu bringen.

Schöne Worte, in der Tat. Endlich reinen Tisch machen! Selbst an das Heiligtum „Area 51" wagte sich die Präsidentschaftskandidatin und versprach, den Nebel über dem geheimnisvollen Areal mit einem Atemzug wegzublasen. Soweit hat sich bisher noch kein US-Politiker und Präsidentschaftskandidat aus dem Fenster gelehnt. Doch zu weitreichenden Enthüllung ist es nicht gekommen. Clinton verlor das Wettrennen um den Einzug ins Weiße Haus und nun scheint alles beim Alten zu bleiben. Doch warten wir es ab.

Interessant ist auch das Verhalten der großen Geheimdienste CIA und NSA. Auch aus diesen Kreisen sickert peu á peu immer mal wieder die eine oder andere interessante Meldung durch den Kanal. So wurde kürzlich aus CIA-Kreisen bekannt, dass sich die US-Regierung bereits seit den 1950er Jahren ausführlich mit dem Thema UFOs und Außerirdische beschäftigt. Allerdings bezweifle ich, dass es sich hierbei um eine tatsächliche Offenlegung handelte, viel mehr vermute ich dahinter ein geschicktes Ablenkungsmanöver, um die Öffentlichkeit weiterhin vor den tatsächlichen Fakten – und vor allem vor der ganzen Wahrheit – fernzuhalten. Wie wir alle wissen, ist gerade die CIA eine Meisterin im Tarnen und Täuschen und hat, wie ich bereits vielfach erwähnt habe, zu oft bewusst falsche Fährten gelegt – in Form geschickt manipulierter Fotos und erfundener Geschichten! Sollte es sich in diesem Fall tatsächlich um echte und wahre Informationen handeln, sollte mich das wundern.

Für viel wichtiger halte ich die Informationen von Aussteigern. Ehemalige Geheimdienst- und Regierungsmitarbeiter, die trotz einer Verschwiegenheitserklärung per tu nicht mehr ihre Klappe halten können und öffentlich sagen, was sie wissen. Sicherlich fällt es auch mir manchmal schwer, zu glauben, was da erzählt wird. Zu absurd klingen die Berichte oftmals. So absurd, dass man meinen könnte, die Geschichten hätte irgendein Science-Fiction-Autor geschrieben. Dabei ist die Vermutung manchmal gar nicht so weit hergeholt, wie etwa die Kultreihe „Star Trek“ beweist, in Deutschland besser bekannt unter dem Titel „Raumschiff Enterprise“.

Die Geschichten von „Star Trek“ spielen in fremden Welten, mit unbekannten Lebensformen, neuen Zivilisationen und astrophysikalischen Phänomenen – und die Besatzung der Enterprise gehört zur Vereinten Föderation der Planeten, einer im 22. Jahrhundert gegründeten und von der Erde aus regierten Allianz von Völkern aus der Milchstraße. Ausgedacht hat sich die Abenteuer Gene Roddenberry. Man muss dazu wissen, dass Roddenberry ursprünglich Bomberpilot bei der US Air Force im Zweiten Weltkrieg war, dann Sergeant beim Los Angeles Police Departement und erst viel später er die Passion zum Schreiben entdeckte. Doch das war zunächst keine Science-Fiction, sondern Krimistoff aus dem Departement. Erst gegen Ende der 50er Jahre wechselte Roddenberry plötzlich das Genre und erfand Captain Kirk und den Vulkanier Mr. Spock. Und bereits schon in den 60er Jahren brach Raumschiff Enterprise in unbekannte Welten und ferne Galaxien auf.

Die erste Frage an dieser Stelle lautet für mich: Kann sich ein Autor in so kurzer Zeit derart komplexe Geschichten ausdenken? Vor allem vor dem Hintergrund der Tatsache, dass man der Menschheit seit hunderten von Jahren erzählt, dass die Erde der einzige bewohnbare Planet im Universum sein soll, dass außerirdisches Leben, wenn überhaupt, nur in Form von Mikroorganismen möglich wäre. Die zwei Frage müsste in diesem Fall lauten: Woher hatte der Autor die Kenntnisse über das komplexe Antriebs- und Waffensystem der Raumschiffe, über die Möglichkeit des Beamens von Bord der Enterprise auf andere Schiffe und Planeten? Selbst der intelligenteste Autor kann sich solche Geschichten beim besten Willen nicht aus den Fingern saugen. Hier ist ein Mindestmaß an Vorwissen, wenn nicht sogar an spezifischem Fachwissen nötig.

Auch eine noch so blühende Phantasie kennt schließlich ihre Grenzen. Ich denke, Gene Roddenberry wusste genau, worüber er schrieb. Immerhin war er bei der Air Force, die er 1947 als Captain verließ. Entsprechend groß werden also seine Kontakte in die obere Führungsetage gewesen sein. Vielleicht hatte er sogar Kontakte zu hochrangigen Wissenschaftlern. Wer sich ausführlich mit dem Thema Raumfahrt beschäftigt hat, wird wissen, dass das Apollo-Programm ein reines Ablenkungsmanöver gewesen ist. Mit dieser Art von Technik wäre die Apollo11-Besatzung niemals auf dem Mond angekommen. Allein das Durchdringen des „Van-Allen-Gürtels" wäre au f Grund der Strahlung unmöglich gewesen. Das heißt, die Besatzung hätte diese Reise nicht überlebt. Um dieses Strahlenfeld unbeschadet durchdringen zu können, wäre eine andere, eine viel fortschrittlichere Technik vonnöten gewesen, als die hier eingesetzte. Die Mondlandung war also eine Hollywood-Inszenierung.

Das heißt aber nicht, dass Reisen ins Universum oder zum Mond zu dieser Zeit unmöglich waren. Ganz im Gegenteil. Die Technik stand zu dieser Zeit schon zur Verfügung. Nur, man konnte sie der Öffentlichkeit unmöglich präsentieren, weil wirtschaftliche Interessen im Weg standen. Und sie tun dies auch heute noch. Das heißt, eine Veröffentlichung dieser Technologie würde vieles auf unseren Planeten verändern und auch überflüssig machen, darunter Verbrennungsmotoren und Energiegewinnung aus Öl, Kohle und Gas.

Die Eroberung des Weltraums hat also schon lange vor dem eigentlichen Apollo-Programm stattgefunden. Und niemand hat auch nur annähernd eine Vorstellung davon, was für ein riesiges Potential dahinter steckt. Es ist ein Programm, das seit mehr als 70 Jahren existiert und vor den Augen der Weltöffentlichkeit noch immer geheim gehalten wird. Doch die Geheimhaltungspolitik scheint mittlerweile Risse bekommen zu haben und die Verantwortlichen in den Logen wissen, dass es ein verdächtiges Hintergrundrauschen gibt, das immer lauter wird – doch sie tun alles, um die Verräter aus ihren Reihen zum Schweigen zu bringen. Wir alle wissen, wer in den Vereinigten Staaten die Wahrheit sagt, geht das Risiko ein, sein Leben zu verlieren.

Ich erinnere an den mysteriösen Tod von Phil Schneider, der im Januar 1996 tot in seiner Wohnung aufgefunden wurde, stranguliert mit einem Klavierdraht. Schneider beschäftigte sich vor seinem Tod sehr intensiv mit dem Thema Außerirdische und er konnte viel dazu sagen. Sechs Monate vor seinem Tod referierte er noch auf der Preparedness Expo über die „Neue Weltordnung" und die heimliche Verbindung zu außerirdischen Intelligenzen. Nach den Worten Schneiders, sei die „Neue Weltordnung" die komplette Übernahme des Planeten Erde durch Außerirdische, die den Tod von Millionen von Menschen zur Folge hätte.

Schneider wusste auch, dass die US Regierung im Jahre 1954 eine Vereinbarung, bekannt als Grenada Vertrag, mit außerirdischen Rassen unterzeichnete, der es ihnen gestattete, Experimente an Menschen und Tieren durchzuführen. Im Gegenzug erhielt das Militär hochmoderne Technologie von den Außerirdischen, mit der es durchaus möglich war, ferne Planeten und Sonnensysteme zu erreichen. Phil Schneider, der als Geologe und Ingenieur für die Regierung der Vereinigten Staaten arbeitete, wusste sehr früh, dass er auf einer Todesliste stand. Elfmal hat man versucht, ihn zu töten, seit er mit dem Wissen an die Öffentlichkeit ging. Doch Schneider ließ sich nicht einschüchtern und machte weiter. Ich könnte an dieser Stelle noch dutzend andere Fälle aufzählen, doch das würde einfach zu weit führen.

In den Vereinigten Staaten kann jeder nach Lust und Laune lügen, nur das Verbreiten der Wahrheit kann tödlich sein. Und wer die Wahrheit wissen will, wird sofort verdächtigt, ein russischer Agent zu sein. Die Paranoia innerhalb des „Tiefen Staats" wird immer deutlicher, je mehr Wahrheit das Tageslicht erblickt.

Die Wahrheit über das Weltraumprogramm ist indes noch sehr nebulös und steht erst am Anfang der Aufklärung. Viele der nachfolgend beschriebenen Enthüllungen könnten also auch bewusst falschgelegte Fährten sein. Umbruch und Krisen haben schließlich immer einen Informationskrieg zur Folge. Lüge und Wahrheit lassen sich in diesem Fall nur schwer voneinander trennen. Und die Erde befindet sich derzeit im Umbruch. Das merken wir schon daran, dass die Propaganda in den Medien in den letzten fünf Jahren enorm zugenommen hat, um die Wahrheit weiter unter Verschluss zu halten. Lügen werden mittlerweile von den Medien so geschickt maskiert, dass selbst intelligente Menschen sie oft nicht auf Anhieb erkennen.

Für das Weltraumprogramm bedeutet das, dass zwar Teile daraus sehr wohl schon lange Zeit der Öffentlichkeit bekannt sind, nur lässt sich daraus noch nicht die Gesamtheit des Projektes erkennen. Wenn Sie schon zur älteren Generation gehören, werden Sie sich sicherlich noch gut an den US-Präsidenten Ronald Reagan erinnern können. Reagan war, genau wie Donald Trump, ein Querdenker in der Politik, der nach den Vorstellungen seiner Kritiker ebenfalls nicht ins Weiße Haus passte. Doch er hinterließ der Welt ein Vermächtnis, das auf den ersten Blick unscheinbar zu sein scheint und heute bereits längst in Vergessenheit geraten ist. Ich spreche hier vom SDI-Programm, das gleich kurz nach der Amtseinführung Reagans ins Leben gerufen wurde. Später einmal erhielt das Programm von seinen Kritikern den Beinamen „Star Wars".

Niemand innerhalb der Bevölkerung kann sich bis heute genau vorstellen, welches Geheimnis sich hinter diesem Programm verborgen hält. Viel wurde ja auch nicht darüber berichtet. Eins jedoch war schon bald klar: SDI entwickelte sich rasch zu einem Fass ohne Boden. Da wurden sage und schreibe 29 Milliarden US-Dollar bis 1988 hinein gesteckt. In welche Projekte das Geld genau geflossen ist, erfuhr am Ende niemand. Das blieb ein Geheimnis. Erst Jahre später, als bereits George W. Bush die Amtsgeschäfte im Weißen Haus übernommen hatte, kam das Thema wieder zur Sprache. Diesmal aber ging es um ein US-Raketenschutzschild. Aus dem alten SDI-Programm wurde nun das Projekt NMD (National Missile Defense).

Der Öffentlichkeit wurde erzählt, dass der Schutzschild zur Abwehr ballistischer Raketen errichtet werden soll. In Wahrheit aber ging es darum, eine Bedrohung aus dem Weltall durch außerirdische Rassen abzuwehren. Das jedenfalls geht aus geheimen Informationen aus Geheimdienstkreisen hervor. Wissen also die Geheimdienste und die Regierung der Vereinigten Staaten mehr als sie zugeben? In der Tat scheint hier mittlerweile ein Fall von Erklärungsnot vorzuliegen. Tatsache ist, dass das Thema Außerirdische und UFOs niemals ein Knallbonbon in Washington war.

Die Angelegenheit wurde von Anbeginn als ernst eingestuft und zur Chefsache erklärt. Einer, der das sehr genau weiß, ist der Arzt und UFO-Forscher Stephen Greer. Seit den frühen 1990er Jahren beschäftigt er sich mit dem Thema UFOs und Außerirdische. Er sammelte im Laufe der Jahre hunderte Zeugenaussagen von teils hochrangigen Offizieren und Geheimdienst-Mitarbeitern und kam dabei zu einem erstaunlichen Ergebnis. Nach Worten Greers existiert seit Jahrzehnten ein militärisch-industrieller Komplex, der sich ausschließlich mit UFOs und deren Technologie beschäftigt. In diesem Netzwerk aus Firmen und Geheimdiensten sind nach Angaben Greers auch hochrangige Politiker involviert. Noch viel schwerer wiegt aber die Tatsache, dass sich dieses Netzwerk jeglicher parlamentarischen Kontrolle entzieht und obendrein über einen Milliardenhaushalt verfügt. In eigens dafür gebauten, unterirdischen Militäranlagen, etwa auf der Area 51, würden, laut Greer, seit mehr als 30 Jahren exotische Fluggeräte und Raumschiffe gebaut und getestet. Greer weiß auch, dass derzeit mehr als 9.000 Patente im Rahmen der nationalen Sicherheit der Vereinigten Staaten unter Verschluss gehalten werden, darunter auch Patente zur Elektrogravitations-Antriebstechnologie.

Einen weiteren Beweis, dass da seit vielen Jahren etwas ganz Großes hinter den Kulissen passiert, lieferte der Computerexperte Gary McKinnon. Dazu muss man wissen, dass McKinnon ein Hacker ist, also jemand, der sich Informationen auf illegale Weise beschafft. Und genau diese Tatsache macht die Sache so brisant. Wer glaubt schließlich schon einem Kriminellen, der sich in die Rechnersysteme von Pentagon und NASA hackt? Vielleicht ist das der Grund, warum McKinnons Aktion in der Öffentlichkeit für so viel Wirbel gesorgt hat, als bekannt wurde, dass die NASA Fotos von der Mars- und Mondoberfläche retuschiert, bevor sie auf der Homepage veröffentlicht werden.

Doch die eigentliche Sensation war eine Excel-Tabelle mit Namen von Außerirdischen Offizieren, die zu einer militärischen Einheit gehören sollen, die an verschiedenen Orten im Sonnensystem stationiert sind. Ist das vielleicht der Beweis, dass es bereits seit vielen Jahren, vielleicht seit Jahrzehnten schon, bemannte Stationen auf anderen Planeten und in unserem Sonnensystem gibt? Wenn ja, dann gibt es tatsächlich für die NASA einen Grund, etwas zu retuschieren.

Immer wieder berichten Hobby-Astronomen von seltsamen Gebäuden und Gegenständen, die sie durch ihr Teleskop auf der Mondoberfläche sehen. Objekte also, die dort eigentlich nicht hingehören. Auch McKinnon will etwas gesehen haben, was auf den öffentlichen NASA-Fotos im Internet später nicht mehr da war. Es waren acht zigarrenförmige Raumschiffe, die für ein geheimes Weltraumprogramm der USA gebaut worden sein sollen und die die Größe eines Flugzeugträgers hatten. Nach weiteren Recherchen will der Computerexperte noch herausgefunden haben, dass das Personal an Bord mehr als 400 Mann stark ist. McKinnons Angaben zufolge sollen zwei der 25 Milliarden Dollar teuren Schiffe „USSS LeMay" und „USSS Hillenkoetter" heißen. Wenn die Angaben stimmen, wären auch die Namen der Schiffe kein Zufall. Der ehemalige CIA-Direktor Admiral Roscoe Hillenkoetter war schließlich ein Mitglied der Majesic12-Gruppe, die von US Präsident Harry Truman mit dem Ziel gegründet wurde, dass Thema UFO vor den Augen der Öffentlichkeit unter Verschluss zu halten.

Abb. 42 links: Gary McKinnon **Abb. 43 rechts:** EDV- Experte Corey Goode
(http://p10.hostingprod.com/@spyblog.org.uk/freegary/images/me.png)
(http://contactinthedesert.com/wp-content/uploads/2016/03/coreygoode_column.jpg)

Allerdings ist Gary McKinnon nicht der einzige Zeuge, der ausgepackt hat. Auch der EDV-Experte Corey Goode ist ein Whistleblower. Im Internet wird er mittlerweile als Star gefeiert. Goode behauptet, dass er ein ehemaliger Mitarbeiter des geheimen Weltraumprogramms gewesen sei. Und Goode will wissen, dass das gegenwärtige Weltraumprogramm der Vereinigten Staaten aus einem alten Weltraumprogramm des Dritten Reiches entstanden ist. Laut Goodes Angaben gibt es mittlerweile sogar eine eigene Zivilisation im Weltraum, mit eigenen Schiffen und Basen. Darüber hinaus soll die US Regierung im Handel mit 400 außerirdischen Zivilisationen stehen. Das würde zumindest die Excel-Tabelle mit den Namen der außerirdischen Offiziere erklären.

Corey Goode spricht von insgesamt fünf Weltraumprogrammen, die die USA derzeit unterhalten sollen. Das älteste davon soll das Projekt „Solar Warden“ sein. Laut Goodes Informationen seien Programm und Technologie nahezu unvorstellbar und wären mit den Geschichten aus „Star Trek“ identisch. Wusste also Gene Roddenberry genau, worüber er schrieb und war das Weltraumprogramm tatsächlich gegen Ende der 50er Jahre schon soweit ausgereift? Die Aussagen Goodes klingen in vielen Punkten abenteuerlich. Und noch ein weiterer, erschwerender Punkt kommt hinzu, es gibt keinerlei Beweise, was in mancherlei Hinsicht und bei vielen Kritikern als sicheres Indiz dafür gelten mag, dass es sich in diesem Fall um reine Hirngespinste handelt. Allerdings überzeugen mich diese Argumente der Kritiker nicht sonderlich. Allein auf Grund der Tatsache, dass „Star Trek" geradezu eine Blaupause für das hier beschriebene Weltraumprogramm ist.

Natürlich muss man sich an dieser Stelle auch die Frage stellen, was war zuerst: Henne oder Ei? Somit könnte also durchaus die Möglichkeit im Raum stehen, dass Corey Goodes Geschichte eine Abhandlung von „Star Trek" ist, um von einer viel größeren, viel wichtigeren Sache abzulenken. Das heißt, man muss in diesem Fall auch von der Möglichkeit ausgehen, dass es sich um bewusste Falschinformationen im Rahmen einer sogenannten psychologischen Kriegsführung handelt.

Corey Goode könnte also bewusst von den Geheimdiensten eingesetzt worden sein, um gezielt Falschinformationen in die Öffentlichkeit zu tragen. Nicht selten werden über das Internet im Rahmen einer Agenda Fake-News in Umlauf gebracht. Die New-Age-Szene ist hierfür in der Vergangenheit schon des Öfteren ein geeignetes Medium gewesen.

In Bezug auf „Solar Warden" ist auch Gordon Duff, der Gründer der prominenten Website „Veterans Today", überzeugt, dass 40 Prozent der Informationen über das geheime Weltraumprogramm Fake seien, mit dem Ziel, tatsächliche Quellen und Methoden vor der Öffentlichkeit zu schützen.

Laut den Informationen Corey Goodes wurde die „Solar-Warden-Gruppe" bereits in den 1980er Jahren gegründet. Goode behauptet in diesem Zusammenhang auch, dass die Allianzen des Weltraumprogramms eng mit außerirdischen Zivilisationen der „Sphäre-Allianz" zusammenarbeiten, die bestrebt sei, der Menschheit zu helfen, die Probleme auf der Erde zu lösen. An dieser Stelle erinnere ich noch einmal an die Aussage von Phil Schneider, der behauptet hat, dass die Erde bis spätestens 2029 im Rahmen der NWO von Außerirdischen übernommen sein würde. Das würde bedeuten, dass die Aussage Goodes durchaus wahr sein könnte.

Interessant erscheinen mir auch die Angaben Goodes darüber, wer wie in das Programm aufgenommen wurde. Goode behauptet in seiner Aussage, dass die Entscheidung, in das Programm aufgenommen zu werden, bereits in früher Kindheit fiel. So sagte Goode, dass Kinder bereits im Alter von sechs Jahren im Rahmen des MILAB-Programms entführt und entsprechen erzogen und ausgebildet wurden. In der Tat verschwanden nach dem Krieg in den USA zahlreiche Kinder auf mysteriöse Weise. Niemand wusste, wohin sie verschwanden.

Abb. 44: Das Projekt Solar Warden (http://4.bp.blogspot.com/-0cXwbGBWiOI/VX9SCWMbWmI/AAAAAAAAQK0/lh2gVQNs1yU/w1200-h630-p-k-no-nu/Solar%2BWarden%2BThe%2BSecret%2BSpace%2BProgram.jpg)

Das Projekt „Solar Warden“ wurde nach Angaben Goodes vor dem Hintergrund gegründet, das gesamte Sonnensystem zu überwachen und die Erde vor dem Eindringen fremder außerirdische Intelligenzen zu schützen. Die Information erscheint vor allem vor dem Hintergrund der Tatsache interessant, dass Edward Snowden bereits im Rahmen seiner Enthüllungen über die NSA bekannt gab, dass die NSA mit dem Ziel eingesetzt worden sei, Kontaktpersonen zu außerirdischen Intelligenzen zu kontrollieren.

Auch die iranische Nachrichtenagentur „Fars“ berichtete unlängst, dass der russische Geheimdienstes FSB in den rund zwei Millionen streng geheimen Dokumenten Snowdens Hinweise gefunden habe, dass eine außerirdische Macht die US-amerikanische und internationale Politik seit 1945 kontrolliere. Wie der FSB weiter berichtete, geht aus den Unterlagen auch hervor, dass zwei Regierungen in den USA existieren, nämlich die legitime, durch das Volk gewählte und die geheime Regierung, die gewissermaßen aus dem Dunkel heraus regiert.

Die Dokumente werden laut FSB und unter anderem auch von dem ehemaligen kanadischen Verteidigungsminister Paul Hellyer als echt bewertet. Zwar blieben die genauen Aussagen Hellyers geheim, aber laut „Russian Today“ sollen Aliens die Erde seit mehr als 1.000 Jahren besuchen. Das würde auch die Aussagen zahlreicher UFO-Kontaktler bestätigen, die in der Vergangenheit immer wieder erklärten, dass es gewollt sei, dass sich die Menschheit auf der Erde weiterentwickelt und, dass die Erde unter ständiger Beobachtung stehe.

Eine geistige Entwicklung sei also unbedingt gewollt. Nur scheint die Erde zum jetzigen Zeitpunkt noch weit davon entfernt zu sein, denn die Tyrannen aus Politik und Wirtschaft lassen dies noch nicht zu. Und sie werden dies auch in Zukunft nicht zulassen. Erinnern wir uns noch einmal an die Aussage von George W. Busch, dass die Amerikaner die Wahrheit nicht vertragen könnten. Richtig müsste der Satz vielleicht lauten, dass die Amerikaner sie nicht vertragen dürfen! Denn der Kontakt mit positiven außerirdischen Kräften würde das Lügengebäude binnen weniger Monate zum Einsturz bringen. Eins jedoch steht fest: Die Erde befindet sich mitten im Wandel!

Kapitel 22

Geheimnisse im digitalen Zeitalter

Wer das Geheimnis der Schwarzen Dreiecke erkunden will, muss zunächst einmal hinter die Fassade der maskierten Wahrheit blicken können. Als maskierte Wahrheit ist die Wahrheit zu bezeichnen, die dem Leser und Fernsehzuschauer als Wahrheit verkauft wird. Doch diese Wahrheit tritt tatsächlich in maskierter Form auf, weil es sich in Wirklichkeit um eine Scheinwahrheit handelt. Eine Wahrheit, die in keine ist, sondern lediglich von den Eliten als solche verkauft wird. Auf unser Thema bezogen heißt das, dass unsere Technologie wesentlich weiter und fortschrittlicher ist, als dies dem Bürger bewusst ist.

Dass fortschrittliche Technologie von den Medien bewusst, oder vielleicht auch in manchen Punkten unbewusst verschwiegen wird, brauche ich an dieser Stelle nicht gesondert erwähnen. Und doch erschreckt es mich immer wieder in erheblichem Maße, wenn man diese Falschmeldungen in einschlägigen Zeitungen und Zeitschriften zu lesen bekommt. Erst kürzlich las ich in einer großen deutschen Flugzeugfachzeitschrift die Anfrage eines Lesers zu der TR-3B und den Ereignissen über Belgien. Der Leser bezog sich in diesem Fall auf mein Buch „UFOs Sichtungen seit 1945“. Beigefügt hat er auch ein Foto sowie die in meinem Buch veröffentlichte Patentzeichnung der möglichen TR-3B der Ingenieure Winters und Cota. Die Antwort an den Leser war kurz und knapp.

„Die Welle von UFO-Beobachtungen mit Fotos und hunderten Augenzeugenberichten wurde seinerzeit durch ein Foto ausgelöst, dessen Fotograf später zugeben musste, dass er ein Modell gebaut und dieses abgelichtet hatte. ... Wenn wir einmal alle Verschwörungstheorien beiseitelassen, zählt

auch die angesprochene rätselhafte TR-3B mit zu diesen Folgen der UFO-Hysterie."

Abb. 45: Verschlusssache – TR-3B (http://www.sheepletv.com/wp-content/uploads/2012/01/ufoparis35.jpg)

Mich erstaunen solche Antworten immer wieder aufs Neue. Mittlerweile dürfte doch wohl jedem Journalisten klar sein, dass jener ominöse Hobbybastler aus der RTL-Dokumentation reiner Fake ist. Mit Gewalt wurde hier versucht, dem Zuschauer eine befriedigende Erklärung für das Unerklärliche zu liefern. Allerdings auf eine geradezu plumpe und billige Weise, dass selbst dem Dümmsten auffallen muss, dass hier etwas nicht stimmt.

Lassen Sie uns zum Abschluss einmal einen Blick auf die Macht der sogenannten „Qualitätsmedien" werfen. Qualitätsmedien setze ich aber in diesem Fall bewusst in Gänsefüßchen. Denn Qualität kann man schließlich so und so sehen. Und ich spreche aus Erfahrung. Ich habe selbst mehr als 25

Jahre für den Mainstream geschrieben. Doch in den letzten 10 Jahren hat sich der Mainstream-Journalismus gewaltig verändert. Die Strömung hier ist eine andere geworden. Eine freie, unzensierte Berichterstattung, wie sie noch vor mehr als 20 Jahren möglich war, ist nicht mehr so ohne weiteres möglich.

Heute halte ich die alternativen Netzmedien für wesentlich seriöser und glaubwürdiger, eben weil sie unabhängiger und frei berichten können. Natürlich ist auch hier die berühmte Spreu vom Weizen zu trennen. Die Propaganda, die man den Netzmedien immer wieder vorwirft, findet mittlerweile eher in den großen, sogenannten Systemmedien durch Polarisierung und einseitige Berichterstattung statt. Kaum ein Journalist macht sich heute noch die Mühe und recherchiert, wie früher noch üblich, selbst, sondern übernimmt ungefiltert vorgefertigte Pressemeldungen aus den politischen Gremien oder der mächtigen Transatlantik-Brücke. Das ist kein Qualitätsjournalismus mehr.

Netzjournalisten haben es da etwas einfacher. Sie arbeiten schließlich unabhängig und in gewisser Weise auch überparteilich. Hier bleiben die Dinge nicht unausgesprochen, sondern werden klar auf den Punkt gebracht. Netzjournalisten arbeiten akribisch und vor allem idealistisch und das meistens auch noch ohne Honorar. Deshalb ist es auch so schwer, im Computerzeitalter moderne Technik geheim zu halten. Das war vor 50 Jahren noch viel einfacher.

Im Zeitalter von Smartphone & Co werden Bürger und Soldat nicht nur zu wichtigen Augenzeugen, sondern gleich auch zu Filmemachern und Whistleblowern. Menschen drehen munter drauf los, was sie vor die Linse kriegen, um es anschließend stolz einer großen Netzgemeinde auf der ganzen Welt zu präsentieren. Und bis es hier wieder verschwindet, können oft Monate oder Jahre vergehen – doch bis dahin haben es weltweit schon Millionen von Nutzern gesehen und verbreiten es auf irgendeine Art und Weise weiter. Aufklärung wird so zu einem Selbstläufer, der nicht mehr zu stoppen ist.

Das Netz vergisst schließlich nicht. Von offizieller Seite tut man sich indes schwer, die verbotene Wahrheit zu unterdrücken. Es werden alle Register gezogen, die Filme und Informationen als reinen Unsinn darzustellen. Länder wie Russland werden beschuldigt Fake News zu verbreiten und über die einst so hart erkämpften Presse- und Meinungsfreiheit versucht die Regierungselite wieder einen Maulkorb zu stülpen, sodass sich am Ende jeder dreimal überlegt, unbequeme Wahrheiten im Netz zu veröffentlichen.

Dass Geheimnisse im Netz mittlerweile schnell auf diese Weise enttarnt werden, gehört zum Alltag. Und das ist auch gut so. Wie ich schon oft genug erwähnt habe, sind sowohl die Informationen wie auch die Wahrheit das höchste Gut auf Erden. Nur informierte Menschen können schließlich ein selbstbestimmtes Leben führen. Selbst die mittlerweile zahlreich gewordenen Desinformationskampagnen in den sogenannten Qualitätsmedien helfen da nicht mehr viel. Die Wahrheit will mit aller Macht an die Öffentlichkeit. Doch die Wahrheit ist oftmals schwer zu ertragen. Und die Wahrheit verlangt seinem Empfänger in vielen Fällen geradezu einen Paradigmenwechsel ab, also ein Verlassen alter Denkstrukturen. Doch das ist in unserer multifunktionellen und schnelllebigen Zeit oft nur mit großer Mühe und Disziplin zu bewerkstelligen.

Für die überwiegende Mehrheit der Bevölkerung ist es indes leichter, in der alten Matrix weiter zu verweilen, weil es einfach bequemer ist, alten Denkschemata treu zu bleiben, anstatt einmal mit dem Gedanken zu spielen, ob das, was uns Regierungsvertreter und Mainstreammedien täglich servieren, nicht ausgemachter Unsinn ist und nur dem Grund dienen soll, das alte System weiter am Laufen zu halten. Doch glücklicherweise gelangen in jüngster Zeit immer häufiger Enthüllungen mit gut belegter Quellenangabe an die Öffentlichkeit, sodass mittlerweile auch der hartgesottenste Zweifler seine Meinung diesbezüglich überdenken muss. Die Wahrheit zu erkennen, erfordert in vielen Fällen ein Querdenken und es ist nicht unbedingt immer leicht, mit der Wahrheit statt mit einer Lüge zu leben.

Die Vergangenheit hat uns allzu oft auf erschreckende Weise gezeigt, dass Lügen ganze Kontinente zerstört und zig Menschenleben gefordert haben und noch heute Millionen von Menschen auf der Erde in Sklavenhaft leben, weil noch immer die Hälfte der Bevölkerung in dem Glauben verharrt, dass die Wahrheit das ist, was aus dem Mund der Regierungsvertreter kommt und am nächsten Morgen in der Zeitung steht. Doch das Gegenteil ist wahr.

Die Wahrheit wird seit Generationen von Konzernen, Militärs und korrupten Regierungsvertretern manipuliert – und zwar zu ihren eigenen Gunsten. Und um dieses Ziel zu erreichen, ist jedes Mittel recht. Die Versklavung der gesamten Menschheit, eine durch gezielt manipulative Werbung erzeugte Konsumsteigerung innerhalb der Bevölkerung, eine durch schwarze Pädagogik erzeugte permanente Angststörung, die Menschen dazu veranlasst, Dinge zu tun, die gegen ihre eigene Überzeugung verstoßen, etwa bestimmte Produkte zu kaufen, die vermeintlich gesundheitsfördernd sind, obwohl sie keinerlei Nutzen auf den Verbraucher erzielen, dafür lediglich die Kasse des Konzerns füllen. Zu Recht fühlen sich viele Bürger mittlerweile als unmündige Lemminge, die nur brav das tun, was man ihnen sagt. Doch so funktioniert Demokratie ganz bestimmt nicht. Demokratie verlangt in erster Linie selbstständiges Denken und Handeln, Dinge, die man liest und hört zu hinterfragen und gegebenenfalls auch einmal zu sagen: „Das stimmt so nicht!"

Doch nach Meinung des Magdeburger Politikwissenschaftlers Thomas Kliche sehen sich die Menschen der modernen Gesellschaft mittlerweile mehr und mehr einer zunehmend vernetzten und wechselseitig abhängigen Welt mit neuer Realität gegenübergestellt und konfrontiert, die die Menschheit endlich dazu nötigt, bisher Geglaubtes auf den Prüfstand zu stellen. Dies sei schmerzhaft und unbequem. Gleichzeitig aber stellt Kliche in einem Interview mit der *Mitteldeutschen Zeitung* fest, dass die Gesellschaft neben dem Globalisierungsschock zudem an einer kollektiven Bequemlichkeitsverblödung leidet. Kliche gegenüber der *Mitteldeutschen Zeitung* wörtlich:

„Wenn man lieber dreimal im Jahr Urlaub macht und Dschungelcamp schaut, anstatt sich mit den simpelsten Grundlagen von Wirtschaft, Politik und Gesellschaft zu beschäftigen, sei es um die Demokratie nicht besonders gut bestellt. Die Forschung spricht in diesem Fall schon von einer Spät- oder Untergangsphase der Demokratie."

Auch der Psychotherapeut Joachim Maaz spricht in der Wochenzeitung *Die Zeit* von einer gesellschaftlichen Fehlentwicklung und kommt zu dem vernichtenden Urteil:

„Wir sind alle gestört. Die Menschen machen beim Wachstumswahn mit, beim Konsumrausch. Alles muss immer besser, immer höher, immer weiter sein."

Doch nicht zuletzt der Mainstream und seine Leitmedien allein haben dieser gesellschaftlichen Entwicklung in der jüngsten Vergangenheit einen Vorschub geleistet. Journalisten haben es offensichtlich verlernt, ihrer Aufgabe und Pflicht nachzukommen, Fakten sauber zu recherchieren. Stattdessen übernehmen sie meistens offizielle Presserklärungen aus Regierungskreisen, um diese als unveränderte Vorlage in eigenen Reportagen, Artikeln und Kommentaren zu verarbeiten. Nur so ist es möglich, dass kriminelles Handeln in Politik und Wirtschaft in den zurückliegenden 20 Jahren mehr und mehr legitim und salonfähig werden konnte. Nun aber sollte es so langsam an der Zeit sein, auch einmal zuzugeben, dass die Obrigkeit aus Politik und Wirtschaft nicht immer Recht hat und nicht immer nach dem Slogan „die Wahrheit, nichts als die Wahrheit" handelt.

Schließlich ist die Wahrheit nur das, was man subjektiv für richtig hält. Somit ist jedermann durchaus in der Lage, seine subjektive, eigene Wahrheit, die im Grunde genommen und in den Augen einer demokratischen Gesellschaft eine Lüge ist, zur objektiven und einzigen, richtigen Wahrheit zu verkaufen, die auch das Volk zu vertreten und zu glauben hat, was sich schließlich in politisch korrektem Denken und Handeln reflektiert. Diese Form der Rechts- und Wahrheitsbeugung kennt man allerdings bisher nur aus totalitären, kommunistischen Staaten. In diesen Ländern gilt es hinlänglich als legitim, wenn das Staatsfernsehen und die Tagespresse Regierungspropaganda als Wahrheit verkauft und dem eigenen Volk das Denken verbietet. In einer Demokratie sollte es hingegen möglich sein, seine eigenen Gedanken öffentlich auszusprechen, ohne Repressalien befürchten zu müssen. Schließlich lebt die Demokratie von seinen unterschiedlichen Meinungsbildern. Auch das ist Multi-Kulti.

Lügen präsentieren sich dem Betrachter auf vielfältigste Art und Weise. Das können bewusst manipulierte Berichte und Reportagen in der Tagespresse, in Nachrichtenmagazinen oder im Fernsehen sein, nicht selten aber scheuen Regierungs- und Wirtschaftsvertreter weder Kosten noch Mühe, ihre perfide Lügenpolitik gezielt auch über Spielfilme, Sachbücher und Romane zu verbreiten, sodass es auch der Letzte irgendwann kapieren muss. In den letzten Jahren funktionierte das beispielsweise sehr gut mit der Genderpolitik, die der breiten Öffentlichkeit sehr hautnah und offen in diversen Spielfilmen verbreitet und schmackhaft gemacht wurde. Jedoch sollte sich jeder intelligente Mensch spätestens in diesem Moment die Frage stellen, ob er jede Form von politischer Veränderung auch ungefiltert von den Medien übernehmen muss, selbst dann, wenn es ihm im tiefsten Inneren widerstrebt. Schließlich hat jeder Mensch einen freien Willen – und dieser freie Wille befähigt ihn dazu, zu bestimmten Dingen auch „Nein“ zu sagen und das in angemessener Form der Öffentlichkeit kundzutun, etwa in Form von öffentlichen Protesten oder Blogeinträgen im Internet.

Anpassung ist der Untergang jeder zivilisierten Kultur. Menschen, die sich einem Mainstream anpassen, haben bereits die Fähigkeit des eigenständigen Denkens aufgegeben und verloren. Sie haben sich zu Befehlsempfängern entwickelt, ähnlich wie ein programmierter Bioroboter, der im schlimmsten Fall auch auf Befehl töten kann. Entsprechende Versuche wurden in der Vergangenheit in den Vereinigten Staaten im Projekt Mindcontrol durchgeführt, wie wir ja bereits erfahren haben.

Doch glücklicher Weise erlangte die Wahrheit in der jüngsten Vergangenheit auch zahlreiche Siege, etwa über die wahren Hintergründe des Ersten und Zweiten Weltkriegs, die in mittlerweile zahlreich erschienen Büchern entlarvt worden sind, was allerdings nur durch den Einsatz mutiger Journalisten und Verlage möglich geworden ist, die weder Kosten noch Gefahren gescheut haben, die Wahrheit an das Licht der Öffentlichkeit zu bringen. Das erweckt fast schon den Eindruck, dass die Menschheit nun endlich an der Schwelle eines neuen Bewusstseins angelangt ist, die nun die ganze, ungeschminkte Wahrheit zulässt, was, zugegebener Maßen, bei zahlreichen sensiblen Zeitgenossen eine schwere Form von Schnappatmung auslösen könnte. Rückblickend wirft diese Tatsache allerdings die Erkenntnis auf, dass die gesamte Menschheit Jahrzehntelang in einer Art Scheindemokratie oder gar in einer Parallelwelt gelebt hat.

Gezielte Desinformation und Propaganda sind die abscheulichen Mittel einer straff geführten Diktatur, die gezielt richtige Informationen vor der Bevölkerung bewusst unter Verschluss hält. Doch dank alternativer Medien im Internet verbreiten sich heute Informationen und Filme in kürzester Zeit wie ein Lauffeuer rund um die Welt, bis in den kleinsten Winkel des Erdballs. Jedoch scheuen Politiker und Konzerne auch hier weder Mühen noch Kosten, alternative Medien und Verlage mit Hilfe des Mainstreams unter Dauerbeschuss zu nehmen. Verlage und Internetseitenbetreiber werden in diesem Fall nicht selten als rechtsextrem und gefährlich diskreditiert.

Eine Methode, die leider in weiten Kreisen der Bevölkerung noch immer bestens funktioniert, allerdings die Tatsache außer Acht lässt, dass das Zensieren von Informationen und Nachrichten das gängigste Mittel im Dritten

Reich war, um die Wahrheit unter Verschluss zu halten. Somit erinnert die Zensur an ein dunkles Kapitel unserer Geschichte und es sollte sich in diesem Fall jeder die Frage stellen, wer hier wirklich dem rechtsextremen Lager angehört. Der Zensor oder der Whistleblower?

Die bewusste Geheimhaltung wird besonders im Bereich der Wissenschaft und Forschung deutlich. Forschung wurde in der Vergangenheit, und wird auch heute noch, in erster Linie im Auftrag des Militärs durchgeführt. Insbesondere im Bereich der alternativen Antriebstechnologien wurden bereits schon in den 1930er Jahren sensationelle Forschungsergebnisse erzielt, die der breiten Öffentlichkeit bis zum heutigen Tag vorenthalten wurden, wie wir ja ebenfalls schon erfahren haben. Schließen möchte ich an dieser Stelle mit einem Zitat von Voltaire:

„Wenn ihr wissen wollt, wer über euch herrscht, dann fragt euch selbst, wen oder was ihr nicht kritisieren dürft. Durchdenkt das tiefgründig und ihr werdet viele Antworten finden."

Das Fazit zu diesem Buch:

Antischwerkraft-Raumfahrzeuge existieren wirklich. Vielleicht nicht als TR-3B, sondern unter einem anderen Namen, aber in jedem Fall handelt es sich um Antischwerkraft-Raumfahrzeuge. Hier die Zusammenfassung einer Patentschrift des Erfinders John St. Clair wörtlich:

Diese Erfindung ist ein Raumfahrzeug mit einem dreieckigen Rumpf mit geladenen flachen Platten an den vertikalen Ecken der drei Seiten. Die beiden hinteren Ecken werden auf ein Potential V aufgeladen. Die Vorwärtsecke wird auf ein Potential –V aufgeladen. Der 60° Winkel an der Ecke erzeugt eine Linienladungsdichte Singularität, die ein riesiges, horizontales, elektrisches Feld erzeugt, das von der Rückseite zur Vorderseite des Raumschiffs zeigt, das ebenfalls parallel zur Seiten des Dreiecks ist. Eine Anordnung von horizontalen Schlitzantennen, die auf den Seiten des dreieckigen Rumpfes angeordnet sind, erzeugt eine elektromagnetische Welle, wobei das elektrische Feld in der vertikalen Richtung polarisiert ist. Diese Kombination von Feldern erzeugt sowohl in vertikaler als auch in horizontaler Richtung eine Raumzeitkraft, sodass das Raumfahrzeug eine Auftriebskraft und eine Kraft des Antriebes erhält. (...) Diese Kombination von Feldern erzeugt eine Raumzeitkrümmung, wie sie von Einsteins Allgemeinen Relativitätstheorie bestimmt wird. Das regelnde elektrische Feld hat eine Amplitude in der vertikalen z-Richtung und fährt in x-Richtung.

Die Patentschrift ist über Google im Netz einsehbar. Mittlerweile herrscht im Netz eine heftige Debatte darüber, ob die Patenschrift echt ist. Auch John St. Clair ist im Netz umstritten. Aber wie wir mittlerweile alle wissen, unternehmen die offiziellen Stellen so gut wie alles, um ihre Technik weiter unter Verschluss zu halten. Dazu gehört auch die Strategie der Diskreditierung von Informationen im Netz, die durch harmlos wirkende Chateinträge auf entsprechenden Blogs erfolgt. Auch das ist Geheimdiensttaktik.

Nach Informationen von Corey Goode gibt es in den Vereinigten Staaten mehr als 9.000 Patente, die derzeit noch unter Verschluss gehalten werden. Darunter auch Patente zur Entwicklung von Antischwerkraft-Raumfahrzeugen. Ob die im Netz befindliche Patentschrift echt ist, kann ich nicht garantieren. Möglich ist auch, dass sie nur eine der vielen Nebelkerzen ist, um das Thema zu diskreditieren. Ich bin aber fest davon überzeugt, dass es in den Vereinigten Staaten verschiedene Arten von Anti-Schwerkraft-Raumfahrzeugen gibt, die jeweils von unterschiedlichen Herstellern produziert werden und dass das vorliegende Patent, wenn es denn echt ist, nur eins von vielen ist. Ich bin auch davon überzeugt, dass die Bezeichnung TR-3B nicht umfänglich korrekt ist, sondern derzeit noch ein Oberbegriff für diese Art von Raumfahrzeugen ist und das jedes eingesetzte Modell eine andere Typenbezeichnung hat.

Eine gesicherte Tatsache aber ist, dass diese Raumfahrzeuge seit langer Zeit schon im aktiven Einsatz sind und von den eingesetzten militärischen und geheimdienstlichen Organisationen noch immer streng geheim gehalten werden. Die Technik der Antischwerkraft ist seit mehr als 70 Jahren bekannt und beruht, wie ja auch aus der vorliegenden Patenschrift hervorgeht, auf der Feld-Theorie von Albert Einstein. Nur wie sie schließlich zur Anwendung kam, darüber streiten sich noch immer die Geister und es liegen auch mir unterschiedliche Aussagen darüber vor.

In diesem Sinn: Bleiben Sie aufmerksam!

Bibliographie

Nachfolgend einige Bücher und Internetseiten, auf welche in diesem Werk Bezug genommen wird. Die Liste der Bücher und Internetseiten, die sich mit den Themen in diesem Werk beschäftigen, ist bei weitem nicht vollständig. Aber der Leser wird nach längerer Beschäftigung mit diesen Themen feststellen, dass in den verschiedenen Büchern vieles auch einfach nur wiederholt wird.

- Ludwiger, Illobrand von: „Der Stand der UFO-Forschung“ Verlag Zweitausendeins, 1992
- Hesemann, Michael: Geheimsache UFO, Bechtermünz Verlag, 1998
- Ruppelt, Edward E: „The Report on Unidentified Flying Objects, New York 1958
- Arnold, Kenneth: I Did See the Flying Disks, Fate Magazine Volumne 1, Spring 1948
- Hynek, J. Allen: UFO-Begegnung der ersten, zweiten und dritten Art, Goldmann 1978
- FBI: Projekt Blue Book Report
- Discovery Communications Inc.: UFO – Uncovering the Evidence, 1996 Maccabee
- Bruce: The Fantastic Flight of JAL 1628, International UFO Reporter
- 2011 Holbe, Rainer: Phantastische Phänomene, Herbig, 1993 Haines
- Richard F.: Aviation Safety in America – A Previously Neglected Factor, NARCAP Report
- 2000 Good, Timothy: Need to Know – UFOs, the Military, and intelligence, Pegasus Books
- 2007 Kean, Leslie: UFOs – Generäle, Piloten und Regierungsvertreter brechen ihr Schweigen, Kopp Verlag, 2012
- Steucke, Paul: Office of Public Affairs, Alaskan Region, Federal Aviation Administration, Department of Stransport: FAA Releases

Documents on Reported UFO Sighting Last November, Anchorage, 1987
- Klass, Philip J.: FAA Data Sheds New Light on JAL Pilot´s UFO Report. In: The Skeptical Inquirer 12 Nr. 1, Buffalo NY, 1987
- Buttlar, Johannes von: Die Außerirdischen von Roswell – Protokoll einer Verschwörung, Lübbe, 1996
- Berlitz, Charles & Moore William L.: Der Roswell-Zwischenfall – Die UFOs und die CIA, Knaur, 1980
- Schmitt, Cary & Donald: Witness to Roswell, Career Pr, 2009
- Daily Mail: „Id was craft that did not come from this planet: CIA agent speaks out on 65th anniversary of Roswell UFO landings, 2012
- Ludwiger, Illobrand von: UFOs – die unerwünschte Wahrheit, Kopp Verlag, 2009
- Bruni Georgina: You can´t tell the People: The definitive account of the Rendlesham Forest UFO Mystery, Sidgwick & Jackson, 2001
- Penniston-Rede im National Presseclub Washington, Washington, 2007
- SOBEPS: UFO-Welle über Belgien, Verlag Zweitausendeins, 1994
- The Telegraph: UFO files: Belgian Fighters scrambled to investigate UFOs, 2009
- Leclet, Renaud: The Belgien UFO-wave of 1989-1992, PDF
- Ledoux, Samuel, Fedunspi, Joselin: Mea culpa de l´auteur de la photo d´ovni truqueé de Petit Rechain. In: Le Journal – Le 19 Heures, RTL-TV1 (Belgien), 2011
- CENAP: Belgien: Ein Himmel voller Oster-UFOs The Independent: The (very) secret history of Area 51, 2011
- ORF: Das Geheimnis der Area 51, 2011
- Der Tagesspiegel: Verschwörungstheorien – CIA bestätigt Existenz von mysteriöser Area 51, 2013
- Rothschild Fouche, Edgar: Alien Rapture: The Chosen, Galde Press, 1998

- CUFON, org: Transcript of Bergstrom AFB Interview of Betty Cash, Vicki & Colby Landrum, Part 1 of 2, 2012
- Klass, Philip J.: CSI The Skeptics UFO Newsletter Volume 56, 1999
- Ufo casebook: The Piney Woods Incident, Cash-Landrum
- Scholl-Latour, Peter: Die Welt aus den Fugen, Propyläen
- Ickeroht,Traugott: Die neue Weltordnung Band 1, Argo-Verlag
- Farrell, Joseph P.: Babylons Bankster, Mosquito
- Hitchcock, Andrew Carrington: Die Banker Satans, J-K Fischer
- Nuzzi, Gianluigi: Vatikan AG, Ecowin Verlag
- Knechtel, Tilman: Die Rothschilds, J-K Fischer
- Augias, Corrado: Die Geheimnisse des Vatikan, C.H.
- Beck, fosar-bludorf.com/mindcontrol/index.
- Graichen, Gisela/Hesse, Alexander: Geheimbünde, Rowohlt
- Heiner Gehring: „Versklavte Gehirne – Bewusstseinskontrolle und Verhaltensbeeinflussung“
- Die Videogold.de/die-dressierte-killer-geheimdienste-und gehirnwäsche

Macht und Geschichte

€ 21,00
Michael Loeckle

Hardcover, 312 Seiten
ISBN 978-3-981566-2-8-4

Zu bestellen bei:

All-Stern-Verlag
Wolf 8
D-88430 Ellwangen

Tel.: 0 75 68 - 29 89 98 2
Fax: 0 75 68 - 29 89 98 1

info@all-stern-verlag.com
www.all-stern-verlag.com

Macht und Geschichte

Damit sich die One-World-Despoten der reptiloiden Agenda etablieren können, überziehen sie die Menschheit mit Totalüberwachung, Mind-Control, Chiplementierung, Geldannulierung, Pauperisierung, Cyborgisierung, Dezimierung, Chaos, Anarchie, Sozialrevolten, Bürgerkriegen und Insolvenzen bis hin zum Staatsbankrott. Die reptiloidhybride Agenda plant, zunehmend mehr Terroranschläge, Kriege und Katastrophen zu inszenieren, eine verheerende Wirtschaftskrise zu arrangieren, uns immer mehr autoritäre Gesetze aufzuzwingen und das Maß an Angst und Stress auf jede nur erdenkliche Weise zu erhöhen.

Das Ziel der Archonten ist ein Planet mit einer deutlich reduzierten menschlichen Population. Die verbleibende Menschheit soll durch chemische und psychologische Programmierung sowie durch genetische Manipulation in geistige und emotionale Zombies verwandelt werden.
Der geplante Superstaat unterm Diktat der USA soll mit denselben Mitteln geschaffen und regiert werden, wie der Staat in Orwells Roman *1984:* primär mit ewigem Krieg, ewigem Terror, ewiger Überwachung, ewiger Propaganda und ewiger Spannung. Sekundär mit einer Verschärfung des Existenzkampfes, sozialer Verarmung, einem Newspeak, einem Doppeldenk (Gedankenkontrolle und Gedankenspaltung) und einer Trivialisierung von Kunst, Kultur und Nahrung.

Geplant ist eine Welt aus virtuellen Personoiden innerhalb einer Gesellschaft, die von Robotern und transhumanistischer Technologie gesteuert wird, von Computersystemen, deren künstliche Intelligenz die Intelligenz der gesamten menschlichen Rasse (der geistig versklavten menschlichen Rasse) übertrifft. Der Mensch soll gemäß diesem Sklavenmodell der Agenda 21 durch eine kybernetische Kreatur ersetzt werden, die durch robotische Armeen aus Cyborgs beherrscht wird. Am Ende wären wir, wie von den archontischen Netzwerken geplant, allesamt versklavte Roboter.

Ein Milliardenheer von rechtlosen und depersonalisierten Galeoten, den diabolischen Zielen und Interessen des „unsichtbaren Ungeheuers“ wehrlos ausgeliefert – das ist das eigentliche und letzte Ziel der Neuen Weltordnung. Die kommenden Jahre werden zeigen, ob sich die Menschheit eine derartige Entmündigung und Unterwerfung bieten läßt, oder ob es dagegen globale Revolten in bisher nicht gekannten Dimensionen geben wird.

Der General des letzten Bataillons

€ 18,90

Dan König

Hardcover, 292 Seiten
ISBN 978-3-9815662-2-2

Zu bestellen bei:

All-Stern-Verlag
Wolf 8
D-88430 Ellwangen

Tel.: 0 75 68 - 29 89 98 2
Fax: 0 75 68 - 29 89 98 1

info@all-stern-verlag.com
www.all-stern-verlag.com

Band 1 Sonderelbe Jasmin

Mit einem Vorwort

von Reiner Elmar Feistle und Sigrun Donner

Die militärische Situation Deutschlands im Jahr 1943 ist prekär, die Verteidigung der Heimat und der zu erringende Frieden außer Sichtweite. Der brillante Techniker und Organisator Dr. Ing. Hans Kammler, Brigadeführer und Generalmajor der Waffen-SS, wird mit weitreichenden Vollmachten ausgestattet, um unter anderem die Produktion der A4-Raketen und anderem Kriegsgerät zu gewährleisten.

Um die Schwere und Verantwortung seiner Aufgabe bewusst, sucht er nach Wegen, seinen Einflussbereich und seine Kompetenzen auszuweiten - stets sein Ziel vor Augen, die Not des deutschen Volkes zu wenden. Dazu ist dem Brigadeführer und Generalmajor der Waffen-SS so manches Mittel recht und er hält Ausschau nach außergewöhnlichen Menschen. Als er auf den hellseherisch begabten und umstrittenen Frontsoldaten Ernst van Berckh aufmerksam wird, nimmt er ihn in seinen persönlichen Stab auf und teilt ihm einen eigenen Zuständigkeitsbereich zu. Nach kurzer Zeit wird der kampferprobte Ernst van Berckh unentbehrlich für den General, der mit seiner übersinnlichen Gabe auch zur Weiterentwicklung geheimer Entwicklungen beitragen kann, die er bei Inspektionen im Skoda-Werk Pilsen entdeckt.

Grundsätzlich dem Nationalsozialismus loyal ergeben, prangert General Kammler die oftmals lähmend bürokratischen Unzulänglichkeiten an, die seine Skepsis am erfolgreichen Kriegsverlauf nähren. Mit Wissen des Reichsführers SS errichtet Dr. Kammler eine geheime Organisation innerhalb der SS, die eigenständig agiert und technische Innovationen mit großer Geschwindigkeit vorantreibt. Ziel ist es, mit den neu entwickelten Wunderwaffen den Endsieg zu erringen - ein Wettlauf gegen die sich von Westen und Osten her annähernden Gegner und gegen die Zeit.

Der Roman "Der General des letzten Bataillons" erzählt in mehreren Bänden die Geschichte des bereits vor der Unterzeichnung der Kapitulationsurkunden spurlos untergetauchten Führers des Ersatzheers, General Hans Kammler, dem legitimen Anführer des Deutschen Reichs.

Der General des letzten Bataillons

€ 18,90

Dan König

Hardcover, 299 Seiten
ISBN 978-3-947048-00-7

Zu bestellen bei:

All-Stern-Verlag
Wolf 8
D-88430 Ellwangen

Tel.: 0 75 68 - 29 89 98 2
Fax: 0 75 68 - 29 89 98 1

info@all-stern-verlag.com
www.all-stern-verlag.com

Band 2 Die Alpenfestung

Vor der Abreise zur Inspektion in die Ostmark übergibt SS-Oberscharführer Ernst van Berckh den Dienstwagen von General Kammler für Umbaumaßnahmen an Ingenieure der geheimen SS-Entwicklungswerkstätten in Pilsen. Zur Verlagerung der deutschen Rüstungsindustrie in bombensichere, unterirdische Bauwerke finden Besprechungen an den Bauprojekten „Bergkristall", „Quarz", „Schlier" und dem Südwerk „Zement" statt, welche die dezentralisierte „Alpenfestung" darstellen, nach welcher die Alliierten noch fieberhaft suchen werden.

Als sich van Berckh darüber wundert, dass Baupläne wegen dem Einbau einer Groß-Destille für Wasser geändert werden müssen, erfährt er dadurch Details zur Nutzbarmachung der Uranenergie.

Um einen begehrten Wissenschaftler, der zur bevorstehenden Inbetriebnahme der Zeitreisemaschine „Glocke" benötigt wird, der Heeresversuchsanstalt Peenemünde abzuwerben und unter seinen Einfluss zu bringen, inszeniert der General ein taktisches Manöver und nutzt hierzu auch den Charme der hübschen Jana Schmidt.

In einem Stollen taucht nachts plötzlich ein mutmaßlicher Spion auf, den Kammler beinahe erschießt. Der Mann nennt sich Becker und stellt sich als zeitreisender Botschafter der aldebaranischen Zivilisation vor, der ein bürgerliches Leben in der mehr als 60 Jahre gelegenen Zukunft führt.

Becker, der in vergangenen Epochen als der Graf von Saint Germain bekannt war, lotst General Kammler zu unterirdischen Gängen in der Nähe von Linz und führt dazu aus, dass diese im Land verbreiteten „Erdställe" nicht von Menschenhand geschaffen wurden. Die Offenbarungen des Zeitreisenden zur Entstehung des nordisch-germanischen Volkes verblüffen den General.

Im Generalgouvernement verfolgt Kammler das Versuchsschießen mit der A4 Rakete und sucht im Auftrag Heinrich Himmlers nach Gründen, um die Hoheit der Raketenwaffe vom Heereswaffenamt an die SS zu überführen. Der eigens für Kammler gebaute Kommandeurswagen „Freki SS" erfährt seine Feuertaufe, als feindliche Angreifer mit den Bordwaffen abgewehrt und vernichtet werden.

Geboren in die Lüge

€ 27,90

Dan Davis

Hardcover, 530 Seiten, über 800 Bilder, integrierter vierzigseitigen Farbinnenteil

ISBN 978-3-9815662-5-3

Zu bestellen bei:

All-Stern-Verlag
Wolf 8
D-88430 Ellwangen

Tel.: 0 75 68 - 29 89 98 2
Fax: 0 75 68 - 29 89 98 1

info@all-stern-verlag.com
www.all-stern-verlag.com

Aktualisierte erweiterte Neuauflage

Geboren in die Lüge
Unternehmen Weltverschwörung

Kann es sein, dass wir bereits in eine große Lüge hineingeboren wurden? Niemand hinterfragt, was bereits seit Anbeginn seiner Kindheit und Jugend von den Eltern und Großeltern gelehrt wurde. Aufbauend auf dasselbe verfälschte Wissen durch die Lehrpläne jener Institutionen, die als Werkzeuge denen dienen, die nicht nur die Macht über uns in ihren Händen halten – sondern durch inszenierte Kriege, Lügen und Massenmorde ein dunkles Imperium schufen, um einen Großteil des Weltvermögens auf nur wenige Familien zu verteilen?

Was wäre, wenn Sie eines Tages erfahren würden, dass all das, wofür Sie gelebt haben, eine große Lüge – eine Illusion – war? Die Schul- und Bildungssysteme in Ihrem Land bauen auf eine verfälschte Geschichte – um eine schreckliche Wahrheit zu vertuschen? Im Gegensatz zu vielen anderen Büchern zu diesem Thema finden Sie hier Bildbeweise einer Weltverschwörung, die das über Jahrhunderte aufgebaute Netz, welches sich unsichtbar hinter unserem Rücken aufgespannt hat, sichtbar werden lässt. Sehen Sie hier erstmals den Ursprung der irdischen Flugscheibentechnologien, geheime Waffensysteme, unbekannte Fakten aus der Weltraumforschung und Beweise für die Vernetzung des internationalen Logentums auf über 800 Bildern!

Hitler hatte es auf ein Großdeutsches Reich abgesehen. Die geheime Weltregierung auf die ganze Welt. Das Ende der Tage der „Freien Welt“ ist gekommen. „1984“ wurde Realität. Dieses Buch gibt Ihnen die Möglichkeit näher an die Wahrheit zu kommen. Es liegt an Ihnen, ob Sie es lesen – oder weiter den gezielten Lügen der Massenmedien auf den Leim gehen.

Gehen Sie auf die Suche nach der Wahrheit unter Berücksichtigung der Fakten. Willkommen in der Realität. Nicht alles um uns herum ist so, wie es auf den ersten Blick scheint. Das System baut auf Ihre Untätigkeit und Ungläubigkeit. In wenigen Jahren ist es zu spät. Der Ausbau des Überwachungsstaates wird abgeschlossen sein und eine Aufklärung in allen Aspekten nahezu unmöglich. Dies sind die Letzten Tage…

Die Zeit neigt sich dem Anbeginn

€ 19,95
Michael Broistedt
Markus Schlottig

Hardcover, 326 Seiten
ISBN 978-3-9815662-4-6

Zu bestellen bei:

All-Stern-Verlag
Wolf 8
D-88430 Ellwangen

Tel.: 0 75 68 - 29 89 98 2
Fax: 0 75 68 - 29 89 98 1

info@all-stern-verlag.com
www.all-stern-verlag.com

Band 2 Das Geheime Tagebuch der Arianni

2500 v. Chr., die deutsche Garnison hat sich in Abydos etabliert. Doch nach Jahren des Friedens holt das Schicksal sie wieder ein. Es gelingt den Amerikanern, eine Glocke nachzubauen und mit dieser stöbern sie die geflohenen Deutschen wieder auf. Der Krieg geht weiter. In zwei „Stellvertreter-Kriegen“, Korea und Vietnam, werden US-Truppen per Glocke versandt, um die Deutschen in ihrer Fluchtburg auszulöschen.

Noch aber ahnt niemand, dass das neue Zentrum nicht in den Weiten des Kosmos liegt, sondern immer noch auf der Erde, lediglich in einer anderen Zeit. So werden die Kriege der Gegenwart zu den epischen Schlachten der alten Völker. Mahabarata, Ramajana, Altes Testament, die Edda und all die Mythen der Vergangenheit realisieren sich in der Jetztzeit. Den Kontrahenten wird bewusst, daß sie die Geschichte schreiben, die uns heute prägt. 1948, die Umsiedlung der Arianni in die USA hat begonnen.

Den Angehörigen der „Majestic 12“, einer geheimen Gruppe um Präsident Truman, wird bewusst, dass es sich bei den Arianni um die Nachfahren der 1944 geflohenen Deutschen handelt. 4.500 Jahre Entwicklungsgeschichte liegen dazwischen. Immer wieder haben die Arianni in die Geschicke der Völker eingegriffen und die Entwicklung bis 1945 beeinflusst. Nach der atomaren Zerstörung von Walhalla IV in der Antarktis 1947, beginnt das Team um Brad Hasslag, einem Agenten des OSR, mit der Auswertung aller Aufzeichnungen, dem sogenannten „geheimen Geschichtsbuch“ der Arianni.

Dabei gerät ein ominöser Brief in den Fokus der „Majestic 12“. Er gibt ein zutiefst erschütterndes Geheimnis preis, ein Geheimnis, das zur Grundlage der UFO-Forschung der Gegenwart und zu den Grundlagen der Prä-Astronautik führt. Immer tiefer dringt Hasslags Team in die Aufzeichnungen der Arianni ein. Geheimnisse der Vergangenheit lüften sich. Epische Schlachten, prähistorische Bauten, das Alte Testament und die bis dato ungeklärte Herkunft ganzer Völker ergeben mit dieser Perspektive einen Sinn. Je tiefer das OSR in die Materie eindringt, desto klarer zeichnet sich ab: Wir sind nicht allein im Universum, nicht in dieser Galaxis, ja nicht einmal in diesem Sonnensystem.

Eine Macht aus dem Unbekannten

€ 19,95

Reiner Elmar Feistle
Sigrun Donner

Hardcover, 340 Seiten

ISBN 978-3-9815662-1-5

Zu bestellen bei:

All-Stern-Verlag
Wolf 8
D-88430 Ellwangen

Tel.: 0 75 68 - 29 89 98 2
Fax: 0 75 68 - 29 89 98 1

info@all-stern-verlag.com
www.all-stern-verlag.com

Begleiten Sie das Autorenteam Reiner Elmar Feistle und Sigrun Donner auf ihrem beschwerlichen Weg der Suche nach der „roten Linie“ der Wahrheit. Gehen Sie mit den Autoren auf eine antizyklische Fährtensuche, gepaart mit kriminalistischem Spürsinn für das Undenkbare, das in unserer Menschenwelt geschieht, um sich im Dunst von Wahrheit, Halbwahrheit und Lüge zu orientieren.

Werfen Sie einen Blick auf die Spuren geheimer deutscher Geschichte. Warum geheim? Geheim deshalb, weil schon weit vor 1945 die Grundlagen für ein scheinbares Mysterium gelegt wurden, welches heute unter der „Macht aus dem Unbekannten“ oder der „Dritten Macht“ bekannt ist.

Seit 1945 bzw. wohl schon während des Zweiten Weltkrieges wird dem Wissen deutscher Hochtechnologie nachgejagt. Wie sieht unsere Realität in der Gegenwart tatsächlich aus? Besitzen wir heute eine moralische Überlegenheit oder müssen wir uns kollektiv Asche aufs Haupt streuen? War der Zweite Weltkrieg das Ende aller Kriege oder der ultimative Startschuss für weitere brutale Eroberungskriege?

Ist die Menschheit bereits durch Aliens unterwandert und existiert hierfür eine Langzeitstrategie? Und was erwartet die Menschheit folglich diesbezüglich in naher Zukunft? Wird diese Unterwanderung zum finalen Abschluss gebracht oder gibt es hierbei eine „Unbekannte“ im bösen Spiel gegen die junge Menschheit, die genau das zu verhindern weiß? Eine ketzerische Arbeitshypothese verbindet hierzu Erkenntnisse der „verbotenen Archäologie“, Präastronautik und Altertumsforschung mit den heutigen Sichtungen von „UFOs“?

Wenn Sie bereit sind, antizyklisch zu denken, werden sich Ihnen Abläufe erschließen, die nur in größeren Zusammenhängen erfasst werden können, und die von der offiziellen Meinung abweichen. Dieses Buch wird Ihnen auf viele Fragen neue Denkanstöße geben, die Sie in dieser Form nicht erwartet hätten.

Wagen Sie mit uns den Schritt in die Realität, die scheinbar noch im Verborgenen liegt, indem Sie Ihren Blick für die alte Welt schärfen. Lassen Sie uns gemeinsam hinter die Masken der Manipulation schauen und mit diesen Erkenntnissen der Erde und unserem Dasein ein neues Angesicht geben: Freiheit für die junge Menschheit! Wahrheit statt Lügen

Aldebaran Das Vermächtnis unserer Ahnen

€ 21,00

Reiner Elmar Feistle

Hardcover, 308 Seiten

ISBN 978-3-00-036716-8

Zu bestellen bei:

All-Stern-Verlag
Wolf 8
D-88430 Ellwangen

Tel.: 0 75 68 - 29 89 98 2
Fax: 0 75 68 - 29 89 98 1

info@all-stern-verlag.com
www.all-stern-verlag.com

2. Auflage komplett überarbeitet und erweitert

Mit einem Vorwort von Dan Davis

Sind Sie sich bewusst darüber, dass unsere Ahnen bereits seit einem längeren Zeitraum wieder auf der Erde agieren und viele Menschen kontaktieren? Können Sie sich vorstellen, dass die Alten zum Teil unter uns weilen, uns studieren, analysieren und oft genug auch unsere Dummheiten korrigieren?

Die Menschheit steht wieder einmal mehr vor der eigenen Selbstvernichtung, einem irdischen Drama, das nachweislich schon einmal geschah. Wie konnte es geschehen, dass wir uns über Jahr-zehnte wie die Lemminge zu menschlichen Abgründen auch nach 1945 führen ließen?

Weil es so bequem war, nicht zu denken und sich der Herde anzuschließen? Ist Ihnen in diesem Zusammenhang bewusst, mit welch subtilen Methoden unser Verstand beeinflusst und programmiert wurde?

Haben Sie sich jemals gefragt, ob Zeitreisen existieren und durchführbar sind? Welche Rolle nehmen die „Schläfer" („Kontakler") am „Tag X" ein, und wo sind sie zu finden? Gibt es ein übergeordnetes Programm der Ahnen, welches die „Kontaktler" koordiniert? Die Zeichen der Zeit sind klar zu erkennen! Der Weckruf unserer Ahnen erreicht immer mehr Menschen.

Alle mir zugetragenen Informationen sind nicht ohne Grund jetzt in dieser Intensität eingeflossen, es sind Hinweise darauf, dass sich die Welt, wie wir sie bis jetzt kennen, verändern wird. Wir sehen es tagtäglich: in den weltweiten Umwälzungen, Katastrophen und Kriegen, Aufruhr im Bewusstsein der Menschen.

Dieses Buch wird Ihnen auf viele Fragen Antworten geben, die Sie vielleicht in dieser Form nicht erwartet hätten. Seien Sie offen, wagen Sie den Schritt in eine neue und höhere Dimension. Finden Sie die Wahrheit hinter der Wahrheit, die sich wie ein Schleier lüften wird! Zerreißen Sie den künstlich geschaffenen grauen Schleier aus Angst und Ohnmacht, der Sie von den Quellen alten Wissens fernhalten sollte.

„Die Alten kommen, die Jungen zu bewahren"